뛰어난 사람은
내 감정에
휘둘리지 않는다

뛰어난 사람은 내 감정에 휘둘리지 않는다

감정 조절,
당신의 성공이 된다

Control Your Emotions

장샤오헝 지음
원녕경 옮김

정민
미디어

우리 마음은 수시로 널을 띈다. 돌연히 분노하는가 하면, 슬픈 드라마를 보며 눈물을 흘리기도 하고, 빈번히 밀려드는 초조감과 절망감, 두려움 등에 괴로워하기도 한다. 왜일까? 바로 감정 때문이다.

일상에서 우리를 피곤하게 만드는 경험들은 그 일 자체보다 감정 조절 문제에서 비롯되었을 가능성이 크다. 그만큼 감정은 우리의 심리 상태에 중요한 역할을 한다. 마음이 편하면 무슨 일을 하든 자신만만해지고, 마음이 울적하면 온 세상이 나와 척이라도 진 듯 눈에 거슬리는 일투성이이며, 마음이 초조하면 뭘 해도 불안함을 느끼게 되는 이유가 바로 여기에 있다.

문제는 우리가 늘 감정에 사로잡혀 감정이 시키는 대로 자신에게 불리한 선택을 하고 만다는 점이다. 하지만 이는 감정에 대항해야 할 이유가 되지 못한다. 반대로 감정과 친구가 되어 긍정적인 마음가짐을 가진 사람이 되어야 하는 이유라면 모를까.

'100가지 지혜보다 평정심에 더 큰 힘이 있다'고 했다. 기쁨, 슬픔, 분노, 짜증 등의 감정은 우리 마음을 따라야 마땅하다. 우리가 감정의 주인이 되어 감정을 다스려야지, 감정에 휘둘리고 그 노예가 되어서는 안 된다는 뜻이다.

사람들은 감정을 긍정적인 것과 부정적인 것으로 나누고, 긍정적인 감정을 가까이하며 부정적인 감정을 멀리하려는 습관이 있다. 하지만 사실 감정 자체에는 좋고 나쁨이 없다. 감정은 그저 우리의 다양한 심리 상태를 반영하는 마음의 지표일 뿐이다.

감정을 정확히 인지하면 마음속에 숨어 있던 문제를 제때 발견하는 데 도움 될 뿐만 아니라 생활 속에서 겪게 되는 다양한 실패에도 긍정적인 태도로 대처할 수 있다.

예컨대 자신의 기분이 좋지 않음을 알아차렸을 때는 이를 남 탓으로 돌리지 말고 기분 나쁜 일을 되도록 덜 생각하도록 의식적인 노력을 기울여야 한다. 좋아하는 일을 하기 등의 방법을 통해 기분 나쁜 일로부터 주의를 돌려 현재의 감정과 거리를 둘 수 있어야 한다. 만족을 알고 그 즐거움을 누릴 줄 알면 우리의 마음속에도 햇살처럼 그 즐거움이 스며들게 된다.

한편 분노가 차오를 때는 그 화를 제어하고 해소할 줄 알아야 한다. 분노의 원인을 주변 환경으로 돌린다거나 자신의 감정을 방치하지 말고 눈을 감고 앉아 마음을 진정시키자.

슬픔이 밀려올 때도 이를 두려워하거나 억지로 즐거워지려 할 필요는 없다. 사람이라면 누구나 안 좋은 감정이 생길 수 있으니, 이를 받아들일 줄 알아야 한다. 상황이 아무리 엉망이더라도 긍정적인 방향으로 생각하다 보면 자신이 가진 장점을 발견할 수 있다. 물론 자신만의 '감정 분출구'를 찾는 것도 한 방법이다. 단, 그 분출 대상이 절대 사람이 되지 않도록 주의해야 한다.

감정의 파동이 일 때는 다른 사람의 시선에 갇히지 않고 담담한 시선으로 세상을 바라보는 방법을 배워야 한다. 인생은 나 자신의 것이기에 스스로 책임만 다하면 된다. 순리에 따라 적당한 시기에 적당한 일을 할 줄 알게 되면 감정은 자연히 평온해질 것이다.

자신의 피곤함을 알아차렸다면 그 즉시 하던 일을 멈추고 휴식을 취하자! 자신도 모르는 사이에 '워킹푸어(Working Poor, 근로빈곤층)'로 전락한 것은 아닌지, 바쁜 업무에만 너무 얽매여 있지는 않은지 되돌아보는 시간을 갖고, 모든 일을 내가 하지 않아도 된다는 사실을 자신에게 알려주는 것이다. '빨리빨리 증후군'에서 벗어나야 마음의 구원을 얻어 느긋함을 누리고, 비로소 즐길 수 있는 상태가 된다.

다른 사람이 무심코 던진 한마디에 온종일 신경 쓴다든가 '열받아 죽겠네'를 입에 달고 지내는 등 마음속 불만이 가득 찼을 때는 상대에게 고의성이 있었는지, 아니면 자신이 너무 예민한 건지 곰곰이 생각해볼 필요가 있다. 남을 못마땅하게 바라봤자 자신만 괴로울 뿐이다. 그러니 마음에 여유를 두고 남에게도 나에게도 좀 더 너그러운 마음을 발휘해보자.

초조함이 들 때 우리는 흔히 알 수 없는 내일을, 혹은 어느 연령대에 소위 성공이라는 목표를 달성하지 못할까 봐 걱정하며 현재의 소중함과 자신이 가진 행복을 간과하곤 한다. 그러나 억만장자에게도 근심은 있는 법이니 아무 근거 없는 상상에 자신을 옭아매지 말자. 불필요한 걱정은 내려놓고 지금을 즐기자.

한편 질투가 날 때는 자신이 가진 것과 남이 가진 것을 습관적으로 비교하며 집, 자동차, 배우자, 아이 등을 모두 비교 대상으로 삼고 있지는 않은지 돌아볼 필요가 있다. 비교는 우리에게 심리적 불안을 가중할 뿐 행복감을 더해주지 않는다. 그런데 왜 늘 다른 사람의 행복을 부러워하는가? 어쩌면 내가 누군가를 부러워하고 있을 때, 남들 또한 나를 부러워하고 있을지도 모를 일이다. 그러니 마음의 중심을 찾자. 물가에 서서 물고기를 탐내느니 집에 가서 그물을 엮는 것이 낫다.

마음이 뒤숭숭해질 때는 현대인이 보편적으로 가진 고질병임을 받아들여야 한다. 복권 당첨으로 일확천금을 손에 쥔 사람, 젊은 나이에 성공해 이름을 날린 사람 등을 보고 있자면 뭔가 갈피를 잡지 못한 채 허둥대는 것이 사실이다. 그러나 복권 당첨을 욕심내기엔 그 확률이 너무나도 희박하고, 타인의 성공에는 운이 따랐을지언정 진득하게 노력해온 그의 세월을 무시할 수 없다. 휘황찬란한 인생의 정점에 서는 데 지름길이란 없다. 우리 앞에 놓인 계단을 단 하나도 빠짐없이 밟아 올라가는 것만이 유일한 방법이다.

CONTENTS

CHAPTER 3

10가지 감정관리법으로
내 인생을 바꾸라

CHAPTER 4

비위 맞추기를 멈추고
정서적 협박에서 벗어나라

CHAPTER 5

내 안의 부정적인 감정을
알아채라

CHAPTER 6

감정과 스트레스의 관계를
올바로 이해하라

CHAPTER 7

감정심리학으로 감정을 장악하고
일상을 개선하라

CHAPTER 8

나만의 감정 조절 모드를
구축하라

CHAPTER 1

감정을
다스려야
내 인생이
풀린다

감정이란 무엇인가?

조금 전까지만 해도 좋았던 기분이 갑자기 가라앉아 말도 하기 싫어지고, 다른 사람과 이야기를 나누다가도 상대의 말 한마디에 울컥 울화통이 터지는가 하면, 친구와 즐겁게 밥을 먹다 사소한 행동에 상처받아 슬퍼졌던 경험, 누구나 한 번쯤 있을 것이다. 대체 우리는 왜 이렇게 변덕이 죽 끓듯 하는 걸까? 이 모든 건 감정 탓이다.

그렇다면 인간은 왜 이토록 다양한 감정을 느끼고 또 감정의 변화에 따라 다른 태도를 보이게 되는 걸까? 감정이란 대체 어디에서 왔다가 어디로 사라지는 걸까? 인간의 감정이란 참 알다가도 모를 일이어서 마치 신비한 베일에 싸인 무언가처럼 사람들의 끊임없는 탐구를 유도한다. 이것이 우리가 '감정'에 드리워진 베일을 걷어내고 '감정'에 관한 비밀을 파헤쳐야 하는 이유다.

감정이란 무엇일까? 감정은 특정 경험에 대한 인간의 주관적 인지를 통칭하는 말로, 인간의 욕구 충족 여부에 따라 달라지는 일종의 반응이라고 할 수 있다. 욕구가 충족되었을 때는 기쁨, 희열, 만족감 등의 긍정적인 감정이 생겨나고 욕구가 충족되지 못했을 때는 분노, 화, 슬픔 등의 부정적인 감정이 생겨나는 것이다.

감정은 마음의 움직임이다. 마음을 터놓을 곳이 없다거나 만족감을 얻을 수 없을 때 우리는 충격을 받고 괴로움을 느끼게 되는데, 바로 이렇게 감정이 생겨나는 것이다. 감정은 임의성과 통제 가능성이 크지 않지만, 변동성이 매우 크며 간혹 일정한 주기성을 나타내기도 한다. 또한 바다의 물결과 같이 이성도 규칙도 없는데다 그 파동이 매우 잦다. 다만 파동이 매우 높은 사람이 있는가 하면 낮은 사람도 있을 뿐이다.

감정은 실재하는 듯하지만, 실체가 아니며 자체적으로 존재하는 부분도 아니다. 타고난다거나 외부에 의해 억지로 들씌워지는 것이 아니라 어떤 특정한 원인이 우리에게 작용할 때 자연스럽게 생겨나는 것이다.

감정은 우리의 신체적 상태에 영향을 미친다. 다시 말해서 모든 감정이 우리의 신체적인 상태를 변화시킬 수 있다는 뜻이다. 예컨대 감정 상태에 따라 심박수나 호흡, 혈압뿐만 아니라 소화계, 내분비계 등에도 변화가 발생한다. 우리가 공포를 느낄 때 동공이 확대되고 몸이 떨리며, 분노를 느낄 때 호흡이 거칠어지고, 얼굴이 빨개지는 것처럼 말이다. 이러한 신체적 변화는 신경의 지배를 받아 생기는 것이지, 우리가 의식적으로 제어할 수 있는 것이 아니다.

감정은 우리의 신체와 심리 상태를 반영하는 거울로, 우리의 오장육부에 영향을 준다. 오장육부의 건강 상태는 다시 우리의 생각을 결정지어 행동을 유발하고, 결과를 만들어 그에 따른 다양한 인생과 운명을 빚어낸다. 요컨대 감정이 없는 사람은 허수아비나 다름없다.

그렇다. 감정이 생겨나는 것은 피할 수 없는 일이다. 사실이 이렇기에 우리는 자신의 감정을 정확하게 인식해 처리하는 방법을 배워야 한다.

먼저 자신의 감정을 살피는 법을 배워야 할 필요가 있다. 자신이 현재 어떤 감정인지 수시로 주의를 기울이는 것이다. 감정을 인식하는 첫걸음은 자신의 감정을 살피는 일에서부터 시작한다. 다음으로 자신의 감정을 적절히 표현할 줄 알아야 한다. 여기서 가장 중요한 점은 '적절한 방식'으로 감정을 풀어낼 줄 알아야 한다는 것이다. 우리가 가진 모든 문제에는 그 문제를 풀 열쇠가 있는데, 각 문제에 딱 들어맞는 열쇠는 단 하나이기 때문이다.

감정은 주기적으로 파동을 만들어내는 과정인데, 인간이라면 누구나 감정의 기복이 있을 수 있다. 이를 억누르면 오히려 역효과가 날 수 있기에 자신에게 맞는 감정 조절 방법을 선택해야 한다. 그러면 일상생활과 일을 하는 데 실수를 줄이고 비이성적인 판단과 행동을 덜어낼 수 있다.

자신의 부정적인 감정을 해소하고 싶다면 하나의 시선으로 어떤 감정을 바라볼 것이 아니라 변증법적으로 감정을 다루는 방법을 배워야 함은 물론이다.

예를 들어 슬픈 감정이 들 때는 그 속에 잠기지 말고, 이러한 감정이 드는 이유가 무엇인지를 생각해야 한다. 근본 원인을 찾아야 부정적인 감정을 완전히 떨쳐낼 수 있다.

우리 자신의 감정뿐만 아니라 타인의 감정을 이해하고 수용하는 연습도 필요하다. 타인의 감정을 수용한다는 것은 상대의 감정을 무조건 긍정하고 받아들이는 일이 아니라 상대의 감정을 허용하고 이해하며, 상대의 입장에 서서 그의 기분을 헤아리는 것이다.

인생을 살다 보면 좌절도 겪게 되고, 고민도 생기기에 부정적인 감정이 불쑥불쑥 고개를 들 수밖에 없다. 마음이 성숙한 사람이란 부정적인 감정이 없는 사람이 아니라 자신의 감정을 조절하고 다스리는 데 능한 사람이다. 우리도 이러한 방법을 배워가야 하는데, 이는 결코 부정적인 감정을 억눌러야 한다는 뜻이 아니라 필터를 장착한 것처럼 부정적인 감정을 걸러낼 줄 알아야 한다는 의미다.

어떤 이는 인간의 일생이 부정적인 감정과 싸우는 전쟁사라고 말한다. 하지만 그렇다고 해서 부정적인 감정을 두려워할 필요는 없다. 감정이 생긴 원인을 알고 그 감정을 올바르게 인지해 처리할 수만 있다면 부정적인 감정이 나쁜 결과로 이어지기 전에 조치하여 이를 해소할 수 있으니 말이다.

요컨대 긍정적인 감정과 부정적인 감정을 포함한 다양한 감정을 인식할 줄 알아야 한다. 감정이 생기는 원인을 알면 자신의 감정과 사이좋은 친구가 될 수 있다.

100가지 지혜보다 평정심에 더 큰 힘이 있다

흔히 성공한 사람이라고 하면 인자한 이미지를 떠올리는데, 이는 성공한 사람일수록 평정심을 잘 유지한다는 사실을 말해준다.

어떤 일이 뜻대로 되지 않는다고 화를 내는 사람은 성공하기 어렵다. 감정에 파동이 생기기 시작하면 생각이 흔들리게 되고 그만큼 후회할 행동을 할 확률이 높아지기 때문이다. 평정심을 유지하는 일이 지혜를 갖는 것보다 더 중요하다는 사실은 심리학자들의 연구를 통해서도 이미 입증된 바다.

감정이 격해지면 아드레날린이 과도하게 분비되면서 우리의 뇌가 흥분 상태에 놓이게 된다. 이럴 때는 온 세상이 나와 대립하는 것 같고, 뜻대로 되지 않는 일투성이라고 느끼기 쉬운데, 이러한 감정을 가지고 일을 하면 일을 더 악화시킬 뿐 성공을 논하기 어렵다.

감정이 불안정한 사람일수록 삶의 행복을 느끼기도 어렵다. 누군가의 말마따나 '행복은 하늘에서 뚝 떨어지는 게 아니라 각자의 마음속에서 자라나는 것'이다. 하지만 너무 큰 기쁨도, 너무 큰 슬픔도 우리의 건강에는 좋지 않다. 너무나도 좋은 일이 생기면 그 기쁨에 취한 나머지 부적절한 행동을 하기 쉽고, 이는 자칫 슬픈 결과로 이어질 수 있기 때문이다. 최악의 상황에 직면했을 때도 마찬가지다. 슬픔과 절망이 극에 달하면 기운을 떨쳐 나아갈 의욕을 잃고 삶의 희망을 포기하기 쉽다. 무슨 일이 있어도 절대 교만하거나 성급하게 굴지 않고 침착하게 대처할 수 있도록 평정심을 유지해야 하는 이유는 바로 이 때문이다.

냉정을 잃으면 자기 자신을 잃고 이해득실만 앞세우기 쉬우며, 특히 인간관계에서 불리한 위치에 놓이기 쉽다.

작은 불씨에도 금세 화르르 타버리는 폭죽처럼 널뛰는 감정은 우리 자신에게 상처를 입힐 뿐만 아니라 우리와 함께하는 사람들을 긴장감 속으로 몰아넣기도 한다. 오락가락하는 감정 변화에 우리가 언제 폭발할지 상대는 알 수 없거니와, 이러한 감정 변화가 자신들에겐 또 얼마나 큰 상처를 줄지 그들은 예측할 수 없기 때문이다.

평정심의 중요성은 《채근담》에도 언급되어 있다. '매임대사유정기(每臨大事有靜氣)', 즉 큰일이 닥칠 때마다 마음의 평정을 유지해야 한다는 뜻이다. 어디 이뿐인가? '마음의 평정을 유지해야만 심지를 굳건히 할 수 있고, 심지를 굳건히

한 후에야 주도면밀한 사고를 할 수 있으며, 주도면밀한 사고를 해야 무언가를 얻을 수 있다'라는 옛말도 있다.

청나라 말기의 정치가이자 학자인 증국번은 젊은 시절 성격이 급한 편이었다. 특히 일을 후다닥 해치우려는 경향이 있었는데, 스승 당감 선생이 그의 이런 나쁜 습관을 발견하고 그에게 '정(靜)'이라는 글자를 선물했다.

그날 이후 증국번은 매일 잠깐씩 명상하는 시간을 가졌다. 이를 통해 그는 남과 어울려 살아가고, 학문을 연마하며, 정치를 펼치는 데 필요한 많은 진리를 깨달을 수 있었다. 특히 중대한 사안을 앞두고 있을 때는 더더욱 명상에 집중해 여러 방법을 고심하고 저울질한 뒤에야 결정을 내렸다. 평화롭고 안정적인 분위기를 유지하기 위해 방 안에 향을 피우기도 했다. 그는 늘 말했다.

"무슨 일이든 일을 처리할 때는 침착해야 한다. 서두르면 실수할 수밖에 없다. 천하의 모든 일이 그러하니, 일 처리의 첫째는 침착하고 또 침착하는 것이다. 온종일 허둥대는 사람이 큰일을 하지 못하는 이유는 '평정심'과 '침착함'이라는 지혜가 부족한 탓이다."

사람들은 눈에 보이지도 않고 만질 수도 없는 감정을 신비로운 무엇쯤으로 여긴다. 그런 까닭에 자신의 감정이 널뛰고 있음을 알아차리더라도 어쩔 수 없는 일로 치부한다. 그러나 사실 이는 우리가 감정에 대해 잘 모르기에 생겨나는 오해다. 앞서 말했듯 감정은 어떤 경험에 대한 우리의 주관적 인지에서 비롯된다. 다시 말하면 인지 조절을 통해 얼마든지 평온한 감정을 유지할 수 있다는 뜻이다.

예컨대 자꾸만 조바심이 나고 초조할 때는 서둘러 결정을 내리려 하지 말고 속도를 늦추자. 지금 봉착한 문제가 무엇인지 자세히 들여다보고 그 문제를 해결하면 감정의 파도는 자연히 잦아들게 되어 있다.

감정이 건강해야
몸과 마음도 건강해진다

　사람들은 기껏해야 스트레스가 몸에 안 좋은 정도지, 감정이 심신 건강과 무슨 큰 관계가 있겠느냐고 생각한다. 그러나 감정이 우리의 건강에 미치는 영향은 생각보다 크다.

　중국의 고전소설 《유림외사》에 백발이 되도록 과거 시험에 낙방만 하다 어느 날 갑자기 합격 소식을 듣고 기쁨에 실성해버린 범진의 이야기가 등장하고, 《홍루몽》의 여주인공 임대옥이 늘 애수에 잠겨 있다가 젊은 나이에 세상을 떠난 것이 터무니없는 이야기가 아니라는 뜻이다.

　실제로 한의학에서는 기쁨이 심장을 상하게 하고, 분노가 간을 상하게 하고, 두려움이 신장을 상하게 하고, 지나친 생각이 비장을 상하게 하고, 놀람이 쓸개를 상하게 하고, 슬픔과 근심이 폐를 상하게 한다고 말한다. 부정적인 감정이 각종 질병을 유발한다고 보는 것이다. 늘 걱정을 달고 사는 사람은 탈모가 오기 쉽고, 스트레스를 많이 받는 사람은 위와 장이 좋지 않으며, 지기 싫어하는 사람은 두통에 시달리기 쉽듯이 말이다.

요컨대 긍정적이고 건강한 감정이야말로 심신의 건강을 지키는 근본이다. 심지어 긍정적인 감정은 장기적으로 신체적 질병을 이겨내는 데도 도움을 준다. 이는 희망에 관한 이야기를 풀어낸 미국의 작가 오 헨리의 소설《마지막 잎새》를 봐도 알 수 있다.

뉴욕 그리니치빌리지의 한 아파트에 폐병으로 사경을 헤매는 환자가 있었다. 그는 날마다 병고에 시달리느라 살아갈 기력조차 없었다. 그는 '이렇게 고통스러운데 더 살아서 뭐 하나?' 하고 생각했다.

그해 겨울, 창밖으로 보이는 나무도 누런 잎을 떨구기 시작할 무렵, 환자는 찬바람에 힘없이 떨어지는 나뭇잎을 보며 더 큰 절망감과 우울감에 사로잡힌다. 창밖에 나부끼는 낙엽들이 생명력을 잃고 스러져가는 자신처럼 느껴졌기 때문이다.

그는 '낙엽이 모두 지면 나도 죽겠지' 하고 생각했다. 그렇게 희망이 사라지자 그의 몸은 갈수록 야위었고, 병세 또한 악화했다.

이러한 사정을 알게 된 한 늙은 화가는 그를 위해 붓을 들었다. 노화가는 잎맥이 푸른 나뭇잎 하나를 그린 다음 마치 진짜처럼 감쪽같은 이 나뭇잎을 환자의 방 창문으로 보이는 그 나무의 가지에 매달아놓았다. 다른 잎들이 모두 진 후에도 이 잎새만은 끝내 떨어지지 않았고, 그것을 본 환자의 마음속에서는 한 가닥 희망이 피어올랐다. 그는 생각했다.

'나의 목숨도 저 잎새처럼 지지 않을 거라는 하늘의 계시일지도 몰라.'

이후 환자는 이런 마음가짐으로 적극적으로 치료에 임해 결국 기적처럼 기력을 되찾았다.

관련 연구 결과에 따르면 인체 내에서 우리 몸을 건강하게 유지할 수 있게 해주는 가장 큰 힘은 건강한 감정이라고 한다. 물론 여기서 말하는 건강한 감정은 갑자기 우리를 박장대소하게 하는 그런 감정이 아니다. 이렇게 너무 격한 감정은 오히려 심장에 무리를 줄 수 있다. 건강한 감정이란 간단히 말해서 어떤 일이 닥치든 긍정적인 마음가짐을 잃지 않는 것이다. 이것만 해내면 신체 건강에 이로운 조건을 마련하는 셈이다.

자신이 실수로 바늘을 삼켰다고 착각한 사람은 이내 불안과 두려움에 휩싸인다. 그 바늘이 자기 목구멍에 구멍을 내놓았을 거라는 걱정에 괜히 목이 붓고 아픈 느낌이 드는가 하면 위와 장에도 문제가 생겨 오래 살지 못할 거라는 생각도 한다. 그러나 자신이 삼킨 줄로만 알았던 그 바늘을 발견하는 순간 모든 걱정과 근심과 두려움은 사라지고, 아팠던 목구멍도, 어딘가 불편했던 위와 장도 언제 그랬냐는 듯 멀쩡해진다.

이는 실제로 일이 일어나지 않았지만 공연한 걱정과 두려움이 이를 기정사실화하여 벌어지는 현상이다. 즉, 걱정과 두려움이 우리의 몸에 '바늘을 삼켰다'라는 신호를 보내 그에 상응하는 결과를 만들어내는 것이다.

　그러니 불필요한 의심은 버리고, 행여 안 좋은 일을 당했더라도 자신의 감정을 조절해 긍정적인 생각을 가질 수 있어야 한다. 그러면 '질병'의 싹을 잘라낼 수 있음은 물론 사전 예방의 효과까지 볼 수 있다.

　예를 들면 자신을 변호사, 심신 건강을 의뢰인이라고 가정하고 자신이 찾을 수 있는 모든 증거를 찾아 정성껏 의뢰인을 변호해보는 것이다. 그러다 보면 자신의 몸과 마음도 긍정적인 반응을 보여 에너지 또한 점점 강해짐을 느낄 수 있을 것이다.

　건강한 감정을 유지하는 방법에는 여러 가지가 있지만, 무엇보다 마음을 편안히 하는 것이 가장 중요하다. 운동도 하고, 음악도 듣고, 친구와 쇼핑하거나, 맛있는 음식을 만들면서 말이다.

　L은 평소 친구들에게 '예민이'로 통했다. 감상적인 성향이 강해 작은 자극에도 쉽게 동요하기 일쑤였기 때문이다. 자신의 이러한 성향을 누구보다 잘 알고 있던 그녀는 자신을 바꿔보기로 마음먹고 어느 책에서 본 대로 운동을 시작했다. 운동이 감정을 통제하는 데 도움 된다고 해서였다. 그리하여 그녀는 늦잠 자는 버릇을 고쳐 매일 아침 일찍 나가 달리기를 했다.

　그렇게 어느 정도 시간이 지나자 멘탈이 점점 좋아지는 게 느껴졌다. 이후 그녀는 달리기 동호회에 가입해 러닝메이트들과도 친구가 되었다. 한가할 때마다 틈틈이 달리다 보니 확실히 감상에

젖어 있을 시간이 많지 않았다.

보통 몸을 움직이면 감정에도 변화가 생긴다. 과학자들은 지나치게 많은 생각이 부정적인 감정을 불러온다고 말한다. 생각하면 할수록 그 일에 대한 회의가 생겨 부정적인 감정에 휩싸이게 된다는 것이다.

우리가 몸을 움직여야 하는 이유는 바로 여기에 있다. 자신에게 이것저것 생각할 시간을 주지 않고 문제와 거리를 두면, 그 문제에 대한 느낌과 생각을 바꿔 스트레스를 해소할 수 있다.

물론 운동 말고도 다른 방법이 있다. 바로 자세를 바꾸는 것이다. 자세에 따라 다른 감정을 느낄 수 있다는 사실은 심리학자들의 연구를 통해서도 이미 입증된 바다. 예컨대 두 손을 허리에 얹고, 다리를 살짝 벌린 상태로 가슴을 펴고 서는 일명 '강자의 자세'에서 우리 몸은 더 많은 '용기 호르몬'을 생성해낸다. 이 용기 호르몬은 긴장 상태의 뇌파를 이완 상태로 바꿔놓음으로써 긍정적인 감정을 더 많이 만들어내는데, 이렇게 되면 어떤 일을 할 때도 좀 더 긍정적인 시각으로 문제를 바라볼 수 있다.

실제로 가슴과 등이 굽은 사람은 자세가 곧은 사람에 비해 부정적인 감정을 갖기 쉽다. 그러니 의식적으로라도 '강자의 자세'를 취해보면 어떨까? 부정적인 감정의 소용돌이에서 벗어날 수 있도록 자신에게 긍정적인 자기암시를 주는 것이다.

긍정적인 마음가짐은 건강한 감정을 만들어 삶에 대해 더 많은 기대를 품게 하고, 여러 질병의 위험을 낮춘다. 긍정적인 감정과 건강은 상부상조의 관계이니, 자신의 마음가짐과 감정을 항상 긍정적인 상태로 유지할 수 있도록 노력하자.

감정과 정서의 관계를 똑바로 인식한다

사람들은 흔히 감정과 정서를 동일시한다. 그러나 사실 이 둘 사이에는 엄연한 차이가 있다. 감정은 객관적인 대상이나 사건에 대한 주관적 인지에 따른 일종의 심리적 상태이자 생리적 상태를 말한다. 반면 정서는 객관적인 대상이나 사건이 자신의 욕구를 충족시켰는지 그 여부에 따라 생겨나는 태도이자 경험을 일컫는다. 일부 심리학자는 말한다.

"감정과 정서 모두 객관적 대상이나 사건에 대한 태도이자 경험이긴 하지만 감정은 개인의 기본적 욕구와 욕망에, 정서는 사회적 욕구와 욕망에 좀 더 치우친 경향이 있다."

쉽게 말하면 감정이 정서보다 앞선다는 뜻이다. 감정은 음식·수면 등 인간에게 필요한 자연적인 욕구와 관련이 있고, 정서는 인간관계·생산·노동 등 사회생활 과정에서 생겨나는 것으로, 흔히 사랑·가족애·우정 등이 이에 속한다.

감정은 기쁨, 슬픔, 걱정, 두려움 등 쉽게 표현해낼 수 있는 정신

작용이다. 기쁜 일에는 즐겁게 웃고, 안 좋은 일에는 울상이 되고 심지어 표정을 잃기도 한다. 이 모든 것이 구체적인 감정의 표현이다.

그러나 정서는 다르다. 정서는 오랜 시간 감정이 쌓여 나타나는 강렬한 내면 활동이다. '막연한 호감'을 갖고 오랜 시간 알아온 상대가 정말 자신이 생각한 대로 진국이었음을 깨닫는 순간, 그 막연한 호감이 촉매제가 되어 사랑으로 승화하는 것, 이것이 바로 정서다. 한 환경에 오랜 시간 머물다 그곳을 떠나게 되었을 때 생기는 아쉬운 감정도 마찬가지다.

한 회사에서 온라인 마케팅 업무를 담당하는 Y는 주로 회사 공식 SNS에 글을 올리고 팔로워들과 소통하는 일을 했다.

그날도 그는 SNS에 글을 올렸다. 그런데 글을 올리자마자 사장이 그를 자신의 사무실로 호출하더니 이렇게 말하는 것이었다.

"글이 이게 뭡니까? 회사 이념에도 맞지 않으니 내리고 다시 써서 올리세요."

자신의 글에 문제가 없다고 생각한 그는 사장의 말을 도무지 인정할 수 없었다. 하지만 그렇다고 사장의 말을 무시할 수도 없었기에 그는 애써 짜증을 억누르며 글을 수정하고 또 수정했다.

이후에도 사장의 잦은 면박에 그는 수시로 글을 수정해야 했고, 그럴수록 자신이 하는 일과 사장이 지긋지긋해졌다.

그러던 어느 날 끝내 폭발하고 만 그는 사장과 대판 싸운 후 사표를 던졌다.

이는 '사장의 지적과 수정 요구'로 인해 생긴 지긋지긋함이라는 감정이 켜켜이 쌓이면서 '혐오'의 정서로 발전한 경우로, 우리가 '감정'과 '정서'를 완벽하게 분리할 수 없는 이유를 보여주는 예다. 감정을 한 그루의 나무로 비유한다면 정서는 그 나무에 맺히는 열매이기 때문이다. 한마디로 인간에게 감각 기관이 있는 한 감정은 늘 존재할 수밖에 없고, 이렇게 일정 기간 축적된 감정이 특정 시간과 상황 속에서 맞물려 나타나는 것이 정서다.

감정과 정서에는 밀접한 관계가 있어서 상호 보완하는 역할을 하기도 한다.

결혼생활을 예로 들어보자. 사람들은 행복하고 안정적인 결혼생활을 원한다. 그러나 이를 위해서는 안정적인 정서라는 기틀이 필요하다. 안정적인 정서는 감정에 의해 결정되고 또 감정을 통해 표출된다. 결혼생활 중 어느 한쪽의 정서가 불안정하면 사소하고 하찮은 일로 늘 다투게 된다. 이런 시간이 쌓이면 결국 다른 한쪽도 폭발하게 되는데 이러한 결혼생활은 행복할 수 없다.

중국의 작가이자 학자인 후스는 소탈하고 온화하며 학식이 풍부한 학자였다. 한편 그의 아내는 억척스러운 성격으로, 후스에게 사소한 트집을 잡는 일이 잦았다.

그러나 후스는 아내의 바가지에 정면으로 맞서는 법이 없었다.

그 대신 화장실에 가서 양치를 마친 후 일부러 큰 소리가 나도록 컵에 칫솔을 내려놓았다. 그러면 아내는 이 소리를 듣고 방금 자신의 감정이 격해졌음을 깨닫는 식이었다. 후스가 자신의 감정을 잘 다스릴 줄 알았던 덕에 두 사람은 검은 머리 파뿌리 되도록 금실 좋은 부부로 살았다.

감정은 정서의 외적 표현이며, 정서는 감정의 본질적인 내용이다. 이 둘은 서로 밀접하게 연결되어 있을 뿐만 아니라 우리의 생활과도 깊은 관계가 있다. 예컨대 아기가 엄마의 얼굴을 보면 절로 웃음이 배어나는 것은 엄마에 대한 깊은 정서가 기쁨이라는 감정을 불러일으켰기 때문이다.

감정과 정서의 관계를 정확하게 인식하면 우리 생활에 유익한 점이 많다. 이를테면 어떤 기술을 배우기로 마음먹었을 때 그에 대한 좋은 감정을 가지려고 노력해볼 수 있다. 그게 습관이 되면 진정으로 배움을 사랑하게 될 것이다.

감정을 제어하지 못하는 사람은 존중받지 못한다

충동도 감정의 일종이다. 어떤 이들은 쉽게 감정에 휘둘려 사소한 일로 주변 사람들에게 화를 내는가 하면, 조금만 뜻대로 일이 풀리지 않아도 이내 실망하고 낙담하며 투지를 잃기도 하고, 타인의 행동 하나에 상대가 자신에게 불만을 품고 있을 거라 지레 의심하기도 하는데, 이는 되레 충동을 부추기는 역할을 한다.

예전에 '침대를 태워 아들을 출근시킨 아버지'라는 제목의 영상이 중국 SNS 플랫폼 실시간 검색어에 오른 적이 있다. 제목만 보고 재미있는 콘텐츠이겠거니 생각하며 영상을 클릭했던 누리꾼들은 실제 영상에 담긴 내용을 보고 경악을 금치 못했다.

사건의 발단은 아침 7시가 되도록 일어날 줄 모르는 아들을 아버지가 깨우면서부터였다. 당시 아들은 다른 사람과 6시에 만나 출근하기로 약속이 되어 있는 상태였는데, 이를 알고 있던 아버지가 급히 아들을 깨우게 된 것이었다. 그러나 얼른 일어나 출근하라는 아버지의 재촉에도 아들은 요지부동이었다.

아무리 호통을 쳐도 꿈쩍 않는 아들을 보며 단단히 화가 난 아버지는 빗자루를 들고 와 금방이라도 때릴 것처럼 으름장을 놓기도 했지만 이마저도 소용이 없었다.

결국 감정이 격해진 아버지는 홧김에 경유 한 통을 가져다 아들의 몸에 뿌린 뒤 침대 시트에 불을 붙이고 말았다. 이웃이 제때 신고하고 소방대원과 함께 진화에 나섰으니 망정이지, 하마터면 큰 불로 번져 건물 전체가 불길에 휩싸일 뻔했다.

이렇듯 감정을 주체하지 못하면 자칫 무서운 결과를 낳을 수 있다. 그런 까닭에 사람들은 감정을 제어하지 못하는 사람을 대체로 미덥지 못하다고 여긴다. 그가 언제 폭주해 나에게 혹은 다른 사람에게 해를 끼칠지 알 수 없기 때문이다. 자신의 감정을 제어하지 못해 회사에 엄청난 손실을 안겨줄지도 모르는 사람을 흔쾌히 직원으로 받아들일 회사는 없다. 마찬가지로 자신의 감정을 제어하지 못해 상대에게 폭력을 행사할 수도 있는 사람을 자신의 연인으로 두고 싶어 하는 사람도 없다.

우리가 감정 통제 방법을 배워야 하는 이유는 바로 여기에 있다. 감정을 제어할 줄 알아야 자신의 인생을 장악할 수 있다. 연구 결과에 따르면 인간의 사고방식은 감성과 이성으로 나눌 수 있는데, 자신의 감정을 제어하지 못하는 사람은 어떤 일이 닥쳤을 때 감성적 사고가 늘 우세하는 것으로 나타났다. 그들은 감성적 사고로 감정을 앞세워 충동적으로 일을 처리했고, 부적절한 말과 행동으로 타인의 반감을 샀으며, 심지어 자신의 인생에 큰 손실을 입히기도 했다.

메시와 발로텔리는 모두 엄청난 재능을 자랑하며 일찍이 유망주로 주목을 받았던 축구선수이지만 이들에게는 명백한 차이가 존재했다. 발로텔리는 천부적인 재능을 지녔으나 불같은 성질로 축구계 최고 악동이라 불렸다. 훈련 중 같은 팀 선수와 다툼을 벌이는가 하면 경기 중 상대 팀 선수는 물론이고 심판과도 충돌을 일으키기 일쑤였다. 메시는 이와 정반대였다. 경기장에서 그는 더 겸손하고 예의 발랐다. 두 사람의 이러한 차이는 결국 다른 결과를 만들어냈다. 발로텔리가 축구에 뛰어난 재능을 지녔음에도 각종 사고를 일으키며 가진 재능을 전부 보여주지 못한 데 반해 메시는 신의 경지에 오른 축구 실력으로 온갖 상을 휩쓸며 21세기 최고의 선수가 되었다.

이는 자신의 감정을 잘 다스리는 사람일수록 더 큰 성과를 얻을 수 있음을 보여주는 단적인 예다. 세계적인 부호 워런 버핏과 빌 게이츠가 워싱턴대학교의 초청으로 강연하러 갔을 때, 한 학생이 이런 질문을 한 적이 있다.

"어떻게 두 분은 신보다 더 많은 돈을 갖게 되셨나요?"

이에 워런 버핏은 이렇게 답했다.

"사실 그 질문에 대한 답은 아주 간단합니다. 자신의 성질머리를 제어할 수 있느냐, 없느냐에 달려 있지요. 함부로 성질을 내지 않으면 많은 일이 간단해진답니다."

그러자 빌 게이츠도 워런 버핏의 의견에 동조하며 말했다.

"워런의 말에 전적으로 동의합니다. 감정을 장악하는 능력은 그 사람의 건강은 물론이고, 성공 여부와 일생의 행복까지 결정하니까요."

그렇다. 성공 인사들은 기쁨이나 노여움을 좀처럼 드러내지 않는다. 이는 그들에게 감정이 없어서가 아니라 자신의 감정을 잘 다스릴 줄 알아서다. 감정을 모두 드러낸다고 해서 그 사람이 꼭 솔직한 성격임을 뜻하지는 않는다. 그보다 마음 수련이 부족해 자신의 감정을 주체하지 못하는 것이라고 볼 수 있다.

영화 〈대부〉에 이런 명대사가 나온다.

"가족 이외의 그 누구에게도 네 생각을 알리지 마라."

그러나 다혈질에 충동적인 성격의 큰아들 소니는 결국 목숨을 대가로 치르게 되고, 자신의 감정을 숨기는 데 능했던 막내아들 마이클은 자신의 판단으로 다친 아버지를 보호하고 정적 복수에도 성공한다.

심리학자들은 자신의 감정을 조절할 줄 아는 사람이 삶의 강자가 될 수 있다고 말한다. 분노가 끓어오르는 때일수록 감정을 제어할 줄 알아야 한다. 자신의 감정에 대한 통제력을 상실하면 이성을 잃고 후회할 행동을 하거나 결정을 내리기 쉽기 때문이다. 감정을 제어하지 못하는 것은 문제에 대한 무능함의 표현이기도 해서 타인에게 괄시받기 십상이다.

그렇다면 우리는 어떻게 해야 자신의 감정을 더 잘 다스릴 수 있을까?

1. 잠시 멈추는 법을 배운다

사람들은 어떤 일로 감정이 격해지면 그 일에 더욱 집중해 더 큰 감정의 파동을 만들어내기 쉽다. 이럴 때는 스스로 일시 정지 버튼을 눌러 감정에 제동을 걸어줘야 한다. 자신을 화나게 하거나, 슬프게 하거나, 걱정하게 만드는 일 또는 사람에게서 주의를 돌려 심호흡을 해보는 것이다. 격해진 감정으로 생겨난 불편함을 잠재우면 조금씩 냉정을 되찾아 격해졌던 감정이 가라앉음을 느낄 수 있을 것이다.

2. 목소리의 볼륨을 낮춘다

우리는 싸울수록 감정이 격해져 목소리를 높이는 경향이 있다. 이는 울분이 터짐을 표현하기 위해서이기도 하지만, 우리의 잠재의식 속에 '목소리 크면 장땡'이라는 생각이 어느 정도 깔려 있기 때문이기도 하다. 그러나 지나치게 높은 언성은 타인에게 도발적인 느낌을 주기 때문에 자신의 의도와는 다르게 오해를 사 더 큰 싸움이 일어나기 쉽다. 실제로 겸손하고 예의 바른 사람들은 나긋하게 말하니, 자신의 감정을 제어하고 싶다면 일단 목소리의 볼륨을 낮춰보자.

3. 침묵을 답으로 삼는다

사람들의 생각은 저마다 다 다르다. 그렇기에 타인과의 교류에서 의견 충돌이 생기는 것은 지극히 자연스러운 일이다. 다만 자신의 의견을 고집할 때는 감정을 배제해야 한다. 그렇지 않으면 말다툼을 벌이게 되어 자신뿐만 아니라 상대의 감정까지 상하게 할 수 있다.

그러니 다른 사람과의 언쟁을 피하고 싶다면 침묵을 답으로 삼아보자. 웃는 얼굴로 상대를 바라보며 말을 아끼는 것이다. 물론 상대와 의견이 다르면 즉각 반기를 들고 싶을 수도 있다. 하지만 이럴 때일수록 감정은 일시적이라는 사실을 상기할 필요가 있다. 괜한 언쟁으로 갈등을 격화할 필요가 없다고 생각하면 욱했던 감정도 조금씩 사그라들 것이다.

일상생활에서든 직장생활에서든 감정 조절은 매우 중요하다. 감정을 다스리는 법을 터득해야만 자신의 잠재력을 발굴해 가진 능력을 충분히 발휘하며 타인의 존중을 받을 수 있다.

날씨는 바꿀 수 없지만, 기분은 바꿀 수 있다

햇빛이 쨍하게 비치면 기분이 좋아지고, 추적추적 비가 내리면 금세 우울해하는 사람들이 있다. 이들은 늘 날씨에 따라 기분이 변한다.

날씨가 음산할 땐 기분이 가라앉아 자꾸만 우울해하고, 이로 말미암아 작은 일에도 쉽게 화를 내지만, 날씨가 맑을 땐 기분이 상쾌해져 어디든 놀러 가볼까 궁리하고, 행여 안 좋은 일이 생기더라도 웃어넘길 수 있는 여유를 보이기도 하는 식이다.

그러나 우리가 맑은 날을 좋아하든, 비 오는 날을 좋아하든, 날씨는 우리의 의지에 따라 바꿀 수 있는 것이 아니다. 날씨에 따라 기분이 좌지우지되도록 놔두는 것은 자칫 타인에게 '변덕스러운 사람'이라는 인상을 심어줄 수 있는 어리석은 짓이다. 그러니 날씨 탓에 기분이 오르락내리락하려 할 때는 마음가짐을 달리하자. 날씨를 바꿀 순 없어도 기분은 얼마든지 전환할 수 있으니 말이다.

인생을 살아갈 때도 마찬가지다. 좋은 일이든, 나쁜 일이든, 일어날 일은 일어나게 되어 있다. 우리가 좋아한다고 안 일어날 일이 일어난다거나, 싫어한다고 일어날 일이 안 일어나지는 않는다는 뜻이다. 한 조사 결과에 따르면 직장인 중 70% 이상이 직장에서 분노와 슬픔, 초조함, 막막함이 드는 상황을 경험한 적이 있는 것으로 드러났다.

그들은 좋은 일에 환호하고, 나쁜 일에 슬퍼하며 분노한 적이 있다고 답했는데, 사실 불확실한 일에 자신의 감정을 내맡기는 행동은 현명하지 못하다. 실제로 우리의 기분에 영향을 미칠 요소는 다른 데 있는 것이 아니라 문제를 바라보는 우리 자신의 태도에 있기 때문이다.

업무를 처리하다 사장에게 지적받았다고 해보자. 이때 우리는 사장이 생트집을 잡는다는 생각에 화가 나기도 하고 기가 죽을 수도 있다. 어쩌면 이런 감정에 사로잡혀 다른 일을 처리하다가 실수를 연발하게 될지도 모를 일이다. 그러나 잠시 화를 억누르고 다른 각도에서 문제를 바라보면 어떨까? 사장이라면 누구나 자기 직원이 일을 더 잘하길 바라지, 괜한 지적으로 직원을 귀찮게 하려는 사람은 없음을 깨달을 수 있을 것이다.

'내가 잘못한 부분이 있으니 지적했겠지. 실수를 빌미로 나를 해고하지 않고 사장이 구태여 이를 지적했다는 건 그만큼 나를 중시한다는 뜻이야. 그러니 기꺼이 받아들이자.'

이렇게 생각하면 긍정적인 시각에서 문제를 바라보게 되고, 분노와 자괴감에서 벗어나 적극적으로 문제해결에 나서게 된다.

우리의 인생에 절대적인 공평함이란 없다. 살다 보면 이래저래 불공평한 일들을 마주하게 되어 있다. 그런데 매사 시시콜콜 따지며 이에 화를 내고, 불평불만을 터뜨린다면 우리의 인생엔 즐거움이 사라지게 될 것이다.

어떤 문제나 고민거리에 직면했을 때 끊임없이 초조해하고, 불평만 해서는 문제를 해결할 수 없다. 러시아의 시인이자 소설가인 푸시킨도 이런 시를 쓰지 않았던가!

'삶이 그대를 속일지라도 슬퍼하거나 노여워하지 말라. 슬픈 날을 참고 견디면 기쁜 날이 오고야 말리니. 마음은 미래에 살고 현재는 우울한 것. 모든 것은 순간에 지나가고 지나간 것은 다시 그리워지나니.'

그렇다. 슬픔을 잊고 앞으로 나아가는 것이 중요하다.

좌절과 고민을 겪더라도 부정적인 감정에 잠식되도록 놔둬서는 안 된다. 자신의 운명을 완벽하게 통제할 수는 없지만, 마음은 얼마든지 고쳐먹을 수 있으며, 타인을 바꿀 수는 없지만, 자기 자신은 얼마든지 달라질 수 있다. 어쩔 수 없는 일들 앞에 마음가짐을 달리해 좀 더 긍정적인 내가 된다면 눈앞의 어려움도 생각만큼 그리 대단하지 않다는 걸 알 수 있을 것이다.

통제력을 가져야
인생을 장악할 수 있다

　일상생활에서 자신의 감정을 다스리지 못하는 사람은 자신은 물론 타인에게까지도 예상치 못한 상처를 줄 수 있다. 실제로 우리 주변에는 다른 사람과의 사소한 말다툼에 충동적으로 칼을 휘두르는 사람이 있는가 하면, 인생이 자기 뜻대로 풀리지 않는다고 홧김에 행인을 구타하는 사람도 있다. 또한 일이 너무 고되다고 갑자기 동료에게 화를 낸다든가, 가족의 잔소리가 지나치다며 애꿎은 TV를 부숴 화풀이하는 사람도 있다.

　물론 감정이 생기는 것은 지극히 정상적인 일이다. 그러나 그 감정에 매몰되도록 놔둔다면 자신과 타인에게 큰 상처를 줄 수밖에 없다. 그런 의미에서 감정 통제력을 잃지 않는 법을 배우는 일은 인생의 필수과목이라고 해도 과언이 아니다.

　고대 그리스 철학자 아리스토텔레스는 말했다.

　"화를 내서는 안 될 때 화를 내는 사람은 무능한 자이며, 올바르지 않은 태도로, 타당하지 않은 시점에, 적절하지 않은 대상에게 화를 내는 것은 무능함의 표현이다."

무슨 일이 있어도 자신의 감정에 대해 통제력을 잃지 않는 것이 중요하다. 심리학에는 '감정 지능(EI, Emotional Intelligence)'이라는 용어가 있는데 간단히 말하면 자신이나 타인의 감정과 정서를 파악하는 능력을 일컫는다. 감정 지능이 낮은 사람은 자신의 감정을 다스리는 능력이 약해 어떤 일이 닥쳤을 때 감정이 요동치기 쉽고, 그만큼 이성을 잃기도 쉽다. 반면 감정 지능이 높은 사람은 자신의 감정을 조절하는 능력이 강해 어떤 일이 닥쳐도 적당한 선을 지킬 줄 안다. 한마디로 참아야 할 땐 참고, 내려놓아야 할 땐 내려놓으며, 폭발시켜야 할 땐 폭발시킨다는 뜻이다.

소위 성공한 사람들은 자기감정 조절 능력이 뛰어난 편이다. 그들은 일상생활에서든 사회생활에서든 적절하게 감정을 표현하고, 적당히 감정을 조절할 줄 안다.

왜냐? 문제가 생겼을 때 감정을 앞세운다고 해결되는 일은 없기 때문이다. 불공평한 일이나 억울한 일을 당하더라도 행패를 부려서는 안 된다. 이럴 때일수록 냉정함을 유지해 이성적으로 문제를 처리하는 것. 이것이 성숙한 어른으로서 갖춰야 할 자세다.

물론 감정 조절법을 배워야 한다고 해서 문제가 생겨도 무조건 마음속에 감정을 쌓아두라는 뜻은 아니다. 뭐든 지나치면 탈이 나듯 감정을 너무 많이 쌓아두면 결국 사소한 일에 폭발할 수 있으니 말이다. 감정을 주체하지 못할 것 같은 순간에는 잠시 멈춰 자신에게 맞는 감정 발산 방법을 찾아야 한다. 다만 이때 주의할 점은 타인을 자신의 '감정 쓰레기통'으로 삼아서는 안 된다는 것이다. 부정적인 감정을 남에게 전가하는 것은 부도덕한 행동이다.

링컨 미국 전 대통령과 스탠턴 전 국방부 장관 사이에 재미있는 일화가 있다.

어느 날, 링컨의 집무실을 찾은 스탠턴이 링컨에게 씩씩대며 하소연을 늘어놓았다. 자신이 특정 인물들만 싸고돈다며 한 소장이 모욕적인 말로 자신을 비난했다는 것이다. 이에 링컨은 그 소장에게 편지를 써 반박해보라고 조언하며 이렇게 말했다.

"자네도 그를 호되게 질책해봐야 하지 않겠나."

링컨의 조언에 따라 스탠턴은 강경한 어휘로 편지를 쓴 뒤 링컨에게 보여주었다. 링컨은 편지를 읽고는 말했다.

"그래, 이거지. 아주 잘 썼네! 이렇게 한바탕 호되게 꾸짖는 것보다 더 좋은 방법은 없지."

그런데 스탠턴이 편지를 곱게 접어 봉투에 넣으려는 순간 링컨이 그를 제지하며 물었다.

"편지를 어떻게 처리할 생각인가?"

스탠턴이 당연하다는 듯 "부쳐야죠" 하자 링컨은 목소리를 높여 말했다.

"장난치지 말게. 편지를 부칠 게 아니라 난로에 넣어 태워버려야지! 나도 화가 나는 일이 있을 때마다 그렇게 한다네. 편지로 실컷 화풀이하고 다 쓴 편지를 태워버리는 거지. 그렇게 하면 생각보다 효과가 좋다네. 자네도 시간을 들여 편지를 쓰는 동안 화가 절반쯤은 누그러지지 않았는가? 자, 그럼 이제 다시 두 번째 편지를 써보게."

순간 링컨의 깊은 뜻을 깨달은 스탠턴은 덕분에 분출로써 감정을 제어할 좋은 방법을 배웠다며 가르침에 감사를 표했다.

우리도 '링컨의 편지 쓰기' 방법을 활용할 수 있다. 자신의 불만을 글로 적은 다음 이를 태워 종이와 함께 감정도 태워버리는 것이다. 물론 감정을 관리하는 방법에는 그 외에도 여러 가지가 있다.

1. 가설을 세워 결과를 분석한다

사람들은 기분이 나쁠 때 소리를 지르거나, 다른 사람에게 화풀이하거나, 물건을 부수는 등의 방식으로 감정을 해소하려 하며, 혹은 한없이 우울해지기도 한다. 하지만 이래서는 더 나쁜 결과를 초래할 수밖에 없다. 그러니 미친 듯이 불만을 분출하고 싶을 때는 자기 행동이 어떤 결과를 불러올지 가설을 세워보자.

'친구와 사이가 틀어질 수도 있고, 경제적인 손실이 날 수도 있으며, 일자리를 잃을지도 몰라……'

이렇게 심각한 결과를 초래할 가능성이 있음을 인지하면 더는 서슴없이 감정을 배설할 수 없을 것이다.

2. 인식을 전환한다

감정에 대한 통제력을 잃으면 사람이나 사건을 무의식적으로 나쁜 쪽으로만 바라보게 된다. 자신의 감정을 제어하기에 더욱 불리한 사고방식을 가지게 되는 것이다. 따라서 이럴 때는 의식적으로 인식을 전환해 자신에게 닥친 문제의 긍정적인 면을 생각해보려는 노력이 필요하다. 시간을 들여 이런 노력을 습관으로 만들면 감정을 다스리는 능력도 날이 갈수록 강해질 것이다.

3. 자신에게 맞는 감정 해소법을 찾는다

감정을 해소하는 방법에는 여러 가지가 있지만, 무엇보다도 자신에게 맞는 방법을 선택하는 것이 중요하다. 예컨대 농구를 좋아한다면 기분이 나쁠 때 시원하게 농구 한 게임을 하는 게 도움 될 테고, 달리기를 좋아한다면 땀이 흠뻑 날 정도로 달리기를 하는 게 도움 될 수 있다. 또한 쇼핑을 좋아한다면 친구와 함께 쇼핑을 하는 게 좋은 방법이 될 수 있다. 물론 이성적인 소비를 해야겠지만 말이다. 그리고 여행을 좋아한다면 다른 경치를 감상하러 즉흥여행을 떠나는 게 도움 될 수 있다. 어쩌면 그곳에 예상치 못한 즐거움이 기다리고 있을지도 모를 일이니까 말이다.

자신의 감정을 다스리는 법을 배우면 무슨 일이 닥치든 통제력을 유지해 인생을 장악할 수 있다.

CHAPTER 2

감정관리의 시작, 내 안의 감정부터 살피라

왜 별것 아닌 일에
마음이 무너지도록 놔두는가?

"정말 너무하네. 어떻게 일을 이렇게 할 수가 있어?"

한 사람이 잔뜩 화가 나 이렇게 말하자 다른 한 사람이 어리둥절한 얼굴로 묻는다.

"내가 뭘?"

살다 보면 종종 이런 경우가 있다. 나는 사소한 일에도 감정을 주체하지 못하겠는데 상대는 뭐가 문제인지 상황 파악도 못 하고 어리둥절해하는 그런 경우 말이다.

대체 왜 이런 상황이 벌어지는 걸까? 이는 우리가 매우 감정적인 사람이기 때문이다. 감정적인 사람 혹은 감정이 예민한 사람은 작은 자극에도 격렬한 감정의 소용돌이에 휩싸인다.

충동은 악마다. 감정이 지나치게 격해져 이성을 잃으면 스스로 후회할 만한 행동을 하게 되는데, 걸핏하면 이성의 끈이 날아가는 사람과 친구가 되고 싶어 하는 사람은 세상에 없다. 제 감정을 주체하지 못하고 충동적인 행동을 일삼는 사람은 상대를 위험한 상황으로 내몰기에 충분하기 때문이다. 큰 감정 파동은 우리의 신체 건강, 나아가 인간관계에도 악영향을 주어 행복감을 떨어뜨린다.

사람들은 이런 고민을 토로한다.

"사실 저도 화내고 싶지 않아요. 웬만하면 웃어넘기고 싶죠. 하지만 막상 일이 닥치면 저 자신이 통제가 안 돼요."

그러나 사실 이는 감정의 참모습을 아직 정확하게 파악하지 못한 까닭에 지나지 않는다. 정확히 감정을 파악해 '길들이는' 법을 찾으면 녀석은 '순한 양'이 될 수 있다.

예민한 사람은 작은 일에도 쉽게 자극을 받는다. 이러한 자극들은 공격당하고, 침해당했다는 생각을 심어주어 자신의 이익을 지키기 위해 혹은 자신의 불만을 해소하기 위해 무언가를 하게 만든다. 그런 까닭에 통제 불능 모드를 가동해 자기 보호에 나서게 되는 것이다.

이를테면 결혼 후 온갖 집안일에 아이들을 키우고, 부모님에게 효도하는 일까지 모두 홀로 맡아온 아내가 어느 날 갑자기 폭발해 버리듯 말이다. 그녀의 남편은 출근해 돈을 벌어 오는 것 외에는 그 어떤 일에도 관여하지 않는다. 퇴근해 집에 돌아오면 마치 주인어른처럼 소파에 누워 TV를 보거나 휴대전화를 만지작대는 것이 전부다. 이때 아내는 이런 생각이 들 수 있다.

'가정을 꾸리는 일은 부부 모두의 책임인데, 왜 저 인간은 저렇게 태평하고 나만 이렇게 힘든 거지?'

이런 생각이 정말 별것 아닌 사소한 일도 아내의 감정을 건드려 폭발시킬 수 있는 자극이 되는 것이다.

안 그래도 요즘 기분이 저조한데, 누군가 눈치 없이 이를 건드렸을 때 쉬이 통제력을 잃게 되는 이유도 마찬가지다. 인간의 감정이라는 그릇에는 일정한 한계가 있어 스트레스가 심하거나 기분이 저조한 상황에 놓이면 거기에 더해진 아주 작인 일에 폭발을 일으키게 된다. 반대로 감정 상태가 좋을 때는 다른 사람들과 웃고 떠들며, 상대의 짓궂은 농담에도 화를 내지 않고 웃어넘길 수 있게 된다.

물론 과거에 입었던 상처를 누군가 다시 헤집어 괴로움에 통제력을 잃을 수도 있다.

요컨대 자신의 감정 통제력 상실을 초래하는 원인이 무엇인지 알았다면 타인과 교류 시 자신의 기분이 이상하다 싶은 순간을 파악해 제때 감정을 조절해야 한다. 그리고 다른 사람이 통제력을 잃은 상황이라면 그를 건드리지 않도록 주의해야 한다.

최근 기획안 제출을 앞두고 상당한 스트레스에 시달리고 있는 J. 그는 다른 사람들이 모두 쉬는 주말에도 집에서 추가 근무를 해야 했다. 어떻게 해야 고객을 만족시킬 수 있는 기획안을 완성할지 한참을 고심하고 있는데, 갑자기 아내가 서재로 불쑥 들어오더니 말했다.

"밖에 비가 오니까 얼른 발코니에 널어놓은 이불 좀 걷어줘. 나는 마당에 널은 옷을 걷을 테니."

그는 성가심을 참고 발코니로 나가 이불을 걷었다. 그런데 잠시 후 아들이 뛰어 들어와 말했다.

"아빠, 저랑 놀아주세요."

진전 없는 기획안을 바라보며 순간 화가 치민 그는 큰 소리로 아내를 불러 말했다.

"둘 다 잠깐 좀 조용히 해줄 수 없을까? 나 일해야 한다고!"

남편의 호통에 눈물이 날 정도로 놀란 아내는 대성통곡하는 아들을 품에 안으며 말했다.

"알았어. 나갈게."

아내와 아들이 서러움의 눈물을 흘리는 모습에 그는 정신이 번쩍 들었다. 자신이 방금 얼마나 심한 행동을 했는지 깨달은 그는 목소리를 낮춰 아내와 아들에게 사과했다. 조금 전에는 업무 스트레스가 너무 심해서 잠깐 감정을 주체하지 못했다는 설명과 함께 말이다.

감정적으로 행동해봐야 자신만 손해다. 나를 짜증 나게 했던 사람들은 나의 감정적인 행동에 털끝만큼도 잃을 게 없다. 그러므로 우리는 우리의 감정을 잘 다스려 일이 뜻대로 풀리고 있다고 경거망동하거나, 뜻대로 풀리지 않는다고 너무 화를 내지 않도록 해야 한다. 사실 자신의 감정을 잘 다스리면 다른 사람의 실수에 우리가 좌지우지될 일도 없다.

성숙한 사람은 자신의 감정을 안정적으로 조절한다. 그들은 좀처럼 감정을 앞세우지 않으며 자신과 타인에 대한 책임을 다한다. 이런 사람들과의 관계는 스트레스가 아닌 기쁨을 준다. 우리는 모두 환경이나 물욕에 좌지우지되지 않는 자신의 진짜 주인이 되어야 한다. 그러니 어리석게 혼자 화를 끓이지도, 걸핏하면 통제 불능 모드를 가동하지도 말자. 그래봐야 자기 자신만 더 괴로울 뿐이니 말이다. 진정으로 내 감정의 주인이 될 때 비로소 인생을 즐길 수 있다.

감정에는
좋고 나쁨이 없다

감정은 내부 혹은 외부 사건으로 자극을 받았을 때 생겨나는 돌발 반응으로 여러 감각과 생각·행동이 종합되어 나타나는 심리적·생리적 상태다. 흔히 나타나는 감정에는 기쁨·노여움·슬픔·즐거움·놀람·두려움·사랑·실망·초조함·질투·안도·뿌듯함 등이 있는데, 사람들은 주관적인 견해에 따라 감정에 선을 그어 좋은 감정과 나쁜 감정으로 구분하곤 한다.

물론 우리가 흔히 '좋은 감정'이라고 생각하는 기쁨, 즐거움, 뿌듯함 등이 우리의 인생에 좋은 결과와 더 큰 행복을 가져다준다는 사실은 부인할 수 없다.

긍정적인 감정이 우리를 더 행복하게 할 뿐만 아니라 우리의 인생을 더 다채롭고 풍성하게 해준다는 사실은 미국의 한 심리학자가 진행한 연구를 통해서도 입증된 바다. 그는 이러한 사실을 밝히기 위해 설문 대상자들에게 자신이 하고 싶은 일을 적도록 하는 실험을 진행했는데, 놀랍게도 사람들은 슬플 때보다 즐거울 때 하고 싶은 일이 훨씬 더 많아지는 것으로 나타났다.

이는 우리가 습관적으로 '좋은 감정'을 소중히 여기고, '나쁜 감정'을 배척하게 된 이유이기도 하다. 그러나 사실 우리는 감정에 대한 인식의 오류에 빠져 있다. 심리학자들은 말한다.

"감정에는 좋고, 나쁨이 없습니다. 감정을 느낀다는 건 좋은 것이지요."

감정 자체는 일종의 에너지이자 어떤 사건에 대한 반응으로 우리의 행동을 유발할 뿐이다. 우리의 주관적 견해에 의해 결정되는 만큼 독자적인 감정은 단순히 '좋다' 혹은 '나쁘다'로 정의할 수 없다.

똑같이 안 좋은 일이 생겨도 상사에게 칭찬을 들어 기분이 좋은 상태라면 안 좋은 일을 웃어넘길 수 있게 되고, 면박을 받아 기분이 나쁜 상태라면 더욱더 흥분해 사소한 것 하나 그냥 넘어가지 못하고 싸움을 벌이게 될 수 있기 때문이다.

사람들의 눈에는 긴장감과 초조함, 두려움 등이 모두 우리에게 안 좋은 영향을 줄 부정적인 감정이지만 알고 보면 이들도 나름의 장점이 있을 때가 많다.

내일 면접을 앞두고 긴장감에 잠 못 이루는 경우를 예로 들어보자. 긴장 상태로 밤새 잠을 이루지 못한다면 정신 상태가 안 좋아질 수밖에 없고, 그러면 이튿날 다크서클이 턱밑까지 내려온 상태로 면접을 보게 되어 면접관에게 안 좋은 첫인상을 심어주게 될지도 모른다. 심지어 제대로 휴식하지 못한 탓에 집중력이 떨어져 면접관이 던지는 질문에 엉망으로 답하게 될 수도 있다. 이렇게 보면 긴장감은 나쁜 감정임에 틀림이 없다.

　그러나 어떻게 보면 또 얘기가 달라진다. 긴장감에 잠이 오지 않을 때 눈을 감고 억지로 잠을 청하기보다 그냥 일어나서 면접 공략법을 찾아본다면, 그래서 어떻게 해야 면접관에게 좋은 인상을 심어줄 수 있는지 그리고 지원 회사의 정보를 충분히 숙지해 나름의 전략을 짠다면 면접에 대한 긴장감과 걱정을 내려놓을 수 있다. 왜냐? 충분한 준비로 자신감을 장착했기 때문이다. 어쩌면 면접관이 이를 높이 사 당장 고용을 결정할지도 모를 일이다.

　디즈니-픽사의 역작 〈인사이드 아웃〉에는 우리의 감정들을 의인화한 기쁨이, 슬픔이, 버럭이, 까칠이, 소심이라는 주인공이 등장한다. 이 다섯 캐릭터는 사람들의 인지심리대로 기쁨이는 좋은 역할, 버럭이는 나쁜 역할인 듯 그려지지만, 꼭 절대적으로 그렇지만은 않다는 것을 보여준다.

　부정적인 감정은 살다 보면 피할 수는 없는 감정으로 긍정적인 감정과 마찬가지로 중요하다. 두려움은 어떤 일을 할 때 우리를 주저하게 만들지만, 위험이 닥쳤을 때 곧바로 이를 피해 위험에서 벗어날 수 있게 해준다. 분노는 우리의 이성을 잃게 해 후회할 행동을 하게 만들지만, 불의에 당했을 때 있는 힘껏 반격할 힘이 되어준다. 또한 초조함은 우리를 불안으로 몰아넣기도 하지만 무슨 일이든 사전에 대비할 수 있게 해준다. '우환에 산다(生於憂患생어우환)'라는 말처럼 사람들의 눈엔 나쁜 감정들이 오히려 우리의 생존 확률을 높여주기도 한다는 뜻이다. 이런데도 감정의 좋고 나쁨을 명확하게 구분할 수 있겠는가?

사람들은 소위 나쁜 감정이 들면 일단 이를 억누르고 비판하려 한다. 하지만 그럴수록 나쁜 감정은 더욱 커지고, 이에 나쁜 감정을 더더욱 싫어하게 되는 악순환이 생긴다.

또한 나쁜 감정을 억누르고 비판하는 과정은 우리의 행복감을 떨어뜨려 기억력 감퇴, 불면, 폭음, 폭식 등 부정적인 행동을 유발한다. 따라서 좋은 감정이 들 때는 이를 적극적으로 받아들이고, 나쁜 감정이 들 때도 무조건 이를 억누르고 피하기만 해서는 안 된다.

좋은 감정이든 나쁜 감정이든 이를 정확하게 인식해야 감정은 그저 우리 뇌의 행동반응일 뿐임을 깨달을 수 있다. 생각을 다스리는 방법을 배워 이성적으로 문제를 바라보는 것, 이것이 가장 중요하다.

누구에게나
감정 주기가 있다

가끔 아무 이유 없이 기분이 가라앉아 뭘 해도 기운이 나지 않을 때가 있다. 그런데 사실 봄, 여름, 가을, 겨울의 사계절이 있듯 우리의 감정에도 주기가 있다.

'감정 주기'란 한 사람의 감정이 고조되었다가 저조해지기까지의 시간을 일컫는 말로, '감정 바이오리듬'이라고도 한다. 감정 주기가 고조기일 때 사람들은 대부분 강한 활기를 띠며 좀 더 상냥하고 감정이 풍부한 모습을 드러낸다.

또한 일을 열심히 하고, 타인의 충고도 쉽게 받아들이는 경향이 있다. 반면 감정 주기가 저조기일 때는 쉬이 조급해하고, 짜증을 내며, 반발심이 강해진다. 기분이 좋았다, 나빴다 감정이 널을 뛰는 한편 고독과 외로움이 짙어지기도 한다.

한 회사에서 세일즈를 담당하고 있는 L은 평소 스트레스가 많았다. 그러던 어느 날 우연한 기회에 《위대한 세일즈맨 되기》라는 책을 읽고, 그는 자신의 감정 저조기가 대략 매월 20일부터 월말까지임을 알게 되었다. 그 며칠간은 정신이 하나도 없는 게 고객을 만나는 일이고 뭐고 정말 아무 일도 하고 싶지 않고 그저 빨리 집으로 돌아가 자고 싶은 마음뿐이었기 때문이다.

그런데 자신의 감정 주기를 알고 난 후 그에게는 뜻밖의 부작용이 생겼다. 20일에 가까워질수록 저조기가 다가온다는 생각에 걱정과 두려움을 떨쳐버릴 수 없게 된 것이다. 게다가 저조기가 이어지는 동안 그의 상태는 전보다 더 나빠졌다. 일에 집중하지 못하고 허튼 생각을 하기 일쑤였으며, 온몸이 답답하고, 머리가 무겁고, 숨도 제대로 쉴 수 없었다.

그러다 정작 휴식 시간이 되면 이때는 또 일 생각을 하느라 불면에 시달렸다. 더는 이런 생활을 참을 수 없을 것 같다는 느낌이 들자 그는 심지어 이 세상에서 벗어나야겠다고 생각하기도 했다.

감정 주기 중 저조기에만 지나치게 집중하다 보면 오히려 L처럼 '걱정-두려움-무기력-짜증-초조-걱정'이 무한 반복되는 악순환에 빠질 수 있다. 요컨대 L처럼 감정의 저조기를 두려워할 필요는 없다. 감정 주기는 우리 감정의 지표로, 이를 활용해 활동 계획을 세우면 슬기롭게 감정 주기를 극복할 수 있기 때문이다.

이를테면 감정 주기의 고조기와 저조기에 따라 일상을 조금 달리하는 것이다. 고조기에는 기분이 좋은 상태인 만큼 기꺼이 도전에 임할 용기가 생기므로 비교적 난도가 있거나 번거로운 일, 까다로운 일을 처리하는 데 집중하고, 저조기에는 무리하지 않아도 되는 간단한 일을 처리하는 식으로 말이다. 물론 저조기에는 아예 일을 내려놓고 단체활동 등 자신의 마음을 편안하게 해줄 수 있는 무언가를 하거나, 자신이 믿는 가족 또는 친구에게 고민을 털어놓음으로써 부정적인 감정을 해소하는 것도 좋은 방법이다.

이렇게 심리적인 도움을 얻으면 감정의 저조기를 지나 보내기가 한결 수월해진다. 기분이 바닥을 칠 때는 복잡하고 어려운 일을 붙들고 있어봤자 능률이 떨어지고, 실패로 인해 열등감이 생길 수 있다.

과학자들의 연구에 따르면 사람들은 대부분 감정 주기를 타고난다. 우리가 세상에 나온 날부터 보통 28일을 주기로 끊임없이 순환하며, 주기별로 초반은 '고조기', 후반은 '저조기'이다. 한편 고조기와 저조기 사이, 즉 고조기에서 저조기로 또는 저조기에서 고조기로 넘어가는 그 며칠을 '임계기'라고 하는데, 임계기는 보통 이틀에서 사흘 정도 지속된다. 임계기의 특징은 감정이 불안정해지고 신체 각 부분의 조화가 무너져 사고가 발생하기 쉽다는 것이다.

요컨대 자신의 감정 주기를 파악했다면 이를 일상생활에 활용해야 한다. 저조기와 임계기에는 경각심을 높여 자신의 의지로 감정을 다스리고, 가족이나 가까운 친구들에게 자신의 감정 주기를 알릴 수 있어야 한다. 그러면 나쁜 감정에 휩싸였을 때 주변 사람들의 도움을 받아 이를 극복할 수도 있고, 감정이 저조해서 생기는 불필요한 오해도 피할 수 있다.

심리학에서 말하는 감정은 행동의 성공 가능성 및 필연성에 대한 신체의 생리적 반응상의 평가이자 경험으로, 기쁨, 분노, 걱정, 애달픔, 슬픔, 두려움, 놀라움 등 7가지를 포함한다. 신체적으로 강한 움직임을 보일수록 그 사람이 감정적인 상태임을 뜻한다고 볼 수 있는데, 예를 들면 기쁠 땐 몸을 덩실거리게 되고, 화가 날 땐 이를 악물게 되며, 걱정이 들 땐 입맛이 떨어지고, 슬플 땐 가슴이 뻐근해지는 등이 모두 몸으로 나타나는 감정 반응이다. 그러나 일반적으로 작은 감정은 몸짓 반응을 일으키지 않는다.

우리는 어떤 감정이 생겼을 때 이를 명확하게 느낄 수 있다. 하지만 그에 따른 생리적 변화와 행동을 누구나 제어할 수 있는 것은 아니다.

어떤 감정 상태에 놓인다는 것은 지극히 개인적이고 주관적인 일이다. 기쁨, 분노, 슬픔, 즐거움 등에 대한 정서적 경험은 당사자만의 것이기 때문이다. 물론 다른 사람들도 상대의 말이나 안색을 살펴 그의 감정을 헤아릴 수는 있지만, 이는 표면적인 현상에 지나지 않는다.

요컨대 누구나 인지를 통해 자신의 감정 주기를 파악할 수 있지만, 감정에 따른 생리적 변화와 행동반응까지 통제하기란 쉬운 일이 아니다. 감정은 누구에게나 있고, 심리학에서 분류하는 기쁨, 분노, 슬픔, 두려움이라는 4대 감정은 다시 무수히 많은 감정의 갈래로 나뉜다. 우리가 자신의 감정 주기를 파악하고 이에 따라 계획을 잘 세워야 하는 이유는 바로 여기에 있다. 언제 어떤 일을 할 것인지를 확실히 정해야 자신의 감정을 더 잘 다스려 일과 삶을 더 멋지게 꾸려나갈 수 있다.

나쁜 감정을 있는 그대로 받아들인다

　무언가가 뜻대로 되지 않을 때 우리의 마음속에서는 분노, 상심, 절망, 낙담, 우울 등 나쁜 감정이 고개를 든다. 그러나 이러한 감정을 무시하고 밀어낼수록 기분은 더 나빠질 뿐이다. 자신의 나쁜 감정을 받아들이고, 그 나름의 긍정적인 면을 찾아보자. 그러면 나쁜 감정에 휘둘리지 않고 감정의 소용돌이에서 빠져나올 수 있다.

　나쁜 감정이 고개를 들 때 어떤 이는 원망을 쏟아내고, 어떤 이는 이를 회피하며, 어떤 이는 묵묵히 참아내고, 또 어떤 이는 불같이 화를 내기도 한다. 상실감과 슬픔 혹은 분노의 감정에 빠져 회피하는 쪽을 선택한다면 부정적인 감정이 우리의 마음속에 켜켜이 쌓일 수밖에 없다.

　살다 보면 누구나 스스로 해결할 수 없는 어려움에 직면해 마음이 답답하고 울적할 때가 있다. 이러한 감정이 몸집을 키우도록 놔둔다면, 그래서 스스로 그 감정에 갇혀버린다면 갈수록 우울해질 뿐이다. 이는 일을 해결하는 데 전혀 도움 되지 않을뿐더러 새로운 걱정을 키우기도 한다.

그러나 자신의 나쁜 감정을 받아들이면 감정은 마치 흐르는 물처럼 몸을 타고 여러 방식으로 분출되어 우리의 몸에 그 어떤 위해도 끼치지 않는다. 이뿐만 아니라 부정적인 감정에 대한 우리의 인식을 강화할 수도 있다. 그러니 나쁜 감정이 꿈틀댈 때는 현재의 상태를 전환할 수 있도록 효과적인 조치와 방법을 적극적으로 취하자.

관련 연구 결과에 따르면 인간의 가장 주요한 특징은 바로 자기조절 능력이 있다는 점이다. 부정적인 감정이 생겼을 때 이를 적극적으로 받아들이면 우리의 몸은 스스로 방법을 찾아 적극적으로 이를 조절한다. 반대로 줄곧 회피하며 감정을 받아들이지 않으면 변화의 신호를 받지 못한 우리의 몸은 자연스레 직무 유기를 하게 된다.

한 젊은 장교가 상부로부터 티베트 전근 발령을 받았다. 갓 결혼해 신혼생활 중인 터라 차마 남편을 홀로 보낼 수 없었던 장교의 아내는 남편과 함께 티베트로 가기로 했다.

그러나 그녀는 티베트에 도착하자마자 이상과 현실의 큰 괴리를 느꼈다. 지역 특성상 춥고, 산소가 부족한 데다 임시로 지어진

판잣집에서 지내야 했기 때문이다. 아침저녁으로 온도 차는 또 어찌나 큰지 일상생활을 하는 것조차 문제가 되었다.

결국 반년도 못 돼 인내심의 한계에 다다른 그녀는 친구에게 편지를 써 티베트에서 겪고 있는 어려움을 토로했다. '질 높은' 생활을 위해 다시 돌아가야겠다는 말과 함께 말이다.

얼마 후 친구에게서 온 답장에는 이런 내용이 담겨 있었다.

'두 명의 죄수가 같은 감방에서 같은 창문을 통해 밖을 내다봐도 누구는 사막을 보고, 누구는 선인장을 본대.'

친구의 편지에 문득 깨달음을 얻은 장교의 아내는 자신에게 말했다.

"좋아! 나가서 이곳에 선인장이 있나, 없나 알아보자."

그 후 그녀는 적극적으로 티베트 사람들의 생활 속으로 들어가 그곳의 문화에 빠져들었다. 고원식물에 관한 책들을 연구해 현지인들이 하우스로 채소를 재배할 수 있도록 자신이 알고 있는 지식을 나눠주기도 했다.

그렇게 몇 년 후, 그녀는 티베트 문화에 관한 연구 서적 몇 권을 출판하며 명실상부한 티베트 문화 전문가가 되었다.

우리가 환경을 바꿀 순 없다. 그러나 우리는 얼마든지 우리의 마음가짐을 달리해 자신의 나쁜 감정을 받아들일 수 있다. 이렇게 하면 사막에서도 강인한 선인장이 될 수 있다.

물론 나쁜 감정이 들 때는 무조건 아무것도 하지 말고 가만히 있으라는 뜻은 아니다. 다만 분노가 치밀어 화를 내고 싶을 때는 60초 정도 심호흡을 하며 감정에 휘둘리고 있는 몸을 다시 뇌가 통제할 수 있도록 돌려놓는 시간을 갖는 것이 중요하다. 여기서 관건은 60초 동안 심호흡을 통해 누군가에게 욕을 하거나 손찌검 하고 싶은 충동을 가라앉힌 후 다시 문제해결 방법을 생각해야 한 다는 것이다.

부정적인 감정에 사로잡힌 상태에서 타인에게 화풀이하거나 감 정을 전가하는 등의 행동은 타인에게 상처를 줄 수 있는 행동이 지, 결코 적당한 감정 배설 방법이 아니다. 그 대신 춤추기, 달리 기, 쇼핑, 수다 떨기 등 긍정적인 방식으로 자신의 불만을 표출하 자. 특히 운동은 체력단련의 효과뿐만 아니라 땀과 함께 불만을 털어낼 좋은 방법이다.

인생을 살아가는 동안 언제 기회가 찾아올지는 아무도 모른다. 마찬가지로 우리에게 시련이 닥쳤을 때, 하늘이 우리에게 중대한 임무를 맡기려고 우리를 시험하는 건 아닌지 그 누가 알겠는가?

역경은 운명이 우리에게 준 시련일지도, 하늘의 장난일지도 혹 은 전기일지도 모른다. 인생사 새옹지마(塞翁之馬)라고, 복(福)과 화(禍)는 딱 잘라 단정하기 어렵다고 하지 않던가! 불행 앞에 그저 신세 한탄과 원망만 늘어놓는다면 하늘이 준 기회는 우리 곁을 스 쳐 지나갈 것이다. 그러니 나쁜 감정에 얽매이지 말자. 아무리 나 쁜 감정도 모두 우리가 제어할 수 있는 우리의 노예일 뿐이다.

인생은 마냥 순탄하지만은 않다. 살다 보면 우리를 나쁜 감정에 휩싸이게 하는 일이 너무나 많다. 그럴 때마다 감정에 먹살이 잡혀 끌려다닌다면 우리의 인생은 암담해질 것이다. 자신의 나쁜 감정을 받아들이는 법을 배워 마음가짐을 달리하자. 자신의 마음을 다스릴 수 있어야 불행을 몰아내고 행복을 곁에 둘 수 있다.

미움받고 있음을
덤덤히 받아들인다

"너 진짜 싫다."

이런 말을 들으면 사람들은 대개 당황하며 초조해하기 시작한다. 자신이 뭘 잘못했기에 상대의 기분을 상하게 했는지 되짚으면서 말이다. 상대에게 이유를 물어 답을 얻지 못하면 줄곧 자기반성 상태에서 헤어나지 못하고 끊임없이 자신을 의심하기도 한다.

《미움받을 용기》라는 책에는 '세상은 아주 단순하며, 인간은 언제든 행복해질 수 있다'라고 주장하는 철학자와 이런 주장이 어처구니없다고 생각하는 청년이 등장한다. 청년은 철학자의 지론을 철회하게 만들겠다고 다짐하며 그를 찾아가 논쟁한다.

"세상은 모순으로 가득해 행복을 논할 수 없는 곳이에요. 자유를 원하면 남들에게 미움을 받죠."

"보아하니 자네는 그 누구에게도 미움받고 싶지 않은 모양이군. 하지만 사실을 따지고 보면 일부러 미움받을 짓을 하는 사람은 아무도 없다네."

"그렇겠죠."

"자네의 생각에는 나도 전적으로 동의한다네. 나도 남들에게 미움을 받기는 싫거든. 그건 아주 예리한 통찰이라고 할 수 있지."

"대중의 보편적인 욕구죠."

"그렇지만 사실은 어떻게 노력해도 나를 미워하는 사람이 있게 마련이라네. 물론 자네도 그렇고. 모든 사람의 사랑을 받는 사람은 아무도 없다네."

사람들은 '미움받지 않는' 이상적인 인간관계를 추구한다. 다른 사람에게 미움을 받아도 아무렇지 않을 수 있는 사람은 극히 드물다. 하지만 모든 사람에게 사랑받는 사람은 없다. 모든 이에게 두루 사랑받고 있다는 것이 자신의 장점이라고 생각한다면, 오히려 그 점이 타인에게 미움을 사는 이유가 될 수 있다.

사실 우리는 자유를 좇으면서도 누군가의 눈 밖에 나는 것이 두려워 줄곧 타인의 시선과 평가 속에 살아갈 때가 많다. 어쩌다 미움을 사기라도 하면 금세 자신을 탓하며 '왜 나를 미워할까? 내 언행에 문제가 있었나? 내가 어떻게 달라져야 사랑받을 수 있을까?' 고심에 빠지면서 말이다.

오랫동안 이런 초조함 속에 빠져 지내다 보면 사람을 사귀는 일에 조심스러워지고 심지어 두려움이라는 부정적인 감정이 생기게 된다. 그런 까닭에 모든 이가 미움받지 않고 살아가길 원하는 것이다. 그러나 개인의 욕구를 최대한 충족하려면 다른 사람과 이해 충돌이 생길 수밖에 없다.

그렇다. 사람은 누구나 자신만의 과제를 가지고 있다. 예컨대 내 생각을 어떻게 표현할지는 나의 과제이지, 타인과는 상관이 없다. 마찬가지로 타인이 내 생각을 받아들일지 말지는 타인의 과제이지, 나와는 상관없는 일이다. 그 누구도 남들의 기대 속에 살아갈 필요는 없다. 소위 자유란 다른 사람에게 미움을 받는 일이다. 누군가에게 미움을 받고 있다면, 자신의 소신대로 자유롭게 인생을 살아가고 있다는 증거다.

자신이 미움받고 있음을 덤덤히 받아들이는 일은 일종의 정신적 해방이자 자신을 앞으로 나아가게 하는 원동력이 된다. 누군가에게 미움받을 때 이를 받아들이지 않고 그저 덮어두려 한다면 문제는 영원히 사라지지 않는다.

옛말에 '사람을 거울로 삼으면 얻고 잃음이 분명하다(以人爲鏡이인위경, 可以明得失가이명득실)'라고 했다. 타인의 '미움'을 직시해 이를 자신을 바로잡는 '거울'로 삼는 것이야말로 자기 자신에게 이로운 방법이다.

미움을 받는 일이 나쁘지만도 않을 때가 있다. 긍정적인 시각에서 바라보면 미움받고 있다는 느낌이 앞으로 나아가야 할 동력이 되어 우리를 더 나은 사람으로 만들어주기도 하기 때문이다.

혹자는 말했다. 남들이 당신을 미워하는 이유는 당신이 남달라서일 뿐이라고. 그러니 누가 나를 좀 미워한다고 너무 신경 쓰지도, 또 너무 화를 내지도 말자. 사람은 누구나 타인에게 부정당하는 순간이 있다. 미움받을 때 습관적으로 자신을 의심하기 시작하면 우리의 인생은 깊은 나락으로 떨어질 수밖에 없다. 미움받고 있음을 덤덤히 받아들이자. 그러면 더 단단한 사람이 되어 대범한 인생을 살 수 있고, 그래야 우리의 인생을 긍정의 에너지로 가득 채울 수 있다.

삶의 불완전함을
받아들이는 법을 배운다

　우리 주변에는 완벽한 삶을 추구하며 이를 평생 노력해야 할 목표로 삼는 이가 많다. 그들은 소위 성공해 이름을 떨치고, 행복한 인생과 건강한 몸, 주변에 넘쳐나는 친구들, 충분한 여가, 영혼의 자유 등 어느 하나 빠지지 않는 삶을 그린다.

　하지만 인생은 결코 우리의 의지대로만 흘러가지 않는다. 늘 이런저런 의외의 변수들이 우리의 인생을 어지럽혀 우리를 불안과 고민에 빠트린다. 요컨대 삶의 불완전함을 받아들일 줄 알아야 진정한 삶의 의미를 이해할 수 있다.

　프랑스의 소설가 알렉상드르 뒤마는 말했다.

　"인생은 무수한 번뇌로 엮인 염주라네. 달관한 사람은 인생의 염주를 한 알씩 웃으며 세어 넘기지."

　완전무결한 인생이란 없다. 살다 보면 늘 이런저런 결핍과 아쉬움이 존재하는 법이다. 안 좋은 일이 생겼을 때 이를 인정하기 싫다고 회피하면 끝없는 불안과 두려움에 원망만 하다 결국 부정적인 감정에 잠식될 뿐이다.

생활 속의 고민은 짜증을 유발하기도 하지만 그렇기에 우리가 존재의 의미를 증명할 수 있는 것이다. 인생이란 원래 '불완전한 것'인데 이 때문에 부정적인 감정에 휩싸인다면, 이는 끊임없이 자신을 부정하는 것이나 마찬가지다.

우리가 인생의 불완전함을 받아들이는 법을 배워야 하는 이유는 바로 여기에 있다. 물론 그렇다고 아무것도 하지 말고 그냥 내버려두라는 뜻은 아니다. 이는 자신의 인생을 포기하는 것과 다름없으니 말이다. 평정심을 가지고 자신의 결핍을 마주하여 적극적으로 이를 해소하기 위해 최선을 다해야 한다. 매일 불평과 원망을 늘어놓으며 괴로워해봤자 우리의 인생은 더 엉망진창이 되어갈 뿐이다.

우리는 흔히 인생 경험에는 좋고 나쁨이 없다고 말한다. 긍정적인 태도로 모든 실패와 좌절을 대하면 자신의 부족함이나 모자람을 발견해 제때 바로잡을 수 있고, 그렇게 되면 더 단단한 삶을 살 수 있기 때문이다.

물론 불완전한 인생뿐만 아니라 불완전한 자신을 받아들이는 일도 중요하다. 어떤 이들은 무슨 일이든 완벽하게 해내야 한다고 자기 자신을 몰아붙이기도 한다. 그들은 보통 이런 마음가짐을 가지고 있다. '완벽해야 해', '모두에게 인정받아야 해', '어디 하나 흠잡을 데 없이 해내야 해' 등등. 그런데 문제는 이러한 신념 뒤엔 '반드시 성공해야 해. 만에 하나 실패한다면 웃음거리로 전락하고 말 거야' 하는 강박감이 생긴다는 점이다.

이런 심리 상태로 일을 하게 되면 신경이 곤두서게 되고, 초조해지며, 특히 결단을 내려야 하는 순간에 주저하게 된다.

사실 완벽주의자들은 대부분 심리적으로 병적인 '수치심'을 가지고 있다. 그들은 열등감이 강하고, 의심과 걱정이 많으며, 경쟁을 좋아하고, 극도로 예민하다. 그런 까닭에 무슨 일을 하든지 완벽을 추구하며, 이를 통해 자신이 얼마나 뛰어나고 강한 사람인지를 증명하려고 하는 것이다.

그들은 자신의 실수를 받아들이지 못한다. 어쩌다 작은 실수라도 생기면 남에게 흠이 잡힐까 불안해하며 끊임없이 자신을 비판한다. 그러다 보니 어떤 일을 앞두고 자신만만하던 사람들이 막상 일을 시작하면 자꾸만 일을 미루다 정해진 기일을 넘기고서야 일을 끝내고는 다음엔 절대 미루지 말아야겠다고 다짐하는 악순환을 반복하는 식이다. 그러나 사실 자신의 실수를 인정하는 것은 절대 창피한 일이 아니다.

대만의 인기 드라마 〈연애의 조건〉에는 청요칭이라는 여주인공이 등장한다. 그녀는 똑똑하고 당찬 커리어우먼으로 항상 자신감 넘치게 자신의 인생을 살아왔지만, 어쩐지 연애만큼은 그녀의 마음대로 풀리지 않았다. 사랑했던 남자 친구에게 뒤통수를 맞고 헤어진 후 마음에 상처를 입은 채 슬퍼하는 그녀. 하지만 그녀는 여전히 자신을 사랑하며 이렇게 말한다.

"스스로 상처받았다고 인정하는 건 절대 창피한 일이 아니야. 네 인생의 아름다움에 집중해. 그러지 않으면 영원히 남들 인생만 부러워하며 살게 될 테니까. 뿌리만 가지고 있으면 어디서든 다시 꽃을 피울 수 있어. 난 내 돈으로 내 가방 사서 내 이야기로 꽉꽉 채울 거야."

자신이 불완전하다고 열등감을 가지거나 초조해할 필요는 전혀 없다. 이 세상에 완벽한 사람이란 없으니 말이다. 어딘가 부족하고 불완전하기에 삶의 의미와 즐거움을 느낄 수 있는 것이다. 낮에 한 실수 때문에 혹은 아쉬움이 남는 일 때문에 속이 타들고 있다면 그날 밤 잠자리에 누워 딱 5분 동안만 자신과 대화를 나누는 시간을 가져보자.

'내가 왜 오늘 기분이 안 좋았지? 뭐가 문제였을까?'

그렇게 자기 자신을 점검하고 분석해 문제의 진짜 원인을 찾아낸 다음 긍정적인 자기암시를 하는 것이다.

'나는 능력이 부족하지 않으니 앞으로 조심하면 더는 같은 문제가 생기지 않을 거야.'

이런 시간이 쌓이면 삶의 불완전함을 받아들이는 일도 그리 어렵지만은 않다는 사실을 발견하게 될 것이다. 어려운 일을 겪을수록 얻는 것도 많아진다는 사실과 함께 말이다.

감정에 저항하지
않는다

'내가 왜 이런 일을 해야 해?'

우리가 싫어하는 일을 할 때 억울함이나 분노를 느끼는 이유는 우리 안에서 본능적으로 감정에 대한 저항이 생기기 때문이다. 자신이 좋아하는 일을 할 때는 힘듦도 기꺼이 받아들일 수 있지만, 싫어하는 일을 할 때는 쉽게 포기하게 되고, 타인의 강요까지 더해졌을 때는 즉각 부정적인 감정이 드는 이유도 감정에 저항하려는 우리의 잠재된 본능 탓이다.

사람의 감정은 쉽게 여러 요소의 영향을 받을 때가 많다. 그럴 때마다 감정에 저항하며 그에 상응하는 행동을 한다면 일은 더 나쁜 방향으로 흘러가게 되어 있다. 대만의 국민 MC이자 작가인 차이캉융은 자신의 저서에서 이렇게 말했다.

'학교가 후지고, 수업이 지겹다고 수업을 거부하거나 공부를 관두는 방법으로 항의의 뜻을 표현한다? 이는 방향을 잘못 잡아도 한참 잘못 잡은 선택이다. 공교육 종사자가 그들의 일을 망쳐 학교 교육이 실패한 건 실패한 거고, 학생이 수업을 거부하고 공부를 관두는 건 스스로 인생을 망치는 일이다. 이는 항의가 아니라 자해다. 왜? 수업을 거부해서 생기는 손해는 오롯이 학생 개인의 몫이지, 항의의 대상은 아무 상관이 없기 때문이다. 이는 세 끼 연속 맛집 선택에 실패해 맛없는 음식을 먹었다고 단식으로 항의의 뜻을 표현하는 것과 매한가지다.'

사람들은 갈수록 삶이 팍팍해진다고 불만을 토로하는데, 그 본질적인 이유를 들여다보면 자신의 감정에 저항하기 때문인 경우가 많다. 그러나 어떤 일에 불만이 생겼을 때, 그 불만스러운 감정에 지지 않으려고 기를 쓰다 보면 더 예민해지고, 그럴수록 저항을 지속해 타인의 반감을 살 행동을 하게 된다. 그렇다고 포기라는 소극적인 대응을 선택한다면 이는 그저 자신의 인생을 망치는 길일 뿐, 다른 그 누구에게도 타격이 되지 않는다. 무슨 일을 하는지 감정에 저항해서는 안 되는 이유는 바로 여기에 있다.

문제에 직면한 상황일수록 자신의 감정을 마주하고 이를 조절할 수 있어야 한다. 어떤 작가의 말마따나 우리 모두에게는 감정을 다스리는 능력이 있다. 스스로 감정을 주체할 수 없다고 말하는 사람들은 그 말을 핑계 삼아 책임에서 벗어나려는 것뿐이다.

이런 현상은 특히 직장에서 자주 발생한다. 어떤 프로젝트에 실패한 후 자신에게서 실수의 원인을 찾지 않고 '원래 하기 싫었던 일이라 실패한 거야'라고 생각했던 적이 있지 않던가!

미국의 작가 앨버트 허버드는《가르시아 장군에게 보내는 편지》에서 이렇게 말했다.

'일이 단조롭고 무미건조한지 여부는 일을 대하는 우리의 마음가짐에 달려 있다. 세상의 모든 일은 잘해내야 할 만한 가치가 있다. 한 걸음, 한 걸음 착실하게 올라가면 쉽게 추락하지 않는다.'

싫어하는 일을 앞에 두고 있을수록 자신의 감정을 조절해야 한다. 감정에 저항하는 마음가짐으로 일을 하다 보면 반발심이 갈수록 심해지게 되고, 이렇게 부정적인 상태에서는 실수할 확률이 커지기 때문이다.

글을 쓰면 클라이언트에게 수없이 수정 요청을 받는 게 일이라지만 수정 요청을 받을 때마다 기분이 가라앉아 꽤 오랜 시간을 보내야 했던 한 카피라이터가 있었다.

어느 날 그는 감정에 관한 책을 읽고 자신의 부정적인 생각을 바꿔보기로 했다. 다시 클라이언트로부터 수정 요청이 날아들었을 때 그는 불평 대신 왜 자신의 글이 수정 요청을 받게 되었는지, 또 왜 자신의 기분이 불쾌한 건지 분석하기 시작했다.

1. 더 많은 노동을 하게 되어서.

2. 수정할 필요가 없을 만큼 잘 쓴 것 같은데 클라이언트가 괜한 트집을 잡는다는 생각이 들어서.

3. 전문가도 아닌 클라이언트가 수정 요청을 한다는 게 우스워서.

이렇게 불쾌한 감정이 든 이유를 열거한 후 그는 조목조목 이를 반박하기 시작했다.

1. 비용을 지불하고 카피라이터를 고용한 입장에서 클라이언트는 완벽한 결과물을 원할 수밖에 없다. 게다가 클라이언트는 수정을 포함한 서비스를 구매했으니, 클라이언트의 수정 요청은 당연하다.
2. 클라이언트는 누구보다 자신들의 제품을 잘 아는 사람들이다. 그들의 카피 수정 요청은 제품을 위한 것이니 받아들여야 마땅하다.
3. 클라이언트들은 대부분 뛰어난 사람들이다. 그들은 단지 다른 시각에서 자신의 의견을 제시하는 것이니 겸허히 받아들일 줄 알아야 한다.

오랜 시간 자신의 심리를 분석한 후, 이 카피라이터는 예전과 달라진 사신을 발견할 수 있었다. 클라이언트가 다시 수정 요청을 하더라도 덤덤히 받아들일 수 있게 된 것은 물론이고, 적극적으로 자신의 문제를 찾아 해결하게 된 것이다.

사실 불쾌한 일이 생기면 감정에 대한 저항이 생겨 시간과 에너지를 낭비하기 쉽다. 이럴 때는 경험을 축적해 자신을 단련한다고 생각하고 마음가짐을 달리하자. 마음가짐을 달리할 줄 알게 되면 자신이 싫어했던 일들도 실은 약간의 인내심과 노력이 더 필요할 뿐, 그다지 골치 아픈 일이 아님을 알게 될 것이다.

이미 벌어진 일은 되돌릴 수 없는 경우가 많지만, 자신의 마음은 얼마든지 바꿀 수 있다. 긍정적인 마음가짐으로 자신의 감정 문제를 생각해보자. 기분 나쁜 일이 생긴 후 자신을 위한 감정의 방화벽을 세우면 그 어떤 부정적인 감정에도 무너지지 않을 수 있다.

불행을 받아들여 나쁜 버릇이 뿌리내리지 못하게 한다

거대한 슬픔에 직면했을 때 우리는 냉철한 사고와 살아갈 용기를 잃기 쉽다. 기적이 일어나 일에 전기가 생기길 순진하게 꿈꾸다가도 다시 삶의 고통 속에 자신을 가두기도 한다. 그러나 이런 행동은 모두 자기 자신을 괴롭히는 일이다. 생각해보라. 이런 비이성적인 행동으로 이미 벌어진 일을 어떻게 없던 일로 만들 수 있겠는가?

물론 비극이 벌어지면 누구나 마음이 아프고, 슬픈 맘에 비이성적인 행동을 하기도 한다. 이는 인간의 본성으로 옳고 그름이 없다. 하지만 무슨 일이든 지나 보내야 맞고, 우리의 삶은 지속되어야 한다. 지나친 슬픔은 현실에 대한 도피이며, 이러한 도피는 해봐야 쓸모없는 짓이다. 우리가 인정하길 원하든, 원하지 않든 현실은 확실히 그곳에 실재하기 때문이다.

현실의 압박에 못 이겨 조금씩 불행을 받아들이며 매 순간 고통을 견디기보다는 용감하게 모든 사실을 직시하고 통렬한 아픔을 겪은 후, 그 아픔을 뒤로한 채 다시 앞으로 나아가는 것이 낫다.

리지 벨라스케스는 마르판 증후군(Marfan Syndrome, 결합조직에 영향을 미치는 희귀 유전질환)과 지방 대사장애를 가지고 태어났다. 선천적으로 지방을 저장할 수 없는 몸이다 보니 그녀는 그야말로 피골이 상접할 정도였다. 그녀가 열일곱 살이던 때 그녀는 우연히 유튜브에서 '세상에서 가장 못생긴 여자'라는 제목으로 올라온 영상을 보게 되었다. 그랬다. 영상 속의 인물은 바로 그녀였다.

누군가가 그녀의 모습을 도촬해 인터넷상에 올린 것이었다. 해당 영상에 달린 댓글에는 그녀의 외모에 대한 신랄하고도 매몰찬 평가들이 줄을 이었다. 차마 입에 담기 힘든 악성 댓글들에 그녀는 한때 자살을 생각하기도 했다. 하지만 다행히도 그녀는 슬픔의 문턱을 넘어서서 자신의 부족함을 받아들이게 되었고, 나아가 남들의 이상한 시선을 받아들이는 법도 배우기 시작했다. 길을 가다 누군가 자신을 뚫어지게 쳐다보면 먼저 그에게 다가가 자신은 그런 시선을 받길 원치 않는다는 사실을 명확하게 전달하기 시작한 것이다.

이후 그녀는 자신의 경험을 책으로 엮어 같은 불행을 겪고 있는 사람들에게 공유했으며, 용감하게 TED 강연 무대에 올라 자신의 이야기를 들려주기도 했다. 그녀가 자신과 마주하기로 한 그 순간부터 그녀는 인생의 오르막을 맞았다. 이름 모를 못생긴 소녀에서 사람들에게 힘을 주는 작가이자 연설가로 거듭났다.

때로는 비참한 처지를 받아들이는 그 순간이 인생의 전기가 되기도 한다. 현실을 마주한다는 건 울적함을 떨쳐내고 새로운 태도와 충만한 열정으로 잔혹한 현실을 딛고 일어서기 위해 노력하겠다는 의지이기 때문이다.

예고 없이 찾아오는 인생의 불행을 아무렇지 않게 받아들이는 것 또한 삶을 대하는 적극적인 태도다. 불행을 받아들여야 변화를 생각할 수 있고, 나쁜 버릇이 우리의 인생을 좌지우지할 일도 없다. 불행이 닥쳤을 때 화내는 방식으로 감정을 발산하는 데 익숙하다면, 다음 세 가지 방법으로 자신의 감정을 다스리자.

1. 나의 슬픔은 다른 사람과 무관하다는 사실을 잊지 않는다.

사람들은 억울한 일을 당했을 때 온 세상 사람들이 자신을 위로하거나 도와줘야 마땅하다는 이상한 착각에 빠진다. 마치 온 세상이 자신에게 빚이라도 진 듯이 말이다. 그러나 사실 우리의 불행은 다른 사람과 아무런 관계가 없다. 이러한 사실을 명확하게 인지해야만 다른 사람에게 화풀이하지 않을 수 있다.

2. 자신과 대화하는 법을 배운다.

세상에 우리가 이해하지 못할 사람이나 일은 생각보다 그리 많지 않다. 다만 고민이 잠시 우리의 두 눈을 멀게 할 뿐이다. 이럴 때는 냉정하게 자신과 대화를 나눠보자. 엄밀히 말하면 자신의 사고방식과 행동을 되돌아보라는 뜻이다. 어떤 사건이나 대상을 바라보는 시선을 객관화하면 자신에게 닥친 현실을 받아들이기 수월해지는데, 이때 자기 자신에게 이렇게 말해보는 것이다. 시시비비에 너무 과잉 반응을 보이지 말자고, 소위 원칙이라는 것들은 내가 사랑하는 사람과 나를 사랑하는 사람들에 비하면 정말 아무것도 아니라고 말이다.

3. 아픔과 더불어 살아가는 법을 배운다.

불행한 현실에서 도피하려 할수록 아픔은 더 오래 지속된다. 눈앞의 불행을 대하는 올바른 방법은 단 하나, 바로 마주하는 것이다. 물론 처음 겪는 불행에는 어찌할 바를 몰라 방황할 수 있다. 그러나 살면서 쌓이는 경험을 허투루 하지 말고 마음가짐을 다잡는 훈련의 시간으로 삼자. 그렇게 경험치를 쌓다 보면 더는 불행이 우리의 마음을 좀먹지 못할 것이다.

요컨대 불행한 일은 늘 그곳에 존재한다. 그런 까닭에 우리에게 용기가 있든 없든, 우리가 원하든 원하지 않든, 우리는 이를 받아들여야만 한다. 자발적으로 담대하게 현실을 받아들이는 사람만이 자신의 감정을 지배할 수 있다.

CHAPTER 3

10가지
감정관리법으로
내 인생을
바꾸라

꼬리표 남발하지 않기
: 심리적 암시는 경직된 사고를 만든다

"나는 늘 실패하는 사람이야."

"이미 이렇게 뚱뚱한데, 운동은 해서 뭐 해."

"그는 너무 이기적이야. 이제는 그와의 관계를 끊을래."

사람들은 생각보다 훨씬 더 꼬리표를 붙이길 좋아한다. 하지만 꼬리표 붙이기는 과잉 일반화 오류 행동의 하나다. 특정인이나 특정 사건에 꼬리표를 붙이게 되면 지속적인 자기암시가 이뤄지는데, 문제는 이러한 꼬리표가 우리를 인지적 오류에 빠뜨려 부정적인 생각을 가지게 한다는 데 있다. 다시 말해 자신에게 붙인 잘못된 꼬리표는 부정적인 자아상을 만들고, 타인에게 붙인 잘못된 꼬리표는 타인에 대한 잘못된 인식을 형성해 인간관계 발전에 부정적으로 작용한다는 뜻이다.

미국의 사회학자 하워드 베커는 타인에 의해 어떤 프레임이 씌워지면 인간은 결국 그 프레임에 걸맞은 사람으로 변해간다고 보았다. 오랜 시간 자신에게 덧붙여진 꼬리표를 달고 지내다 보면 경직된 사고를 하게 되어 어떤 문제를 맞닥뜨렸을 때 저도 모르게 나쁜 쪽으로만 생각하게 되고, 이런 생각들이 쌓여 불안, 공황 등의 부정적인 감정을 만들어낸다는 것이다.

한 심리학자가 지원자들을 모집해 이런 실험을 진행했다. 그는 먼저 지원자들에게 설문지를 작성하도록 한 다음 이들을 스스로 '대담하다고 생각하는 사람'과 '소심하다고 생각하는 사람'으로 나누었다.

심리학자는 어느 방 앞으로 이들을 데리고 가 말했다.

"이 방의 밑바닥에는 악어들이 있는 수조가 있습니다. 수조 위로 튼튼한 망이 설치되어 있고, 그 망 위로는 아주 좁은 나무다리가 놓여 있지요. 방에는 10개의 등이 달려 있지만, 불빛이 그리 밝지 않습니다."

그러고는 등 하나의 불을 밝혔다. 심리학자의 말대로 불빛이 밝지 않아 지원자들은 수조 안에서 우글거리는 악어 떼와 줍디좁아 자칫하다가는 밑으로 떨어질 것 같은 나무다리를 어렴풋이 볼 수 있을 뿐이었다. 이때 심리학자가 지원자들에게 물었다.

"저와 함께 다리 건너편으로 건너갈 분 계십니까?"

그 순간 스스로 '소심하다고 생각하는 사람'들의 머릿속에는 '너무 무섭잖아! 만에 하나 떨어지기라도 하는 날엔 죽는 거 아냐?' 라는 생각이 스쳤고, 결국 그들은 나무다리 건너기를 포기했다. 한편 스스로 '대담하다고 생각하는 사람'들은 정말 흥미롭고 짜

릿한 도전이라는 생각에 심리학자와 함께 다리를 건너겠다는 의
사를 표현했다.

암시는 우리의 생각보다 꽤 큰 힘을 발휘한다. 사람들은 자신이
스스로 붙인 꼬리표에 익숙해지면 자신을 그 꼬리표 안에 가두게
된다. 특히 어떤 일을 할 때 무의식적으로 꼬리표에 의해 생각이
좌지우지되어 부정적인 선택을 하게 된다.

예를 들어 자신을 '게으른 뚱보'라고 생각하는 사람은 어떻게 해
도 다이어트에 성공할 수 없다. '나 = 게으른 뚱보'라는 인지하에
운동을 포기하고 폭음, 폭식을 선택하는 등 자기 자신을 방임하게
되기 때문이다. 자기 스스로 게으르다는 낙인을 찍고, 이에 절망
하고, 결국 자포자기로 이어지게 되는 것이다.

사실 '꼬리표 붙이기'는 우리의 일상생활 속에서 꽤 흔히 일어나
는 현상이다. 그 대표적인 예로 레몬을 떠올리면 가장 먼저 '시다'
라는 단어가 연상되고, 괜스레 미간이 찌푸려지면서 입속에 침이
고이는 반응을 들 수 있다. 이는 우리가 레몬에 '시다'라는 꼬리표
를 붙였기에 나타나는 일련의 심리적, 생리적 반응이기 때문이다.

마찬가지로 타인에게 꼬리표를 붙이길 좋아한다면 인간관계에
어려움을 겪을 수밖에 없다. 누군가에게 이기적이다, 쌀쌀맞다, 타
인에 대한 배려가 부족하다 등의 꼬리표를 붙이면, 그와 교류할
때 '이렇게 이기적인 사람을 상대로 어떻게 하면 내가 손해를 보
지 않을 수 있을까?'라는 식의 생각이 절로 들 테니 말이다.

이렇게 지나친 경계심은 우리를 힘들게 할 뿐만 아니라 타인에게도 불쾌감을 주어 우리에 대한 나쁜 인상을 심어줄 수 있다. 이런 상태에서는 타인과 쉽게 충돌이 일어날 수 있고, 이로 말미암아 감정의 불안정을 초래할 수 있다.

그러니 긍정적이고 안정적인 감정을 유지하고 싶다면 자신과 타인에게 꼬리표를 남발하지 않는 법을 배워야 한다. 설령 꼬리표를 붙이더라도 긍정적인 꼬리표를 선택해야 한다. 이를테면 어려운 상황과 마주했을 때 "난 할 수 있어"라고 말해보는 것이다. 이렇게 긍정적인 꼬리표를 붙이고 나면 어떤 어려움도 두렵지 않다는 긍정적인 마음가짐이 생겨 난관을 극복할 수 있을 것이다.

물론 긍정적인 꼬리표는 더 나은 인간관계를 만들어가는 데도 도움 된다. 상대에게 마음이 따뜻한 사람, 성격이 좋은 사람, 기꺼이 남을 도울 줄 아는 사람 등 좋은 꼬리표를 붙이면 그 사람을 알아가는 일이 즐거워져 여러 갈등의 소지도 사라질 것이다.

자기 일을 할 때나 타인과 교류할 때, 긍정적인 꼬리표를 붙여 긍정의 자기암시로 긍정적인 분위기를 만들어보자. 부정적인 꼬리표를 멀리해야 어떤 문제를 맞닥뜨렸을 때 자신을 '무능한 사람'으로 규정하려는 경직된 사고에서 벗어날 수 있다.

이분법적 사고에서 벗어나기
: '절대적 사고방식'의 틀을 깬다

우리는 살면서 다양한 선택의 순간과 마주한다. 그러나 모든 문제의 답이 단 하나만 존재하는 것은 아니다. '이것 아니면 저것'이라는 이분법적 사고에서 벗어나면 이러지도 저러지도 못하는 어려움에 빠질 일이 없다.

모 기업의 사원 채용 면접에 이런 질문이 나온 적이 있다.

더위가 기승을 부리는 여름날, 차를 몰고 정류장을 지나게 된 당신. 정류장에는 아파서 열이 나는 아이를 안고 있는 여성과 비행기 시간을 맞추기 위해 서둘러 공항에 가야 하는 당신의 상사, 그리고 평소 당신이 마음에 품고 있던 동료 이렇게 세 사람이 애타게 버스를 기다리고 있다. 그러나 당신의 차에는 단 한 명만 태울 수 있는 상황! 이때 당신은 누구를 차에 태우겠는가?

이에 면접자들은 나름의 이유를 들어 차에 태울 사람을 선택했다. 아이를 안고 있는 여성을 선택한 사람들은 사람의 목숨과 관런된 일보다 더 중요한 일은 없다고 말했고, 상사를 선택한 사람들은 상사에게 점수를 따 승진을 노릴 수 있는 절호의 기회라고 생각한다고 말했다. 그리고 마음에 품은 동료를 선택한 사람은 어쩌면 이를 계기로 상대의 마음을 사로잡을 수 있을지도 모르기 때문이라는 이유를 들었다. 그런데 한 면접자는 이런 답을 내놓았다.

"저라면 상사에게 차 키를 주어 먼저 아이를 안고 있는 여성을 가까운 병원에 데려다주고 공항으로 가라고 말하겠습니다. 그리고 저는 제가 마음에 둔 그 동료와 함께 버스를 기다리겠습니다."

우리는 흔히 어떤 문제에 부딪혔을 때 그 문제를 해결할 방법은 하나뿐이라는 관성적 사고를 한다. 그러나 이러한 사고의 틀을 벗어던지면 더 좋은 해결 방법이 존재한다는 사실을 발견할 수 있다. 사고의 틀에서 벗어나기 위해서는 다음과 같은 방법을 시도할 수 있다.

첫째, 무슨 일이든 자신이 중심이 될 필요도, 또 자신이 직접 해야만 할 필요도 없다는 사실을 인정한다.

보통 사람들은 '누구를 차에 태울 것인가?'와 같은 질문을 받으면 정형화된 사고의 틀 안에서 답을 찾으려 한다. 즉, '내 차니까 당연히 내가 운전해야 한다'라는 전제를 깔고 답을 한다는 것이다. 그러나 무슨 일이든 꼭 내가 직접 해야 하는 건 아니라는 사실을 인정하면 운전대를 다른 사람에게 맡기고, 나는 다른 일을 하는 일석이조의 방법을 찾을 수 있다.

둘째, 하고 싶은 일이 있는데 혼자서는 감당하기 어려운 대가를 치러야 한다면, 관계된 사람들을 모아 함께 일하고, 함께 책임을 분담한다.

우리는 모두 각기 다른 인생 경험과 지식수준을 가지고 있다. 그런 까닭에 같은 문제에 대해서도 각자가 처한 상황과 생각하는 각도가 다르고, 이에 따라 방법을 취하는 방식도 크게 달라질 수 있다. 하지만 그렇다고 누구의 생각이 반드시 옳고, 누구의 생각이 반드시 그르다는 의미는 아니다. 각자의 방법에는 취할 만한 부분도, 부족한 부분도 있을 수 있다. 기술 분야의 여러 신기술이 실은 기존 기술의 재조합을 통해 얻어졌듯, 여러 생각의 혁신 또한 충돌에서 시작된다.

토론 배틀에 참가한 참가자들은 논제별로 찬성 측과 반대 측으로 나뉘어 각자의 입장을 뒷받침할 논거를 들고, 상대가 제시한 내용에 반박하는 식으로 토론을 이어가게 된다. 토론 배틀은 옳은 관점을 가진 쪽과 그른 관점을 가진 쪽을 가리는 것이 아니라 참가자의 사변 능력과 표현 능력을 평가하는 데 그 핵심이 있다. 양측 모두 나름의 일리가 있기에 누가 입증을 혹은 반증을 더 잘하느냐가 관건인 셈이다. 요컨대 토론 배틀의 이러한 틀을 일상생활에 적용해 끊임없이 의견을 주고받으며 문제를 두루 고려하는 것이야말로 문제해결을 위한 좋은 방법이다.

한편 이분법적 사고에는 '제로섬 사고방식'이 포함되는데, '제로

섬 사고방식'이란 상대방이 유리하면 자신이 손해를 보게 된다고 생각해 어떻게든 자신을 보호하고 상대를 찍어 누르려는 사고방식을 말한다. '제로섬 사고방식'의 전제는 보유한 자원이 유한하다는 데 있다. 한쪽이 많이 가지면, 다른 한쪽은 그만큼 적게 가지게 되는 상황을 전제하는 것이다. 예를 들면 케이크 한 조각을 나눠 먹을 때 상대가 많이 먹으면 내 몫이 줄어드는 것처럼 말이다. 그러나 양측이 함께 노력해 윈윈한다는 마음가짐으로 '네 방법'이나 '내 방법'이 아닌 '우리의 방법'을 찾으면 훨씬 더 수월하게, 더 좋은 결과를 얻을 수 있다.

2005년을 전후해 미국의 월마트는 환경보호주의자들로부터 탄소 배출량이 많아 환경에 악영향을 준다는 비판과 함께 시정 요구를 받았다.

이에 월마트에 주어진 선택지는 두 가지였다. 첫째, 홍보팀에서 공식적으로 반박 입장을 발표하고 현재와 같이 경영을 지속하는 방법. 둘째, 환경보호 관련 투자를 늘려 지속적인 발전을 모색하는 방법. 전자를 선택할 경우, 비용이 크게 들지 않아 월마트의 가격 경쟁력을 유지할 수 있다는 장점이 있었지만, 기업의 명성에 타격을 받을 가능성이 있었다. 반면 후자를 선택할 경우, 기업의 장기적인 발전에 큰 도움이 될 테지만, 비용이 상승해 이윤이 감소할 수 있었다.

공적 관계를 유지하면서도 지나친 비용 상승을 피할 방법은 없을까? 고심하던 월마트 경영진은 홍보팀을 통해 유관 부처의 지지를 얻는 한편 공급업체에 대한 자신들의 영향력을 이용해 환경보호에 힘써달라고 요청했다. 이렇게 월마트는 크게 비용을 들이지 않으면서도 환경보호라는 목적을 달성할 수 있었다.

확대해석 잘라내기
: 실패를 확대해 보는 습관을 버린다

한 농부가 실수로 달걀 하나를 깨트렸다. 흔히 있을 수 있는 대수롭지 않은 일이었지만, 농부의 머릿속에서는 생각의 꼬리가 끊이지 않았다. 달걀이 부화하면 병아리가 되고, 병아리가 크면 암탉이 되고, 암탉은 수많은 알을 낳아 그 알들이 부화하면 다시 암탉이 되는데……. 그러다 결국 농부는 이렇게 한탄했다.

"맙소사, 양계장 하나를 잃다니!"

달걀 하나를 잃은 아픔이 양계장을 잃은 아픔으로 확대된 것이다.

물론 이 이야기는 과장된 면이 없지 않다. 그러나 일상생활에서 우리는 종종 실패와 아픔을 확대해석하곤 한다.

인생을 살아가기란 결코 쉬운 일이 아니다. 그런 까닭에 성공의 길에서 넘어져 그대로 주저앉는 이가 적지 않은 것이다. 그러나 그들이 실패를 뛰어넘지 못한 이유는 능력이 없어서도, 운명이 유독 그들에게 가혹해서도 아니다. 그들이 초배율 망원경을 목에 걸고 실패를 확대해 바라보다 실패는 넘지 못할 산이라 지레 겁을 먹고 멈춰서기 때문이다. 프랑스의 사상가 장 자크 루소는 말했다. "신체적 고통과 양심의 가책을 제외한 모든 고통은 상상에서 나온다."

중국의 전 체조선수 상란은 중국의 '도마 여왕'이라고 불릴 정도로 좋은 성적을 내던 인물이었다. 그런데 1998년 미국 뉴욕에서 열린 제4회 친선경기에서 경기 전 연습을 하다가 몸을 비트는 동작에서 실수를 해, 경추 분쇄성 골절이라는 심각한 부상으로 반신불수가 되었다. 그렇게 체조선수로서의 인생을 마감했을 때 그녀는 겨우 열일곱 살이었다. 하지만 그녀는 절망하긴커녕 눈물한 방울 보이지 않았다. 그녀는 늘 긍정적이고, 미소를 잃지 않는 밝은 모습으로 많은 이의 지지를 받았다.

이후 그녀는 방송계에 발을 들여 〈상란 2008〉이라는 프로그램의 MC로 변신한 동시에 여러 매체에서 스포츠 전문 해설가로 활약했다. 그뿐만 아니라 1999년에는 뉴욕 엠파이어 스테이트 빌딩에서 열리는 점등식을 진행한 최초의 중국인이 되었으며, 이후 베이징대학교 신문방송학과에 무시험으로 합격해 파격의 주인공이 되기도 했다. 또한 2008년에는 베이징 올림픽 성화 주자로 선정되어 성화를 봉송했다.

우리의 일생이 실패로만 채워지는 것은 아니다. 흔히 '실패는 성공의 어머니'라는 말을 하듯 고생 끝에 낙이 오는 경우가 많다. 실패와 좌절을 경험하고 나서야 비로소 성공의 가치를 더욱 소중히 여길 수 있는 법이다. 그러니 계속 실패하지는 않을 거라는 믿음을 갖자. 살면서 여러 실패와 좌절을 피할 수 없다면 웃으며 넘기지는 못하더라도 이에 확대경을 들이대지는 말자. 그저 담담하게 실패와 좌절을 대하는 것만으로도 스스로 느끼는 부담이 줄어들 테니 말이다.

실패를 축소해 바라보면 넘을 수 없을 것 같던 울타리도 발만 들면 넘을 수 있는 문턱이 혹은 한 단계 더 높은 곳으로 나아가기 위한 계단이 될 수 있다.

실패와 성공은 상대적이며, 고통과 즐거움은 한 쌍과도 같다. 우리는 망원경으로 실패와 아픔을 확대해 바라볼 수 있으며, 성공과 기쁨을 확대해 바라볼 수도 있다. 우리가 성공과 그로 말미암은 기쁨을 확대해 바라볼 때 실패와 고통은 자연스레 축소된다.

꽤 많은 사람이 감정선이니 운명선이니 하는 손금을 믿는다. 그런데 사실 사고방식을 달리하면 손금에 대해서도 새롭게 인식할 수 있다. 아무리 큰일이 닥칠지라도 손바닥 위의 줄 하나에 지나지 않는다고 생각하자. 그러면, 우리가 주먹을 불끈 쥐기만 하면 감정도 운명도 우리의 것이 되지 않겠는가?

심리 필터 점검하기
: 현재의 긍정적인 면에 집중한다

우리 인생은 파도와 같아서 마냥 큰 파도만 몰아치지도, 또 잔파도만 일지도 않는다. 오르락내리락하는 파도처럼 늘 기쁨과 아픔이 교차한다. 그러나 누구나 겪는 기쁨과 아픔일지라도 긍정적인 사람은 삶의 아름다운 부분을 바라보며 평생을 즐겁게 살아가지만, 부정적인 사람은 삶의 아름다운 부분을 걸러내고 고통스러운 기억만을 끌어안고 산다.

부정적인 사람은 항상 일의 나쁜 면을 본다. 예를 들어 똑같이 아침햇살을 바라보고 있어도 부정적인 사람은 "아직도 하늘이 이렇게 어두워서야!"라고 말하며 답답해하고, 긍정적인 사람은 "조금씩 해가 뜨고 있잖아!"라고 말하며 화색을 보이는 식이다. 그런데 우리가 일의 긍정적인 면에 주의를 기울이면, 부정적이고 어두운 면에는 자연스레 가림막이 쳐진다.

물론 이는 자신의 결점이나 부족함을 보고도 못 본 척 눈감아주거나 될 대로 되라는 마음으로 놔두라는 뜻이 아니다. 자신의 부족함을 아는 것도 우리의 성장에 약이 되기 때문이다. 하지만 그렇다고 자신의 부족한 부분에만 너무 집중하다 보면 '쓸모없는 인간'이 되기 쉽고, 남과 비교하기 시작하면 열등감에 휩싸여 헤어날 수 없다.

세상에 완벽한 사람이란 있을 수 없듯, 모든 면이 우리 마음에 꼭 들어맞는 일 또한 있을 수 없다. 부정적인 면을 '여과'하라는 말은 애써 부족한 부분을 떼어내고 아름다운 부분만 남기라는 뜻이 아니라 아름다운 면에 집중하되 아름답지 않은 면의 존재도 허용해야 한다는 의미다. 나쁜 면을 남기지 않으려 굳이 애를 쓰다 보면 되레 나쁜 면에 집중하게 된다. 그러니 색안경을 끼고 세상을 바라보자. 따뜻하고, 긍정적이며, 좋은 부분들은 투과하고, 부정적인 부분은 차단하는 그런 색안경을 말이다.

고대 그리스의 철학자 소크라테스는 한때 친구들과 함께 2평 남짓한 집에 살았다. 이에 지인이 여러 명이 함께 살기엔 거주 환경이 너무 열악한 것 아니냐고 묻자 소크라테스는 이렇게 말했다.
"친구들과 함께 사는 덕분에 언제든 감정을 교류할 수 있으니, 이 얼마나 기쁜 일입니까?"
몇 년 후 큰 집에서 홀로 살게 된 그에게 누군가가 외롭지 않냐는 질문을 던졌을 때도 그는 말했다.
"제게는 많은 책이 있지 않습니까? 모든 책이 선생님인데, 이렇게 여러 선생님과 함께 있으니, 이 얼마나 기쁜 일입니까?"

훗날 다층 건물에 살게 되었을 때도 마찬가지였다. 1층에 있을 때는 "일 층이라 편리하고 빈 땅에 꽃도 심을 수 있으니 좋다"라고 말했으며, 꼭대기 층에 있을 때는 "꼭대기 층이라 빛이 좋고, 밤낮 구분 없이 조용해서 좋다"라고 말했다.

사실 우리도 소크라테스처럼 일의 긍정적인 면에 집중하면 기쁨과 훈훈함이 충만한 하루하루를 보낼 수 있다. '만족을 알면 늘 즐겁다(知足常樂지족상락)'라는 옛말도 있지 않던가. 부정적인 면을 걸러내고 현재의 긍정적인 부분을 소중히 여길 때, 우리는 비로소 넘치는 자신감과 즐거운 마음을 가질 수 있다. 즐거운 마음은 정신을 맑게 해 치밀한 사고를 가능케 하며, 다시 어려움이 닥쳐도 그 안에 빠져 허덕이지 않게 도와준다.

일부로 전체를 평가하지 않기
: 한 번 실패했다고 인생이 실패하는 건 아니다

　어쩌다 한 번 한 실패에 자신의 인생 전체가 실패했다고 생각하는 사람들이 있다. 이렇게 어떤 일의 전체를 보지 않고 단면만을 보는 사람들은 우연히 발생한 나쁜 일의 영향을 끊임없이 확대해 그것이 곧 마지막 결과라고 단정 짓는다.

　물론 실패를 좋아하는 사람은 없다. 그러나 한 번의 실패로 전체를 정의하는 것은 너무나도 섣부른 행동이다. 일부로 전체를 평가하는 사고방식은 우리를 부정적인 감정이라는 함정에 빠트려 삶에 대한 희망을 잃게 만든다.

　'일부가 곧 전부'라는 사고방식에 빠지면 모든 일이 자신이 생각하는 나쁜 방향으로 발전하고 있다고 믿게 되는데, 특히 실패를 경험했을 때 이러한 심리가 더욱 두드러진다.

　오스트리아의 정신의학자 아들러가 제시한 심리학 개념에 '낚싯바늘에 걸린 물고기 효과'라는 개념이 있다. 이는 그가 낚시 중에 발견한 흥미로운 현상에서 비롯한 개념으로, 낚싯바늘에 걸린

물고기가 벗어나려 몸부림을 칠수록 바늘이 더욱 깊게 박혀 벗어나기 어려워진다는 내용이다. 우리도 살면서 그럴 때가 있다. 낚싯바늘에 걸리고 싶어 하는 물고기가 없듯, 사람은 누구나 실패의 고통을 맛보고 싶어 하지 않기 때문이다. 그러나 우리가 알아야 할 사실이 있다. 바로 누구든 단번에 성공하는 사람은 없기에 실패는 불가피한 것, 그런 까닭에 실패를 올바르게 긍정적으로 바라보지 못한다면 같은 실패를 반복하게 된다는 점이다.

우리는 모두 쉽게 성공하길 바라며 실패 자체를 꺼리고, 실패했다는 사실을 좀처럼 받아들이지 못한다. 그러나 사실 성공은 무수한 실패를 경험한 후 남은 길 위에 있다. 그러니 어떤 일에 실패했다면 이는 그저 이 길이 아니니 다른 방법을 생각해보라는 의미일 뿐이라고 받아들이자. 그러면 실패에 대한 불평도 훨씬 줄어들 것이다.

사실 실패는 그리 대수롭지 않은 일이다. 우리가 무슨 일을 하든 실패의 가능성은 늘 열려 있다. 이는 한 번의 실패를 인생의 최종 결과로 여겨서는 안 되는 이유다. 실패는 오히려 우리의 경험을 키워주는 훌륭한 자양분이 될 때가 많다. 올바른 자세로 실패를 대해야 실패의 근본 원인을 찾고 나아가 실패를 바로잡을 수 있다.

어떤 일에 실패해 자신에 대한 실망감을 지울 수 없다면 처음부터 지금까지를 찬찬히 되짚자. 그간의 과정에는 분명 즐거웠던 순간이 존재할 테고, 아무리 사소한 일이라도 즐거움을 느꼈던 순간이 있었다면 완전한 실패라고 볼 수 없으니 말이다. 성공했던 기억을 더듬다 보면 자신감 회복과 함께 지금의 실패가 그저 일시적일 뿐이라는 사실도 깨닫게 될 것이다.

일본 오사카의 한 회사에는 '대실패 상'이라는 제도가 있다. 말 그대로 크게 실패한 사원을 표창하는 제도인데, 심지어 이 회사의 대표도 이 상을 받은 적이 있다. 물론 이는 일반적으로 쉽게 이해하기 어려운 제도이기는 하다. 그러나 경제·경영학적으로 보았을 때 '대실패 상'은 꽤 합리적인 제도라고 할 수 있다. 실패한 사람에게 질책과 비난이 아닌 격려를 해주면, 그 사람은 더 빨리 실패를 털고 일어설 수 있기 때문이다.

정말 책임감이 있는 사람은 실패를 경험했을 때 자책과 실망을 느끼게 마련이다. 그런데 그런 사람에게 질책과 비난을 가하며 그동안의 노력과 희생을 모두 부정한다면, 그 사람은 더욱 기가 꺾일 수밖에 없다. 따라서 타인의 실패를 대할 때는 상대를 격려하는 긍정적인 말로 상대를 위로하는 데 힘써야 한다. 그러면 상대는 우리의 격려에 힘입어 자신감을 회복하고 더 좋은 성과로 보답할지 모른다.

록펠러가 세운 스탠더드 오일의 원로 베드포드가 투자 실패로 회사에 막대한 손실을 입힌 적이 있었다. 이 일로 그는 불안에 떨며 깊은 자책감에 빠졌다.

어느 날 오후, 우연히 길에서 록펠러를 만난 베드포드는 차마 그를 볼 낯이 없어 고개를 돌려 황급히 그곳에서 벗어나려 했다. 그러나 록펠러는 그런 그를 불러세우더니 그에게 다가와 어깨를 토닥이며 말했다.

"잘했어요. 원금 손실이 날 줄 알았는데, 시의적절한 때 과감하게 결단을 내려준 덕분에 투자금의 60%를 회수하지 않았습니까! 이렇게 훌륭히 해내다니 정말 대견합니다."

록펠러에게 조롱과 원망의 말을 들을 것이라 예상했던 베드포드는 뜻밖의 칭찬에 큰 위안을 얻었고, 그로부터 업무 자신감을 회복해 록펠러의 사업에 더 크게 이바지했다.

우리가 하는 모든 선택이 늘 옳을 수는 없다. 게다가 우리 자신의 능력이 부족해서가 아니라 그저 운이 좋지 않아서 실패하는 때도 적지 않다. 우리가 지난 실패에 연연해하며 실패의 아픔을 떨쳐내지 못한다면 더 격한 방법을 동원하게 될지도 모른다. 마치 도박판에서 돈을 잃은 도박꾼이 빚내서라도 본전을 찾고야 말겠다고 나섰다가 결국 더 많은 돈을 잃게 되듯 말이다. 이렇게 되면 정말로 실패를 거듭해 성공의 길과는 점점 더 멀어질 것이다.

그러니 한 번의 실패가 인생의 전부는 아니라는 것을 믿자. 그래야 이후 문제를 해결할 때 충분한 자신감과 맑은 정신을 유지해 같은 실수를 연발하지 않을 수 있다.

평생 누워 있는 사람은 넘어질 일이 없고, 물에 나가지 않는 배는 전복될 일이 없다. 한 번의 실패로 그 자리에 주저앉는 쪽을 선택한다면 다시 실패할 일은 없겠지만 성공할 일도 없을 것이다.

파국화 멈추기
: 최악의 시나리오는 그저 상상일 뿐이다

"맙소사, 세상에서 가장 불행한 사람은 나일 거야."

"이건 정말 최악이다."

어떤 부정적인 사건이 벌어졌을 때 그 상황이 가져올 수 있는 결과를 과장 해석해 최악의 상황이 닥칠 거라고 예상하는 사람들이 있다. 이들의 문제는 그저 최악의 시나리오를 예상하는 것에 그치지 않고, 앞으로의 일이 부정적으로 흘러갈 것이라는 끊임없는 자기암시로 자신감을 떨어뜨려 끝내 일을 더 나쁜 방향으로 발전시킨다는 데 있다.

혹시 당신도 늘 부정적인 방향으로 생각하며 매일 긴장과 의심, 걱정 속에 살고 있다면, 그래서 인생이 조금도 즐겁게 느껴지지 않는다면? 이는 '파국화' 혹은 '재난화'라고 부르는 '부정적 과장' 때문이다.

'파국화'적 사고방식을 가진 사람은 모든 일의 결과를 심각하게 생각하는 경향이 있다. 심지어 앞으로 일어나지 않을 일에 대해서도 항상 최악을 생각해 자기 자신을 불안 속으로 몰아넣는다. 그런 까닭에 충분히 해낼 수 있는 일도 지나친 생각이 독이 되어 결국 해내지 못하는 불상사가 생긴다.

운동선수들이 결정적인 순간에 실수하는 이유도 생각이 많아서일 때가 대부분이다. 결과에 대해 너무 많은 생각을 하다 보니 승리에 필요한 융통성을 잃게 되는 것이다.

물론 사람은 누구나 인생을 살면서 최악의 시나리오를 생각할 만한 상황과 마주할 수 있다. 그러나 최악의 결과를 생각하더라도 이에 대처하는 데 충분한 계획과 승산이 있다고 믿어야 한다. 그래야 부정적 상상이 일상생활에까지 지장을 주는 것을 피할 수 있다. 최악의 결과를 생각하면 초조함이 몰려오고, 초조함이 지나치면 그 상황을 회피하려 들게 된다. 일을 시작하기도 전에 도망가고 싶어지고, 심지어 일어나지 않을 일을 지레 걱정하며 온갖 부정적인 생각들로 머릿속을 채우게 된다. 이렇게 되면 평소에도 독립성과 자신감이 떨어질 수밖에 없다. 어떤 일이 생기든 최악의 결과부터 생각하고, 그 생각에서 벗어나지 못하는 사람은 자신이 그 일에 대처하지 못할까 봐 걱정하며 불안에 맞서는 데 자신이 가진 모든 에너지를 동원하기 때문이다.

이러한 상황에서 벗어나려면 결과에 대해 너무 많이 생각하지 말고, 평소에 무슨 일을 하든 흔들리지 않는 확고한 자신감과 문제를 스스로 해결할 능력을 키워야 한다. 그러면 최악의 상황이 닥쳐도 과도한 불안감과 초조함에 휩싸이지 않게 될 테고, 이러한 경험이 쌓여 더는 최악의 결과를 생각하지 않게 될 것이다.

'긍정 심리학의 아버지'라 불리는 마틴 셀리그먼은 비관적인 사람과 낙관적인 사람이 실패를 해석하는 방식에 대해 이렇게 설명했다.

"비관적인 사람은 자신이 살아 있는 한 실패는 계속될 것이며, 그 실패가 자기 삶 전체를 무너뜨릴 것이라고 본다. 반면 낙관적인 사람은 자신이 직면한 좌절을 일시적인 것으로 바라보며, 한정적인 부분에만 영향을 미친다고 믿는다."

예를 들어 똑같이 수학 시험을 망쳐도 비관적인 사람은 '수학을 잘하기는 글렀어. 난 머리가 너무 나빠서 뭘 배워도 안될 거야'라고 생각하지만, 낙관적인 사람은 '노는 데 정신이 팔려서 열심히 공부를 안 했더니 시험을 망쳤네. 조금만 신경 써서 공부하면 금세 따라잡을 수 있을 거야'라고 생각한다는 것이다.

요컨대 우리가 파국화적 사고에 빠져 헤어나오지 못한다면 우리가 상상했던 최악의 결과는 진짜 현실이 될지도 모른다. 상황을 바꿀 수 있다는 믿음과 스스로 바뀌어야 한다는 의지를 상실한 채 이미 '될 대로 되라지!' 하는 식으로 자포자기했기 때문이다. 그러나 긍정적인 태도로 실패를 대한다면 이후의 결과는 얼마든지 달라질 수 있다. 상황을 바꿀 수 있다는 믿음과 스스로 바뀌어야 한다는 의지가 있으면 안 좋은 결과를 내지 않기 위해 방법을 찾게 되고, 적어도 상황이 더 악화하는 것을 막을 수 있다.

어느 해 US오픈 테니스 대회 준결승에서 페더러와 조코비치의 대접전이 벌어졌을 때의 일이다. 장장 네 시간에 걸친 5세트의 대결 끝에 마지막 매치 포인트를 잡은 페더러가 단 1점만 내면 조코비치를 물리칠 수 있는 상황이었다. 그러나 페더러가 조코비치의 오른쪽을 노리며 힘껏 서브를 넣은 후, 그는 곧 진퇴양난에 빠지고 만다. 조코비치가 정확한 포핸드로 반격을 가한 것이다. 페더러는 조코비치의 공을 되받아치지 못했고, 사람들은 위기의 순간에 놀랍도록 침착한 모습을 보여준 조코비치에게 흥분을 감추지 못했다. 미국의 테니스 전설 중 한 명인 존 매켄로는 이를 '역대 최고의 스트로크'라고 평할 정도였다. 결국 그날의 경기는 조코비치의 승리로 끝이 났다. 페더러는 이어진 기자회견에서 패배의 원인을 묻는 기자의 질문에 조코비치의 '행운의 일격'에 무너진 것 같다고 답했다.

그러나 이후 패더러는 결정적인 순간 멘탈이 흔들리는 모습을 종종 보이며 페더러답지 못한 경기력으로 '슬럼프'에 빠졌다는 평가를 받기도 했다. 일부 전문가는 최악의 결과에 대한 지나친 염려가 그를 슬럼프에 빠트린 듯 보인다고 말했다.

보통 일련의 조건들이 복합적으로 작용할 때 최악의 결과가 나온다. 바꿔 말하면 무슨 일이든 최악의 결과는 '만일'의 경우에나 발생한다는 뜻이다. 설령 '만일'의 경우가 발생했다 하더라도 또 다른 '만일'의 경우와 맞닥뜨릴 확률은 지극히 낮다. 그러니 결과를 예측할 수 없는 일들이 생기거든 '나는 행운아이니, 더는 안 좋은 결과가 나올 일이 없다'라고 믿자.

긍정을 부정하는
사고방식 바꾸기
: 희망을 품고 문제를 긍정적으로 바라본다

무슨 일이 생기든 긍정적으로 생각하길 좋아하는 이들이 있다. 그들은 삶을 대하는 태도 역시 대체로 긍정적이고 낙관적인 편이다. 한편 어떤 이들은 좋은 일이 생기든, 나쁜 일이 생기든 부정적인 방향으로 생각해 끝내 '일이 엉망진창이네'라는 결론을 내고야만다. 그런데 이처럼 긍정적인 사고를 부정하는 인지 패턴은 정말로 우리의 삶을 엉망으로 만들 수 있다.

어떤 일이 있을 때마다 늘 나쁜 방향으로 생각하는 부정적인 사고 패턴은 심지어 긍정적인 경험도 부정적인 경험으로 변모시켜 우리를 우울감에 빠트리고, 나아가 인생에 희망이 없다는 생각을 가지게 만들기도 한다.

인지행동치료의 세계적 권위자 데이비드 번스의 《필링 굿》이라는 책을 보면 심각한 우울증을 앓는 한 젊은 여인의 이야기가 나온다. 우울증이 도져 어쩔 수 없이 병원에 간 그녀는 입원해 있는 동안 의사와 말을 나눴다.

"저는 나쁜 여자예요. 그래서 아무도 제게 관심을 주지 않죠. 세
상 누구도 저를 상대해주지 않으니 정말 너무 외로워요."

"병원에 있는 의사와 간호사들은 물론이고, 당신과 같은 병실에
서 지내는 환자들까지 당신을 좋아한다고 말하던데요."

"그들은 현실 세계에서 나를 접한 적이 없으니 제외예요. 보세요,
병원 밖 사람들은 조금도 제게 관심을 두지 않잖아요."

그러나 의사가 아는 바에 따르면 그녀의 가족과 친구들은 그녀에
게 전혀 무관심하지 않았다. 그리하여 의사는 의아하다는 듯 물
었다.

"왜 그렇게 생각하죠?"

"아시잖아요. 단 일 초라도 저를 진정으로 좋아해줄 사람은 없다
는 것을!"

왜 재수 없는 일은 자신에게만 일어나는지 모르겠다며 인생이
불공평하다는 불평을 입에 달고 사는 이들이 있다. 그런데 이들은
생각지도 못했겠지만, 사실 이들에게 닥친 모든 일이 나쁜 일이
되는 이유는 그들의 인지적 사고에 오류가 있기 때문이다.

예컨대 이들은 훌륭한 업무 성과를 내 동료들이 이를 칭찬할 때
도 내심 이런 생각을 한다.

'이렇게 친한 척을 한다고? 혹시 내게 무슨 부탁을 하려고 칭찬
하는 거 아니야?'

그러다 보니 아무리 훌륭한 성과를 냈다 해도 맘 편히 이를 기뻐하거나 즐거워하지 못한다. 심지어 "아, 이건 아무것도 아닌데, 뭐"하는 대답으로 자신의 성과에 찬물을 끼얹고, 칭찬하는 사람들을 민망하게 만들기도 한다.

그러나 이는 쓸데없는 생각일 뿐이다. 상대는 아무 목적 없이 그저 순수하게 성과를 칭찬했을 뿐인데, 긍정적인 사고를 부정하는 사고방식 탓에 저도 모르게 타인의 칭찬을 곡해하고, 결국 부정적인 감정에 휩싸이게 된다는 뜻이다.

때때로 인간의 의식 활동은 생각에 따라 결정된다. 예를 들어 사고와 판단, 추측 등의 의식 활동에는 보통 긍정과 부정 이렇게 두 가지 경향이 나타나는데 긍정을 부정하는 사고를 하게 되면 무조건 부정적으로 생각하는 경향이 나타나게 된다.

긍정적인 사고는 인간관계를 발전시키는 데 유리하다. 적극적인 태도로 문제를 분석하고 해결해 더 나은 대안을 찾을 수 있도록 도와주기 때문이다. 긍정적인 사고를 부정하면 자책과 원망에 빠져 모든 일에 회의적인 태도를 보이게 되고, 이로 말미암아 좋은 일을 나쁜 일로, 나쁜 일은 더 나쁜 일로 만들게 된다.

희망을 품고 문제를 긍정적으로 바라보면 진부한 일도 신기한 일이 될 수 있으며, 어려움 속에서도 내 일을 지속해갈 용기를 가질 수 있다.

긍정을 부정하는 사고를 멀리하고, 긍정적인 시각으로 문제를 바라보는 방법을 배우면 삶의 도전에도 적극적으로 임해 부정적인 감정과 거리를 둘 수 있다. 실제로 링컨, 마윈, 월트 디즈니 등과 같은 성공 인사들은 좌절할수록 용기를 얻었으며, 어려움을 발판 삼아 더 큰 성공을 일궈냈다는 공통점이 있다는 연구 결과가 있다. 실패와 좌절에도 긍정적인 사고를 유지하고 싶지만 어떻게 해야 좋을지 모르겠다면 이렇게 해보자.

1. 마인드 컨트롤을 생활화한다

자기 자신에게 긍정의 에너지가 가득한 말을 수시로 해주는 것이다. 이런 말에는 스스로 용기를 북돋우는 효과가 있어서 실제로 무슨 문제가 생겼을 때 부정적으로 흘러가려는 생각에 제동을 걸어준다. "현재 네게 닥친 상황이 그리 엉망은 아니라고, 넌 할 수 있다" 하는 식으로 말이다.

2. 즐겁게 할 수 있는 일을 한다

밝고 긍정적인 마음가짐이 실제로 우리를 더 건강하게 만든다는 연구 결과가 있다. 그러니 무슨 일이든 나쁜 방향으로 생각하는 버릇이 있는 사람이라면, 일이 닥쳤을 때 섣불리 이를 해결하려 하지 말고 일단 멈춰보자. 그리고 자신이 좋아하는 일, 자신을 즐겁게 만드는 일을 해보자. 좋아하는 음악을 듣는다든지, 영화를 본다든지, 맛있는 음식을 먹는다든지 등의 방법으로 기분 전환을 하는 것이다.

3. 긍정의 에너지로 가득한 사람과 사귄다

사람과 사람 사이의 관계에서는 서로 영향을 주고받을 수 있다. 긍정의 에너지가 충만한 사람을 사귀면 우리의 생각과 마음가짐도 긍정적으로 바뀔 수 있고, 부정의 에너지가 가득한 사람을 사귀면 우리도 덩달아 우울해지고 기분이 가라앉을 수 있다는 뜻이다. 그러므로 부정의 에너지가 충만한 사람을 멀리하고, 긍정의 에너지가 가득한 사람을 많이 만나야 한다.

긍정을 부정하는 사고방식을 바꾸면 엉망이라고 생각했던 일들도 사소한 인식의 전환만으로 완전히 다른 결과를 얻을 수 있다는 사실을 깨닫게 될 것이다. 그러니 이런 문제가 있다면 주저하지 말고 자신을 바꾸는 일부터 시작하자.

감정적 추리 멈추기
: 감정을 사실의 근거로 삼지 않는다

우리는 매일 다양한 감정을 느낀다. 그리고 우리의 감정은 대부분 외부의 영향을 받기 쉽다. 아침에 일어나 화창한 날씨를 보면 왠지 더 상쾌한 기분이 들고, 비가 추적추적 내리는 날에는 기분이 가라앉으며, 일이 순조롭게 진행될 때는 더 활력이 생기고, 일이 잘 풀리지 않을 때는 쉽게 김이 빠지는 기분이 드는 식이다.

그런데 사실 외부에 있는 대상이나 사건, 사물에 대한 호불호는 그 대상이나 사건, 사물 자체에 대한 것이라기보다 우리의 기분 상태와 더 큰 관계가 있다.

많은 일이 우리가 생각하는 것만큼 그리 나쁘지는 않다. 사람들의 말도 마찬가지다. 꼭 우리에게 악담하려는 의도가 있는 것은 아니다. 다만 기분이 좋지 않아서 자신 또는 주변 사람들과 일들이 고깝게 보이는 것뿐이다.

물론 사람에 따라 감정을 처리하는 방식은 다 다르다. 어떤 이들은 자신의 감정을 고스란히 얼굴에 드러내 기분이 좋을 때와 나쁠 때의 차이가 극명하다. 기분이 좋을 때는 웃는 얼굴로 사람을 대하며 타인의 칭찬에 우쭐해 실제로 그럴 능력이 없으면서도 내가 도와주겠다고 허풍을 떠는 반면, 기분이 나쁠 때는 약간의 좌절에도 나는 안된다고 자신을 부정하며 타인의 진심 어린 충고도 비아냥으로 받아들인다.

한편 어떤 이들은 감정을 드러내길 꺼려 무슨 일이든 마음에 담아두기도 한다. 이들의 특징은 겉으로 드러나는 타인과의 충돌을 원치 않아 스스로 나쁜 감정을 가져서는 안 된다며 이를 꾹꾹 억누른다는 데 있다. 그러나 감정을 고스란히 드러내는 것도, 감정을 억누르기만 하는 것도 모두 좋은 방법은 아니다. 감정에 따라 일을 처리하는 사람은 객관성이 없고, 변덕이 죽 끓는 듯한 사람으로 비치기 쉬우며, 감정을 억누르기만 하는 사람은 자칫 화가 많은 사람으로 평가받기 쉽다. 쌓인 감정은 결국 폭발하게 마련인데, 억눌린 감정이 클수록 상대는 영문을 이해하지 못할 가능성이 크기 때문이다.

요컨대 감정이 생기는 건 결코 두려워할 일이 아니다. 긍정적이든 부정적이든 적당한 감정은 우리가 어떤 일들을 처리하는 데 도움을 주기도 한다. 다만, 덮어놓고 자신의 감정대로 행동한다든가 애써 감정을 억누르는 것은 옳지 않다. 감정이 우리의 생각을 흐려놓지 못하도록 관리해야 한다. 그래야 우리 자신과 타인을 있는 그대로 이해할 수 있다.

성질이 고약한 소년이 있었다. 소년의 아버지는 아이에게 못 한 주머니를 주며 화를 내고 싶을 때마다 울타리에 못을 박아보라고 말했다.

첫날, 소년은 40개의 못을 박았다. 하루 만에 울타리를 메운 그 많은 못을 보며 소년은 자신이 이렇게나 화를 잘 내는 사람이었음을 새삼 깨달았다.

그로부터 소년은 불쑥 화를 내고 싶은 순간이 찾아올 때마다 의식적으로 자제하기 시작했고, 그렇게 하루하루가 지날수록 못을 박는 횟수도 줄어들었다.

어떤 사람이나 일에 대해 평가할 때는 먼저 자신이 강렬한 감정에 사로잡혀 있지는 않은지 살펴볼 필요가 있다. 만약 그런 상태라면 자신의 감정을 확인하고 마음을 진정시키는 시간을 갖는 게 좋다.

감정을 잘 관리하기 위해서는 보통 다음과 같은 3단계를 거쳐야 한다.

1. 어떤 감정이든 먼저 이를 직시하고 받아들인다

현재 자신의 심정이 어떠한지, 슬픈지, 화가 나는지, 우울한지 등을 살펴 제때 감정을 알아차려야 자신의 감정에 책임을 지고 또 감정에 휘둘리지 않을 수 있다.

2. 감정의 근원을 찾는다

감정은 보통 개인의 어떤 욕구가 충족되지 못했을 때 생겨나는데, 물질적 측면이든 정신적 측면이든 그 근원을 알면 자신의 감정을 다루기가 한결 수월해진다.

3. 효과적인 감정 처리 방법을 찾는다

충족되지 못한 욕구를 빠르게 만족시킬 수 있는지, 완료하지 못한 일을 계속해야 할지 등을 판단해 상황을 바꿀 수 없다고 판단된다면 일단 한쪽으로 미뤄놓고 적당한 방법으로 기분을 전환해보자. 명상도 좋고, 운동도 좋고, 사람들과 수다를 떨거나 속 시원히 우는 것도 한 방법이다.

감정의 파동이 잦아들었을 때 다시 해야 할 일을 펼쳐야, 혹은 누군가를 평가해야 객관적이고 공정할 수 있다.

다른 사람이 나와 어떤 일을 상의하려고 하는데, 당장 자신의 기분이 좋지 않은 상황이라면 상대에게 이렇게 말해보자.

"내가 지금 기분이 별로라서, 그 일은 천천히 생각해볼게."

반대로 상대가 화가 머리끝까지 난 상태라면, 그의 말을 너무 진지하게 받아들이지 말고 그의 평가에 신중할 필요가 있다. 어쩌면 잠시 후 태도가 달라질지도 모르니 말이다.

당연하다는 생각 버리기

: 자신에게든 타인에게든
당연함을 강요하지 않는다

　사람들은 은연중에 '당연하다'라는 식의 사고를 할 때가 많다. 다른 사람에게 도움을 청할 때 상대가 당연히 나를 도와줘야 한다고 생각하고, 내가 남의 부탁을 들어줬을 때는 상대가 평생 내게 고마워해야 마땅하다고 생각하며, 열심히 일했을 때는 성공하는 것이 당연하다고 생각하고……. 그러다 소기의 기준에 도달하지 못하면 이에 미련을 버리지 못하고 불만을 느낀다거나 심지어 상대를 혹은 상황을 원망하기도 한다.

　그러나 세상일이란 유동적이며, 사람은 모두 독립된 개체로 각자 나름의 생각을 가진다. 모든 일이 우리가 생각하는 '방식과 규칙'에 따라 진행되지는 않는다는 뜻이다.

　심리학 박사 앨버트 엘리스의 말에 따르면 이처럼 무언가를 '당연하다'라고 생각하는 것은 왜곡된 인지에서 비롯한 일종의 강박증이다. 문제는 '당연한 생활 규칙'이라는 생각의 덫에 걸리면 소기의 기준에 도달하지 못했을 때 부정적인 감정에 발목을 잡힌다는 것이다. 이러한 상황을 전환해 부정적인 감정에서 벗어나려면 모든 일을 당연하다고 여기지 않도록 인식을 바꾸는 방법을 배워야 한다.

사실 세상에 당연한 일이란 없다. 우리가 타인에게 '당연함'을 강요한다면 이는 그저 불만을 불러올 뿐이다. 내가 남을 도울 때나 남의 도움을 구할 때나 '당연하다'라는 마음을 가져서는 안 된다. 다른 사람이 나를 도와주는 이유는 인정 때문이지, 책임이 있어서가 아니다. 마찬가지로 내가 다른 사람을 돕는 이유도 친구 사이의 의리 때문이어야지, 더 많은 보답 때문이어서는 안 된다.

어떤 이들은 "그렇게 말고 이렇게 해야지" 하며 남의 인생에 왈가왈부하길 좋아한다. 그들은 남들이 자기의 생각대로 움직이지 않으면 상대를 사리 분별 못 하는 사람으로 치부하며 실패할 게 뻔하다고 생각한다.

예컨대 서른이 넘도록 결혼하지 않은 친구에게 이런 식으로 말하는 이들이 있다.

"너무 까다롭게 굴지 말고 기준을 좀 낮춰. 나이 들수록 좋은 짝 만나기 어렵다, 너. 설마 평생 혼자 외롭게 살 건 아니지?"

그러나 이들은 남의 인생을 알지 못하며, 그에 대해 왈가왈부할 자격은 더더욱 없다. 실리콘밸리 최고의 벤치 투자자로 손꼽히는 벤 호로위츠는 말했다.

"CEO가 가장 손에 넣기 어려운 필살기는 바로 자신의 마음을 다스리는 일입니다. 그에 비하면 조직 구성이나 프로세스 설계,

지표 설정, 인력 배치 등은 모두 상대적으로 간단한 일들이지요. 다른 무엇보다 내적 감정을 다스리는 일이 가장 어렵습니다."

감정적으로 안정된 사람들은 인간관계 중 타인의 의중을 잘 헤아리는 모습을 보인다. 그들은 절대 자기의 생각을 타인에게 강요하지 않으며, 타인을 존중한다. 그래서 다른 사람들에게 존중과 사랑을 받는 것이다. 자신의 감정을 잘 다스려야만 성공할 수 있다. 매사에 당연하다는 식의 말로 자기 생각을 타인에게 강요한다면 좌절감을 느끼기 쉬울 뿐만 아니라 인생의 투지를 잃게 될 수도 있다.

예를 들어보자. 클라이언트와 만나기로 약속했는데 상대가 다른 일 때문에 10분이나 늦게 미팅 장소에 나타났다. 이때 '남의 시간도 귀중하다는 걸 모르나? 약속했으면 당연히 제시간에 와야지'라고 생각한다면 우리는 클라이언트에 대한 불만을 안고 미팅을 시작하게 된다. 문제는 불만스러운 감정을 가진 상태에서는 협상에 실패할 가능성이 커지고, 이렇게 실패를 반복하며 느끼는 패배감과 좌절감은 결국 우리의 멘탈을 무너뜨릴 수 있다는 것이다.

어떤 이들은 '당연히', '응당'이라는 말로 타인은 물론 자기 자신을 몰아붙이기도 한다. 자신이 좋아하지 않는 일을 할 때면 '마땅히 해야 할 일이야!' 혹은 '반드시 해야 해!'라는 말로 자신을 채찍

질하며 자신이 가진 잠재력과 동력을 끌어내려고 하는 것이다.

그러나 이런 행동은 되레 반감만 불러일으킬 뿐이다. 당연한 일이라는 생각이 무거운 부담으로 다가와 그 일을 더 하기 싫은 일로 둔갑시키기 때문이다. 실제로 '당연히 ~해야 해'라는 말을 자신에게 자주 하는 사람일수록 의기소침해진다는 연구 결과가 있다.

회사에 외국 클라이언트가 방문하게 되어 D가 그 응대를 맡기로 했다. 팀장은 그에게 이 같은 중임을 맡기며 매우 중요한 클라이언트이니 절대 불편함이 없도록 대접해야 한다고 당부했다. 팀장이 그에게 그렇게 중요한 임무를 맡겼다는 건 그만큼 그를 믿고, 또 그를 높이 산다는 뜻이었다. 그러나 그는 기쁨보다 걱정이 앞섰다. 자신의 부족한 영어 실력 때문이었다.

결국 그는 다시 영어 학원에 등록해 회화를 공부하러 다니며 자신에게 말했다.

"이건 내 일이니, 당연히 배워야 해. 난 할 수 있어."

하지만 어느 정도 시간이 지난 후에도 그는 여전히 영어 교재가 어렵게만 느껴졌다. 심지어 그는 자신의 능력을 의심하며 애초에 자신은 감당할 수 없는 일이라는 생각을 하게 되었다.

자신이 당연하다고 생각하는 기준에 도달하지 못하면 자신이 부끄럽게 느껴져 자신을 원망한다. 이러한 감정이 장기적으로 지속되면 자기 능력을 의심하고, 나아가 실망감을 느껴 이후 어떤 일이 닥쳤을 때 '난 안돼!' 하며 절망부터 할 것이다.

그러니 안정적인 감정을 유지하고 싶다면 자신에게든 타인에게든 당연함을 강요하지 말자. 그래야 자신이 기대한 기준에 도달하지 못해 실망할 일이 없을 테니 말이다.

비합리적인 죄책감과 이별하기

: '다 내 탓이야' 하는 생각을 버린다

    당신은 다른 사람과 말다툼이 벌어졌을 때 자신 때문이라며 죄책감을 느끼는 편인가? 자신이 참여한 프로젝트가 실패로 끝이 났을 때 자신의 잘못으로 인한 결과라며 끊임없이 자책하는가? 심지어 동료가 화를 내고, 친구가 병이 났을 때도 무의식적으로 자신이 뭔가 잘못한 건 없는지부터 살펴지는 않는가?

    안 좋은 일이 생기면 무조건 그 원인을 자기 탓으로 돌리기를 좋아하는 사람들이 있다. 그럴 근거가 전혀 없음에도 말이다. 우리는 이러한 인지 왜곡을 비합리적인 죄책감이라고 말한다. 쉽게 말해 나쁜 일만 생기면 그 일이 자신과 전혀 무관함에도 덮어놓고 '다 내 탓이야. 나 때문에 이런 일이 벌어진 거야. 난 정말 무능해' 라고 생각하는 것이다.

    한 정신과 의사가 어느 환자를 진료할 때였다.

    의사는 환자를 위해 3단계 치료 과정을 제시하며 이 치료가 끝나면 반드시 건강을 회복할 수 있을 거라고 말했다. 하지만 치료를 진행하는 과정에서 환자는 의사의 권고에 따라 자가치료를 하지 않았고, 그 결과 증상이 완화되긴커녕 환각이 나타나기 시작해 수면제의 도움으로도 잠을 이루지 못하는 지경에 이르렀다.

이에 의사는 무척이나 괴로워하며 끊임없이 자신을 의심하기 시작했다. 그는 생각했다.

'이건 다 내 탓이야. 내가 너무 형편없는 의사라 환자가 적극적으로 자가치료에 임하지 않은 거야. 환자의 증상을 호전시키는 건 내 책임인데……'

사실 비합리적인 죄책감의 가장 큰 문제는 사람으로 하여금 극단적인 죄책감을 느끼게 한다는 데 있다. 이러한 상황이 잦아지면 패배감이 쌓여 자기 회의를 느낄 수밖에 없고, 결국 '다 내 탓이야'를 입에 달고 산다.

과도한 죄책감은 일종의 기형적인 책임감이다. 스스로 자신의 몫이 아닌 책임을 짊어지고, 그 막중한 책임감 짓눌려 온 세상을 떠안고야 마는 것이다. 그러나 이는 말 그대로 무거운 짐이 되어 우리의 하루하루를 피곤하게 만들 뿐이다. 요컨대 사람들에게 이러한 기형적 책임감이 생기는 근본 원인은 '타인에게 영향을 주는 것'과 '타인을 통제하는 것'에 대한 개념을 혼동하고 있기 때문이다.

모든 사람은 독립적인 개체다. 타인에 의해 자기 삶이 통제되는 것을 원하는 사람은 아무도 없다. 하지만 이와 동시에 사회는 커

다란 집단이라 우리가 무의식중에 하는 사소한 일들이 타인에게 영향을 줄 수도 있다. 이것이 우리가 올바른 인지 능력을 키워 다른 사람이 뭘 하길 좋아하든, 그래서 어떤 결과가 생기든 그건 그들의 일일 뿐, 나와는 상관없는 일임을 분명히 가를 줄 알아야 하는 이유다.

관련 연구 결과에 따르면 장기간 '비합리적인 죄책감'에 빠져 허덕일 경우, 불안, 초조, 공황 등의 부정적인 감정이 생기기 쉽다. 이런 부정적인 감정에 매몰되면 단지 투지를 잃을 뿐만이 아니라 여러 건강 문제를 유발할 수 있다.

물론 사람은 누구나 실수를 하기에 적당하고 합리적인 자책은 필요하다. 이 과정에서 자신의 부족함을 확인하고, 이를 적극적으로 개선해 더 책임감 있는 사람으로 거듭날 수 있기 때문이다. 하지만 그 정도가 지나쳐 타인의 잘못까지 자신의 탓으로 돌리려고 한다면 자신의 장점을 보지 못한 채 맹목적인 열등감에 휩싸여 삶에 대한 자신감을 잃을 수 있다.

긍정적인 마음가짐을 유지하기 위해서는 과도하게 자책하는 버릇을 고쳐야 한다. 안 좋은 일이 생겼을 때, 그 일이 자기 잘못으로 말미암은 일이 아니라면 스스로 책임을 지우지 말아야 한다. 외부에서 비난의 목소리가 들리더라도 자기 자신을 굳게 믿고 동요하지 말아야 한다.

현대무용가이자 방송인인 진싱은 '독설가'로도 유명하다. 특히 그녀는 자신의 이름을 딴 토크쇼를 진행하면서 높은 자존감과 세상을 바라보는 자신만의 확고한 견해, 날카로운 관점, 해학적인 언변으로 시청자들의 많은 사랑을 받았다.

그러나 이러한 영광의 이면에는 가슴 쓰린 일도 많았다. 그녀가 유명해질수록 성전환자라는 그녀 이력이 많은 이의 입방아에 오르내렸기 때문이다. 하지만 그녀는 자신을 이상하게 바라보는 사람들의 시선을 조금도 두려워하지 않고 자신다움을 굽히지 않았다. 방송인으로서 프로그램을 진행할 때나 무용가로서 심사를 볼 때, 그녀는 대담하게 할 말을 하며 자기 관점을 명확히 드러내고 관철했다. 그랬기에 자기 분야에서 큰 성공을 거둘 수 있었다.

자신에 대한 근거 없는 소문에 아랑곳하지 않고 나다움을 유지할 수 있어야 비로소 인생의 진정한 즐거움을 맛볼 수 있다. 이를 위해서는 다른 무엇보다도 자신에 대한 믿음이 중요하다. 그러니 '다 내 탓이야'라는 생각이 움틀 때는 "넌 그렇게 나쁘지 않아" 하는 말로 자신을 보듬자. 이렇게 초조하고 불안한 마음에서 벗어났다면, 그다음은 이성적으로 문제를 분석할 차례다. 자신의 책임이라면 용감하게 책임을 지고, 자신의 책임이 아니라면 스스로 책임을 떠안지 말아야 한다.

순리에 맡기는 것도 한 방법이다. 타인의 감정 변화나 죽음 등 세상엔 우리의 힘으로 통제할 수 없는 일들이 존재하게 마련이기 때문이다.

'비합리적인 죄책감'에 빠지는 사람들은 과도한 책임감 때문이기도 하지만, 다른 사람에게 환심을 사고자 하는 마음에 스스로 책임을 떠안기도 하는데, 사실 우리에겐 전혀 그럴 필요가 없다. 때로는 타인에 대한 지나친 관심과 배려가 오히려 반감이 되어 돌아올 수 있어서다. 순리에 맡기면 더 좋은 결과를 얻을 수 있는 일도 있다. 그러니 지금 해야 할 일을 하자. 그러면 부정적인 감정에서 벗어날 수 있을 것이다.

CHAPTER 4

비위 맞추기를
멈추고
정서적 협박에서
벗어나라

정서적 협박의 민낯을 명확히 분별한다

"남자 친구랑 데이트한다고? 그럼 우리 모임은 어떻게 해?"

"마음껏 놀아! 어차피 난 네 뒤치다꺼리하는 데 익숙하니까."

"나 먼저 집에 데려다주면 안 돼? 이렇게 늦게 나 혼자 가는 건 무섭단 말이야."

우리는 이와 같은 말들을 자주 듣는다. 내가 내 일을 하려고 할 때마다 묘한 죄책감이 들게 하는 말들을 말이다. 이런 말을 하는 사람들은 우리가 자신의 손해를 감수해가며 그들의 요구를 들어주더라도 우리의 희생에 조금도 고마워하지 않는데, 이들의 행동을 우리는 '정서적 협박'이라고 한다.

정서적 협박의 가해자든 피해자든 부정적인 감정에 휩싸일 수밖에 없다는 점은 부인할 수 없는 사실이다. 이러한 상황이 장기적으로 이어진다면 우리에게 매우 불리한 영향을 미치게 됨은 물론이다. 이는 우리가 '정서적 협박'의 본질을 분명하게 인식해야 하는 이유이기도 하다. 그 본질을 알아야만 진정으로 정서적 협박에서 벗어나 긍정적이고 건강한 감정 상태를 유지할 수 있기 때문이다.

이를 위해서는 먼저 정서적 협박이 무엇인지를 정확하게 알아둘 필요가 있다. 정서적 협박은 심리치료 전문의인 수잔 포워드가 제시한 개념으로, 부정적인 감정이 밀려올 때 이를 해소하기 위해 위협이나 압박, 회유 등의 직간접적인 수단으로 타인을 순종하게 만들려는 행동 패턴을 일컫는다. 쉽게 말해서 부정적인 감정이 생겼을 때 말이나 행동을 통해 타인도 자신과 똑같이 부정적인 감정을 느끼게끔 만드는 것이 바로 정서적 협박이다.

사실 '정서적 협박'은 부모와 자녀, 상급자와 하급자, 부부, 연인, 스승과 제자, 고부 그리고 친구 사이에 늘 존재하고 있는데, 그 본질은 바로 위협이나 회유의 수단으로 상대의 죄책감과 두려움을 부추겨 자신의 목적을 달성하는 데 있다. 정서적 협박의 당사자들은 자신이 정서적 협박을 가하고 있는지 혹은 당하고 있는지 잘 알아차리지 못하며 심지어 그것이 당연하다고 여기기도 한다. 특히 피해자는 거절로 인해 불편하고 부정적인 감정이 드는 것을 피하려고 자신의 본심과는 반대로 상대의 요구를 들어주게 되는데 이러한 상황에 익숙해지면서 정서적 협박의 악순환이 형성되는 것이다.

그런데 알고 보면 정서적 협박에서 벗어나는 방법은 매우 간단하다. 그 특징을 파악해 남들이 내게 정서적 협박을 가하고 있는지 아닌지만 명확하게 분별할 줄 알면 얼마든지 정서적 협박이라는 굴레에서 벗어날 수 있다.

'정서적 협박'의 가해자는 주로 상대의 두려움, 의무, 죄책감을 공략한다. 위협을 활용해 피해자의 '두려움'을 부추김으로써 자기의 뜻을 따르게 만들고, '당연해', '이건 네 책임이야'라는 등의 말로 상대에게 '의무'라는 프레임을 설정해 이를 따르지 않으면 마치 잘못을 저지르는 듯한 '죄책감'이 들게 함으로써 끝내 자신의 목적을 달성하는 것이다.

정서적 협박의 가해자는 보통 다음과 같은 과정으로 정서적 협박을 가한다.

요구: 상대의 감정을 무시한 채 자신의 요구사항을 집요하게 이야기하며, 자신의 목적을 달성하기 위해서라면 수단과 방법을 가리지 않는다.

저항: 상대가 의문을 제기하면 가해자는 그에 대해 명확히 부정하거나 반대하는 의사를 밝히지 않는다.

압박: 상대가 자신의 요구를 거절할 것 같다거나 실제로 거절한 경우, 가해자는 온갖 압박을 가하기 시작해 피해자에게 엄청난 후폭풍을 감당해야 할지도 모른다는 착각을 유발한다.

위협: 상대가 잃기 두려워하는 것을 잃게 될 수도 있다고 위협하며 끊임없이 불안감을 조성한다.

순응: 상대가 자신의 요구에 순응하면 가해자는 그제야 만족감을 느낀다.

반복: 상대가 자신의 요구를 들어준 후부터는 갈수록 더한 방법

으로 협박을 반복한다.

다른 사람에게 불쾌한 요구를 받았음에도 '거절했다가 기분 나빠하면 어떻게 하지?'라는 생각이 들었다면 당신은 이미 정서적 협박자의 덫에 발을 들여놓은 것이나 다름없다. 수잔 포워드는 저서《정서적 협박》에서 '정서적 협박의 피해자'에 대해 이렇게 서술한다.

'정서적 협박의 피해자는 타인의 요구를 우선하느라 자신의 요구와 감정은 늘 뒷전이다. 그렇게 하지 않으면 상대가 자신을 탓할 것이 두려워서다. 이들은 타인의 비난에 쉽게 패배감과 죄책감을 느끼며, 심지어 자기를 형편없는 사람이라고까지 느끼기도 한다. 문제는 이들이 이러한 감정에 사로잡히기 시작하면 마치 거미줄에 걸린 곤충처럼 옴짝달싹하지 못한다는 데 있다.'

그러나 '가해자'의 민낯을 파악하면 그들의 요구를 거절하는 것이 실은 별일 아님을 알 수 있을 것이다. 그들이 우리에게 무리한 요구를 일삼는 이유는 단지 자신이 느끼는 두려움을 전가하기 위해서일 뿐임을 알 수 있을 테니 말이다. 남을 돕는 것은 인정이지, 결코 의무가 아니다. 좋은 인간관계를 맺는 데에는 자신을 억울하게 만들면서까지 타인의 비위를 맞출 필요가 없다.

'정서적 협박'에 대한 올바른 이해는 피해자들에게 큰 도움이 된다. 내가 비위를 맞춰준다고 해서 상대의 환심을 살 수 있는 게 아님을 깨닫게 되면 타인의 무례한 요구를 당당하게 거절할 힘이 생기기 때문이다. 다시 한번 말하지만, 남자 친구와 약속이 있다는 데도 함께 모임에 참가하자는 친구의 요구를 울며 겨자 먹기로 들어줄 필요는 없다. 이럴 때는 미소를 지으며 이렇게 말하는 것이다.

"나, 다른 일 있어."

나는 함께하지 못하지만, 즐거운 모임이 되길 바란다는 말과 함께 말이다.

'정서적 협박'에서 벗어나 자신의 마음이 시키는 일을 할 수 있을 때 비로소 진짜 인생의 즐거움을 느낄 수 있다. 그러니 행여 누군가 자신에게 '정서적 협박'을 가하려 든다면 부정적인 감정에 사로잡히지 말고, 자신 앞에 놓인 문제를 똑바로 바라보자. 문제를 직시해 올바른 해결 방법을 찾아야 '정서적 협박'의 덫을 피해갈 수 있다.

우리는 왜 정서적 협박에서 벗어나지 못하는가?

정서적 협박은 사실 우리의 생각보다 훨씬 흔히 일어나는 일이다. 어쩌면 일생을 살아가며 누구나 한 번쯤 경험할 수 있는 일이라고 말할 정도로 말이다. 물론 우리는 정서적 협박이 우리의 삶에 여러 부정적인 영향을 준다는 사실을 잘 알고 있다. 하지만 그런데도 왜 우리는 정서적 협박에서 쉽게 벗어나지 못하는 걸까?

그 근본 원인은 인간이라는 존재가 가진 불완전함이 타인과의 '병적 상호의존관계'를 형성하기 쉬운 조건을 제공한다는 데 있다. 즉 누군가 당신에게 어떤 부탁을 했을 때 이를 거절하고 싶어도 쉽게 말을 꺼내지 못하고, '내가 거절했다고 불쾌해하려나? 속으로 날 욕하는 거 아니야?' 하는 생각이 들 수도 있다는 뜻이다. 이는 거절하는 일이 우리에게 일종의 부담으로 작용하기 때문인데, 이런 상황에서 상대가 자신의 요구를 관철하기 위해 압박의 수위를 높인다면 우리는 의외로 쉽게 정서적 협박의 피해자가 될 수도 있다.

상대와 관계가 틀어질 수 있다는 두려움 때문에 우리의 마음속에서는 이미 '그냥 그의 요구를 들어주자'라는 자기 설득이 시작되었을 테니 말이다. 문제는 이렇게 시작한 양보가 한 번이 두 번이 되고, 두 번이 세 번이 되는 식으로 끝도 없이 이어지게 되고, 이렇게 끊임없이 협박자의 감정을 떠안다 보면 서서히 자아를 잃게 된다는 점이다.

사람들은 종종 자신이 타인의 요구를 만족시키기만 하면 그로부터 호감을 얻을 수 있을 거라고 착각한다. 그러나 이러한 착각에서 비롯한 행동은 우리의 양보를 당연한 일로 둔갑시켜 상대로부터 더 많은 요구를 강요받도록 만들 뿐이다. 바꿔 말하면 타인의 요구를 만족시켜 환심을 사려는 행동이 정작 자신을 두려움, 걱정, 아픔 등의 부정적인 감정으로 몰아넣는 결과를 가져온다는 뜻이다.

정서적 협박은 '사랑'이라는 이름으로 포장되는 경우가 많다. "이게 다 널 위해서야" 하는 말이 그 전형적 예인데, 이는 결국 가해자의 마음속 두려움과 통제욕에서 비롯한 행동에 지나지 않는다. 즉 가해자들은 자신의 마음속에 자리한 어떤 상처나 부정적인 감정을 인정하는 것이 두려워, 이를 타인에게 전가함으로써 '남들도 그렇다'라는 핑계 뒤에 숨으려는 것일 뿐이다.

관련 연구 결과에 따르면 정서적 협박의 피해자가 되기 쉬운 유형에는 크게 네 가지가 있다.

첫째, 논쟁 무마형. 이 유형의 사람들은 논쟁 혹은 다툼이 일어나는 것을 두려워하여 충돌이 발생하면 즉시 이를 무마하려는 경향이 있다. 이들은 자신이 화를 내거나 타인의 화를 돋워서는 안 된다고 생각해 문제가 생기면 늘 양보하고 물러선다.

둘째, 자책형. 일단 나쁜 일이 생기면 자신에게 문제가 있다고 생각해 굳이 그 책임을 지려는 사람들이 이 유형에 속한다. 이들은 인정이 헤퍼 타인의 요구에 주저 없이 응한다는 특징이 있다.

셋째, 의존 동조형. 이 유형의 사람들은 대개 자신감이 부족하다. 무슨 일을 하든지 자신이 잘해내지 못할 거라고 여기기 때문에 늘 타인의 인정을 통해 자신의 가치를 확인하려 한다. 그런 까닭에 타인의 요구를 더 거절하지 못한다.

넷째, 자기 의심형. 이들은 늘 자기 능력을 의심하며, 끊임없이 자신을 비하한다. 어떤 일을 하든 인솔자가 필요한 유형으로 타인의 요구를 기꺼이 받아들이는 편이다.

이 중에서 하나라도 해당이 된다면 당신은 정서적 협박을 당연하게 받아들일 가능성이 농후하다. 타인의 요구에 순응하는 일이 당신을 즐겁게 만들기는커녕 오히려 초조함과 두려움 속에 살게 하는데도 말이다. 그러나 정서적 협박은 철저히 가해자의 목적 달성을 위한 것이므로, 우리가 그들의 요구에 응하지 않더라도 죄책감을 가질 필요는 없다.

정서적 협박의 가해자는 자신의 요구를 거절하는 것이 자신을 거부하는 것과 같다고 여긴다. 그들은 늘 자신만을 생각하기 때문에 안 좋은 일이 생기더라도 '내가 누군가에게 상처를 준 걸까?' 하는 생각은 하지 않는다. 그저 책임을 떠넘기기에 급급할 뿐이다. 자신의 마음속에 존재하는 불안감을 지우기 위해 끊임없이 자기 행동을 합리화할 이유를 찾으며 타인에게 잘못을 미루는 것이다.

그런데 이러한 이들의 피해자가 된다면 이 얼마나 어리석은 일인가? 정서적 협박에서 벗어나 타인의 불합리한 요구를 당당하게 거절할 수 있어야 자신감을 바로 세워 부정적인 감정에 시달리지 않을 수 있다.

그렇다면 정서적 협박을 가하는 사람들에게 우리는 어떻게 대처해야 할까? 네 가지 핵심만 주의하면 된다.

첫째, 자기의 입장을 분명히 밝힐 것. 둘째, 자신의 요구사항을 이야기할 것. 셋째, 상대의 요구에 응할 수 없다면 자신이 최대한 수용할 수 있는 범위가 어디까지인지 알릴 것. 넷째, 자신의 요구사항을 이야기한 후 상대에게 동의 여부를 결정하게 할 것.

상대의 요구를 거절함과 동시에 속으로 '난 이겨낼 수 있어!'라고 묵묵히 자신을 응원하는 것도 잊지 말아야 한다. 가해자가 압박을 가하면 흔히 굴복을 선택하게 되기 때문이다. 따라서 이럴 때는 상대가 가하는 압박이 사실 대부분 상상에서 비롯한 것이며, 진실이 아니라는 사실을 상기할 필요가 있다. 생각이 복잡해질 때는 잠시 멈춰 마음을 가다듬고 생각을 정리하는 것도 좋은 방법이다. 그런 다음 '나는 충돌과 다툼 등 발생 가능한 모든 일을 감당할 수 있고, 이런 나쁜 일들이 일어나지 않도록 만들 수도 있다'라는 사실을 스스로 환기해야 한다. 이런 생각을 가지게 되면 기존에

했던 근심과 걱정은 자신이 만들어낸 쓸데없는 걱정거리였음을, 그리고 자신에게는 이를 완전히 극복해낼 힘이 있음을 발견할 것이다.

타인의 정서적 협박에 두려움을 느끼고 용기를 잃을 때마다 상대에게 굴복하지 말자. 그 대신 크게 심호흡을 한 후 자신에게 이렇게 말해보자.

"난 이겨낼 수 있어!"

이렇게 몇 번이고 반복해 스스로 힘을 불어넣으면 상대를 거절할 용기가 생길 것이다.

사실, 사람들이 쉽게 정서적 협박에 휘둘리는 이유는 마음이 약해서다. 다시 말해서 정서적 협박에서 벗어나려면 스스로 나쁜 일과 나쁜 감정을 더 많이 이겨낼 수 있도록 단단한 마음을 만드는 것이 필수라는 뜻이다. 그러니 매일 감정 일기를 쓰는 습관을 들여보자. 그러면 자신의 감정을 좀 더 잘 들여다볼 수 있게 되어 감정의 변화가 생겼을 때 즉시 해결 방법을 찾을 수 있을 테니 말이다.

정서적 협박은 결코 벗어던질 수 없는 굴레가 아니다. 올바른 방법을 사용하기만 한다면 얼마든지 협박을 이겨내고 협박에서 벗어날 수 있다. 그러니 누군가 자신에게 무례한 요구를 해 온다면 주저하지도, 무리하지도 말자. 그래야 안정적인 감정을 유지할 수 있다.

자아존중감이 낮은 사람은
정서적 협박에 시달리기 쉽다

"클라이언트에게 급히 기획안을 제출해야 하는데 어떻게 남자 친구와 밥 먹으러 갈 생각을 합니까? 남아서 야근하세요."

상대의 지시에 동조할 마음이 없을지라도 싫다고 하면 행여 상대가 불쾌해할까 봐 자기 마음과는 달리 알겠다고 답을 하고, 딱히 상대의 부탁을 들어주고 싶지 않더라도 환심을 사고, 인정을 받기 위해 억지로 부탁을 들어주는 사람. 우리는 보통 이런 사람에게 자아존중감, 즉 자존감이 낮다고 말한다.

자존감이 낮은 사람은 보통 사람보다 정서적 협박의 피해자가 될 확률이 높다. 자신에 대한 정체성이 모호해 타인의 평가에 매우 민감하게 반응하는 경우가 대부분이기 때문이다. 그러나 타인의 감정을 지나치게 의식한 나머지 장기간 자신의 감정을 소홀히 한 채 내적 요구를 억누르다 보면 부정적인 감정이 움터 불만과 걱정에 휩싸이기 쉽다.

관련 연구 결과에 따르면 자존감이 낮은 사람은 자신감이 부족해 특정 사건을 통해 타인의 인정을 받으려는 특징이 있다고 한다. 그러다 보니 타인의 시선과 평가에 많은 신경을 쓰게 된다는 것이다. 직장에서는 상사에게, 학교에서는 선생님 혹은 친구들에게 인정받길 바라면서 말이다.

이들은 부정적인 평가를 받으면 금세 자신의 가치를 부정하며 끊임없는 자기비판에 빠진다. 또한 자존감이 낮은 사람은 타인의 생각이나 행동에 영향을 받는 경우가 많다. 이들은 상대의 요구에 응하기만 하면 그의 호감을 얻을 수 있다고 인식해 끊임없이 자신의 본심을 저버린다.

그러나 이처럼 타인에게서 자신의 가치를 확인하려 드는 행동은 자신의 감정에 대한 통제력을 잃게 만들 뿐이다. 내가 이해심을 발휘할수록 사람들은 나의 감정에 관심을 기울이지 않을 테니 말이다. 자존감이 낮을수록 정서적 협박에 시달리며 상처를 받기 쉬운 이유는 여기에 있다.

요컨대 정서적 협박에서 벗어나려면 자신의 마음가짐을 바로잡아 타인의 영향을 받지 않고도 안정적인 감정을 유지할 수 있도록 자존감을 높여야 한다. 물론 자신감 결여 외에도 우리의 자존감을 떨어뜨리는 요소가 있다. 바로 자신에 대한 잘못된 인식이다.

어떤 이들은 한 번의 성공 후 이를 자신이 마땅히 도달해야 할, 혹은 뛰어넘어야 할 기준으로 여긴다. 그리하여 이 기준에 도달하지 못하면 끊임없이 자신을 의심하며 자존감을 갉아먹는다. 또 한 번의 성공으로 자신의 초조함과 불안함을 덜어낼 수 있길 기대하면서 말이다. 심지어 이러한 성취감을 얻기 위해 또는 자기 능력을 증명하기 위해 타인의 요구를 주저 없이 받아들이기도 한다.

그러나 한 번의 성공은 그저 우연일지도 모른다. 이를 자신의 목표로 삼는 것은 괜찮지만, 이를 기본값으로 삼아 자기 존중감을 깎아먹고 능력을 오해해서는 안 된다. 그래야 성공이든 실패든 좋은 마음으로 받아들일 수 있다. 그러니 설령 실패하더라도 긍정적인 마음가짐으로 그 원인을 분석해 교훈을 얻음으로써 실패가 인생의 디딤돌이 될 수 있도록 하자.

이와 같은 맥락에서 지나치게 높은 기준 때문에 정서적 협박이라는 덫에 걸리는 사람들이 있다. 바로 완벽주의자다. 정서적 협박의 가해자들은 어떤 일이 생겼을 때 완벽을 추구하는 사람들에게 이렇게 말한다.

"너무 어려운 일이라서 그러는데, 네가 능력이 있으니까 우리 좀 도와줘도 별 무리 없잖아, 안 그래?"

그러나 완벽주의자들은 일단 부탁받은 일을 끝내지 못하면 그 일이 자기 능력 밖의 일이었다 하더라도 깊은 죄책감을 느끼며 자책에 빠져든다.

자신에 대한 올바른 가치관을 가져야 자기 능력을 정확하게 인지해 나를 아끼고 사랑할 수 있으며, 이와 동시에 나의 부족함을 바로 보고 이를 채워 발전할 수 있다.

미국 전 대통령 케네디가 미 항공우주국(NASA)에 방문했을 때의 일이다. 케네디는 내부를 둘러보다 청소 중인 청소부를 발견했다. 그는 자신의 이미지를 위해 청소부에게 다가가 친근히 말을 건넸다.

"선생님, 청소하시는 겁니까?"

그러나 케네디가 상상했던 그림과는 전혀 다른 장면이 연출되었다. 케네디의 관심에 청소부가 감격에 겨워할 줄 알았는데, 감격하기는커녕 고개도 들지 않고 이렇게 대꾸한 것이다.

"아니요. 저는 지금 인간을 달에 보내는 일을 돕는 중입니다."

자존감이 낮은 사람은 보통 자신을 잘 책망한다. 그러나 끊임없는 자책은 자신에게 큰 스트레스를 주어 부정적인 감정을 만들어내고, 나아가 삶에 대한 자신감을 잃게 할 뿐이다. 그렇다면 우리는 어떻게 자존감을 높일 수 있을까?

먼저 자기 자신과 타인에게 나라는 사람의 존재가 어떤 가치가 있는지를 제대로 인지해야 한다. 사람은 누구나 가치가 있지만, 끊임없이 자신에 대한 인식을 높여야만 어떤 문제에 부딪히더라도 긍정적인 평가를 줄 수 있다는 사실을 기억하자.

다음으로는 자신의 실패와 마주해 적극적으로 부족함을 채워야 한다. 실패했을 때 이를 외면하거나 피하려 하지 말고, 실패를 직시해 경험을 얻자. 그런 다음 자신의 장점을 찾아 불완전한 자신을 받아들이자. 이렇게 해야만 우리 앞에 놓인 인생길을 원만하게 걸어 나갈 수 있다.

마지막으로 좋은 태도를 갖춰야 한다. '태도가 모든 것을 결정한다'라는 말이 있듯 좋은 태도를 갖추면 시작의 첫 단추를 잘 끼울 수 있다. 긍정적이고 건강한 마음가짐으로 모든 일을 대한다면 그 속에서 자신에 대한 올바른 가치를 찾아 다시는 함부로 자신을 비하하지 않게 될 것이다.

무슨 일이 있어도 자신을 비하해서는 안 된다. 그러니 자존감을 높이자. 높은 자존감이 타인의 정서적 협박에도 과감하게 거부 의사를 밝힐 수 있는 용기를 불어넣고, 나아가 긍정적이고 안정적인 감정을 유지하는 데도 도움을 줄 테니 말이다.

저자세는 자존감 상실의
첫걸음이다

　우리는 언행에 매우 신중하고, 매사 방심하지 않으려는 사람에게 조심성이 많다고 말한다. '돌다리도 두드려보고 건너라'라는 말이 있듯 조심성은 우리에게 꼭 필요한 성질이기도 하다. 그러나 뭐든 넘치면 해가 되듯 조심성도 과하면 해가 될 수 있다. 특히 인간관계나 감정 문제에서 지나친 조심성은 부정적으로 작용할 때가 많다.

　O는 남자 친구와 2년째 장거리 연애 중이다. 그러나 자주 만나지 못하는 만큼 그녀는 연애에 안정감을 느끼지 못하고 있다. 그런 까닭에 남자 친구를 대할 때마다 그녀는 조심스럽다. 남자 친구를 안심시키기 위해 틈만 나면 영상 통화를 하는가 하면, 친구들과 나가 놀 때도 자발적으로 자신의 행적을 보고한다.

　그러나 그녀의 남자 친구는 일이 많은 편이라 그녀에게 그때그때 답을 해주지 못할 때가 많다. 특히 연애 기간이 길어진 후로는 달콤하게만 느껴졌던 메시지 폭탄이 조금씩 귀찮아지기 시작했고, 결국 그는 그녀에게 이별을 통보했다. 이를 받아들일 수 없었던 그녀는 몹시 억울해하며 말했다.

"대체 내가 뭘 잘못했니? 말해주면 내가 고칠게."

그러고는 남자 친구에게 미안하다고도 말했다.

이날 이후 그녀는 남자 친구에게 가끔 보이스 메일을 보낼 뿐, 전처럼 자주 영상 통화를 걸지 않는다. 그녀는 요즘 사는 게 재미가 없고, 두 사람의 관계 또한 열정이 식어버린 것 같다는 생각을 자주 한다.

인간관계, 그중에서도 특히 연인이나 부부 사이에서 주로 이런 문제가 일어난다. 상대에게 더 많은 사랑을 받고자 조심성을 발휘하다 못해 저자세를 취하는 경우 말이다. 그러나 이는 상대에게 부담을 줄 뿐만 아니라 자기 자신을 약자로 만들어 관계를 삐걱대게 만든다. 서로 동등하지 않은 관계는 당연히 아름다운 결실을 보기 어렵다. 건강한 인간관계란 두 사람의 동등한 상호작용 속에서 만들어지는 것이기 때문이다.

누군가와의 관계에서 자꾸만 저자세를 취하고, 상대와의 충돌이 두려워 계속 타협하다 보면 상대는 이를 당연시하게 된다. 두 사람 사이에 불쾌한 일이 생겼을 때 '나는 왜 이 모양일까' 하는 생각이 들어 끊임없이 자신을 탓하고, 내가 뭘 잘못했는지부터 반성하고 있다면? 그래서 한쪽만 상대의 감정을 살피고, 다른 한쪽은 상대의 감정을 무시하고 있다면? 두 사람의 관계는 더는 동등한 관계라고 볼 수 없다. 이렇게 되면 상대를 거절하는 것에 죄책감이 들어서 날이 갈수록 조심스레 행동하게 되고, 그렇게 조금씩 자존감과 자신의 가치를 잃어가게 된다.

문제는 자존감을 잃게 되면 많은 일에 대해 부정적인 태도를 보이게 된다는 사실이다. 자신을 바로 보지 못해 저도 모르게 자신이 거둔 성과를 부정하고 '나는 남보다 못하다'라고 생각하게 된다. 자신을 스스로 공격하고 의심하는 일이 날마다 반복되면서 악순환을 형성하면 삶에 대한 즐거움과 투지를 잠식해 더 나은 나를 추구할 용기와 믿음을 잃게 된다.

인간관계에서 너무 조심스러운 태도를 유지할 필요가 없다고 말하는 이유는 바로 이 때문이다. 관계에도 정확한 선이 있어야 상대도 나도 모두 편안함을 느낄 수 있다.

사람과 사람 사이에서 작은 마찰이 생기는 건 지극히 정상적인 일이다. 친구끼리는 서로 투닥거릴 수 있고, 동료 사이에는 작은 의견 충돌이 있을 수 있으며, 상사가 내게 지적할 수도 있다. 그러나 당신의 작은 잘못 때문에 당신과 절교하는 사람은 없다. 그러니 사람들과의 관계에서 너무 저자세를 취할 필요는 없다.

어떤 관계든 관리가 필요하며, 무엇보다 서로를 진심으로 아끼는 마음이 기본이 되어야 한다. 가는 게 있으면 오는 게 있어야 하는 법. 왜 군이 자신을 억울하게 만들고, 또 타인을 난처하게 만들려 하는가?

어떤 일들은 내가 조심한다고 해서 달라지지 않는다. 그러니 대상을 바라보는 시선을 바꾸자. 단언컨대 이 세상에 자기 자신보다 더 중요한 것은 없다. 안정적인 감정을 유지하는 게 조심스러운 태도로 남의 비위를 맞추는 것보다 몇 배는 더 쉽게 호감과 우정을 얻는 방법임을 잊지 말자.

지나치게 남의 환심을
사려는 것은 마음의 병이다

　칭찬은 사람을 기분 좋게 만드는 마법의 주문이다. 칭찬 한마디로 상대의 노력과 성과를 인정할 수 있음은 물론이고, 서로의 심리적 거리를 빠르게 좁힐 수도 있다. 그러나 '정도'에서 벗어나면 칭찬은 더 이상 칭찬이 아니라 타인의 환심을 사기 위한 아부로 전락해 자기 자신은 물론 듣는 사람까지 난처하게 만들고, 나아가 비웃음을 살 수도 있다.

　때로는 자신의 어떤 목적을 위해 남을 칭찬하는 사람들이 있다. 이들의 특징은 남에게 온갖 미사여구를 남발한다는 데 있다. 그러나 남의 환심을 사는 것을 성공의 지름길로 여기면 자신의 목적을 달성하기는커녕 이 과정에서 자신의 부족함과 공리심만 드러내 오히려 타인의 반감을 사게 되는 경우가 허다하다.

　요컨대 인간관계에서는 굳이 다른 사람의 비위를 맞추려 애쓰기보다 진심을 전하는 것이 더 중요하다. 즉, 상대를 칭찬하더라도 상대가 자신의 진심을 느낄 수 있을 만큼만 정도껏 해야 한다는 뜻이다.

물론 개중에는 남들을 기쁘게 하는 일을 좋아하는 사람들도 있다. 이들은 남들 눈에 '좋은 사람'의 전형으로 비친다. 사람들은 이런 '좋은 사람'의 좋은 인맥을 부러워하지만, 사실 이들의 삶은 생각처럼 그리 즐겁지 않은 경우가 많다. 타인에게 친절을 베푼다는 건 좋은 일이지만, 이 역시 그 정도가 지나치면 자신에겐 재앙이 될 수 있기 때문이다.

보통 사람들이 어떤 사람을 좋은 사람이라 정의하는지 생각해보자. 늘 다른 사람을 도와주며 남의 부탁을 두말없이 들어주는 마음씨 따뜻한 사람, 매사 타인을 위하며 다른 사람을 기쁘게 해주기 위해 노력하는 이해심 많은 사람, 충돌이 생기면 자진해서 양보하고 절대 남의 의견에 반대하지 않는 착한 사람, 남들에게 어려운 일이 생기면 주저 없이 나서서 설령 자신이 손해를 보더라도 아낌없이 베푸는 사람…….

그러나 과도한 친절함은 결코 칭찬받아 마땅한 성격이 아니라 일종의 병이다. 실제로 심리학자들은 이를 '의존성 성격장애' 혹은 '비위 맞추기 병(Disease to Please)'이라고 명명한다. 미국의 심리학자 바바넬은 말했다.

"극단적인 헌신은 일련의 심리적, 감정적 문제를 감추기 위한 성격적 특징이다."

세상에 완벽한 사람이란 없듯 일말의 사심도 없이 무조건 자신을 헌신하는 사람도 없다. 흔히 우리가 '좋은 사람'이라고 생각하는 이들의 모든 행동은 그들의 마음속에 존재하는 극도의 불안감에서 기인한 것이다. 끊임없이 타인에게 도움을 줌으로써 인정을 얻고자 하는 행동으로, 그들의 사심 없는 친절의 이면에는 늘 고립과 공허함, 아픔, 초조함 등의 부정적인 감정이 따라다닌다.

인간관계에서 지나치게 남의 환심을 사려는 행동은 자신의 마음이 강하지 않음을 단면적으로 드러내는 행동이기도 하다. 자신의 마음이 단단하지 않기에 바깥세상의 수용과 인정을 통해 자신의 가치체계를 지탱하고 자신감을 높이려는 것이기 때문이다.

그러나 계속 '좋은 사람'을 자처하다 보면 비위 맞추기의 늪에 빠져 점차 타인의 뜻을 자기 행동 준칙으로 삼아 자아를 잃게 된다. 타인에게 과도한 친절을 베풀며 자신의 감정을 소홀히 하다 보면 값비싼 대가를 치르게 된다는 얘기인데, 이는 자신에게 엄청난 손해가 아닐 수 없다.

지나치도록 타인에게 순종하며 자기 자신을 위해 목소리를 내거나 나서지 못하는 사람은 남들에게 괴롭힘을 당하기 쉽다. 환심을 얻고자 하는 대상이 약간의 불만을 표출하기만 해도 공황 상태에 빠질 수 있기 때문이다.

따라서 인간관계에서는 서로의 관계를 올바르게 처리하는 법을 배우는 것이 매우 중요하다. 특히 좋은 사람이라는 이미지를 벗어던질 필요가 있다. 이런 오랜 행동 습관을 고치려면 '각고의 노력'이 필요하다. 자신이 가진 두려움과 걱정에 대해 더 많이 이해해야 한다.

지나치게 남의 환심을 사고자 하는 심리를 극복하려면 자신의 부족함을 직시하는 법부터 배워야 한다. 이와 함께 자신을 위해 과감하게 목소리를 낼 줄 알아야 한다. 예를 들어 하고 싶은 일이 있는데 차마 용기가 나지 않을 때 '~하고 싶다', '나는 ~을(를) 원해'라고 마음속으로 되뇌며 그 일이 성공한 후 자신이 얻게 될 만족감과 기쁨을 그려보는 것이다. 그러면 나다운 내가 될 용기를 잃지 않을 수 있다.

　사람들은 무의식적으로 남과 나를 비교하며, 상대가 나보다 더 나은 성과를 얻으면 초조함에 휩싸인다. 상대를 질투하기도 하고 심지어 상대에게 환심을 사 도움받으려는 속셈으로 일부러 비위를 맞추는 등 비이성적인 행동을 하기도 한다.

　그러나 소위 성공을 바란다면 성공한 누군가의 비위를 맞출 것이 아니라 자신을 위한 적절한 목표를 정하고, 자신의 정확한 위치를 파악해야 한다. 자신에 대한 정확하고 객관적인 인식이 바탕이 되었을 때, 자신에 대한 믿음을 타인에 대한 믿음으로 이어가 관용적인 마음으로 타인을 대하며 다양한 관계에 튼튼한 기반을 마련할 수 있는 법이다.

　건강한 인간관계의 밑바탕은 평등과 존중임을 잊지 말자.

거절할 줄 알면
마음이 한결 편안해진다

　사람들은 대부분 남의 부탁을 거절하길 민망해하고, '안 돼'라는 말을 꺼내기 어려워한다. 그러나 체면을 생각해 차마 남의 부탁을 거절하지 못하고 하기 싫은 일을 억지로 해봤자 자신의 부정적인 감정만 키우는 꼴이다.

　물론 그렇다고 무정하게 딱 잘라 거절만 하라는 소리는 아니다. 누군가에게 부탁받더라도 자기의 뜻과 능력에 따라 이를 들어줄지 말지를 선택하라는 뜻이다. 타인의 불합리한 요구를 당당히 거절해 자신이 싫어하는 일을 억지로 해야 하는 상황을 만들지 않으면 오히려 한결 더 편안한 마음으로 인생의 아름다움을 만끽할 수 있다.

　남의 부탁을 거절하지 못해 오히려 자신의 생활에 지장을 주는 경우도 적지 않다. 돈을 빌려달라는 친구의 부탁을 거절하지 못해 친구에게 돈을 빌려주고 여윳돈 없이 쪼들리는 생활을 하기도 하고, 모임에 참가하라는 친구의 성화에 퇴근 후 달콤한 휴식을 포기하고 피로를 더하기도 하며, 동료의 도움 요청에 자신이 맡은 일을 자꾸만 쌓여가기도 한다.

남에게 부탁받으면 그 부탁이 사소한 것이든 자기 능력에서 벗어난 것이든 상관없이 일단 고민이 되는 게 인지상정이다. 부탁을 들어주자니 자신만 곤란해질 것 같고, 그렇다고 거절하자니 어떻게 거절해야 좋을지 모르겠고. 그런데 우리가 이런 고민에 빠지는 이유는 상대를 거절했을 때 드는 왠지 모를 죄책감과 부채감, 그리고 의리 없다는 말을 듣게 될까 봐 걱정스러운 마음 때문이다. 피타고라스는 말했다.

"'예', '아니요'는 가장 짧고 오래된 말이지만, 말하기에 앞서 가장 신중해야 하는 말이기도 하다."

정서적 협박의 피해자들이 타인의 부탁을 거절하길 두려워하고, 이를 꺼리는 이유는 거절했을 때 상대의 기분을 상하게 할 수 있다는 생각 때문이다. 그러나 '거절'이란 본래 상대의 뜻을 거스르는 표현으로 기분이 좋을 수 없는 일이다. 게다가 인간관계에서는 각자의 입장과 능력, 권력, 자원, 시간, 기분 등이 다 다르기에 모든 일을 타인의 바람과 요구대로 할 수도 없다. 사사건건 타인의 부탁을 들어준다면 부정적인 감정의 소용돌이에 휩싸이게 될 뿐이다.

찰리 채플린은 "'아니요'라고 말하는 법을 배워라. 그러면 인생이 한결 수월해질 것이다"라고 말했다. 인간은 결코 만능이 아니다. 누구에게나 역량 밖의 일들은 존재한다. 자신의 마음을 따라 타인의 부탁을 거절할 줄 알면 억압과 초조함 등의 부정적인 감정에서 벗어날 수 있다.

물론 거절에도 요령은 필요하다. 요령 있게 해야 상대의 체면을 구기지 않고 서로의 감정을 상하게 하지 않을 수 있다. 적당히 완곡하게 거절하는 방법을 배우면 상대방을 불쾌하게 만들 일도 없고, 자신의 감정을 안정적으로 유지하는 데도 도움 된다.

어느 유명 여성 무용가가 조지 버나드 쇼의 작품을 읽고 그의 재능에 반했던 적이 있다. 그녀는 한 파티에서 버나드 쇼를 만나 말했다.

"선생님, 만약 우리 두 사람이 결혼한다면 우리의 후손에게는 정말 큰 축복일 거예요. 생각해보세요. 당신의 지적 능력과 저의 외모를 닮은 아이가 태어난다면 얼마나 완벽하겠어요!"

이에 버나드 쇼가 웃으며 답했다.

"하지만 모든 가능성은 열어둬야 하지 않을까요? 만에 하나 그 아이가 나의 볼 것 없는 외모에 당신의 지적 능력을 닮는다면 그건 참 슬픈 일일 것 같은데요!"

이에 그녀는 그가 자신을 거절했음을 알고 씩씩거리며 자리를 떠났다. 그러나 그날 이후 그녀는 더욱 버나드 쇼를 존경하게 되었고 그의 열렬한 팬이 되었다.

사실, 거절은 결코 어려운 일이 아니다. 진정한 친구는 한 번 거절당했다고 해서 우리에게 등을 돌리지 않는다. 우리가 거절의 기술을 익혀 상대의 체면이 구겨지지 않게 적절히 거절하기만 한다면 말이다. 그렇다면 비교적 실용적인 거절의 기술 몇 가지를 알아보자.

1. 먼저 상대를 존중해준다

부탁이나 요청을 거절할 때 상대를 진짜로 불편하게 만드는 건 거절당했다는 사실 자체보다 거절을 대하는 상대의 태도나 표현일 때가 있다. 따라서 거절하는 우리의 입장을 이해받으려면 먼저 상대를 존중해야 한다.

2. 쌍방의 관계를 따져 정도를 파악한다

모든 사람의 마음속에는 자신과의 관계에 따라 비교적 명확한 상대적 거리감이 존재한다. 그런 까닭에 거절할 때는 상대와 친근한 관계인지 소원한 관계인지에 따라 정확한 표현을 사용해 정도를 지켜야 한다.

3. 거절의 이유를 명확하게 밝힌다

거절할 때 가장 금기시해야 하는 것이 바로 애매모호한 말과 태도다. 상대에게 거절의 이유를 밝히지 않는다면 상대는 아무 이유 없이 거절당했다는 생각에 당신을 상대해서는 안 될 사람으로 여길 수 있다. 그러므로 거절할 때는 그 이유가 무엇이 되었든지 상대에게 분명히 알릴 필요가 있다.

4. 거절의 말도 상대의 장점을 칭찬하는 데서부터 출발한다

사람은 누구나 칭찬을 듣길 좋아하고 남에게 인정받길 원한다. 그러니 거절의 말을 할 때도 상대의 장점을 찾아 내가 상대보다 못함을 인정한 다음, 상대의 부탁을 들어줄 수 없는 이유를 설명해보자.

타인의 부탁 때문에 고민이 될 때는 망설이지 말고 적절한 방법으로 거절해 자신을 부정적인 감정에서 구해내자. 말하는 기술을 더 많이 공부해 불합리한 요구에 단호하게 "안 돼"라고 말하다 보면 날이 갈수록 점점 더 안정되는 자신의 감정과 함께 생각처럼 거절이 그리 어려운 일이 아님을 깨닫게 될 것이다.

정서적 경계 설정이 중요하다

정서적 경계란 간단히 말해 자신의 감정과 타인을 분리하는 가상의 선이다. 우리가 누군가를 탓하고 원망할 때, 또는 타인에게 의견을 제시할 때 정서적 경계가 우리의 감정을 단속하는 역할을 한다. 물론 타인의 평가나 타인의 부정적인 감정에 지나치게 연연한 나머지 죄책감을 느낄 일도 막아준다.

자신의 정서적 경계가 모호하면 충동적이고 비이성적인 선택을 하게 될 때가 많다. 특히 감정이 격해졌을 때 자신의 정서적 경계를 정확히 인지하지 못하면 결국 갈등으로 번질 수 있다. 튼튼한 정서적 경계를 설정하는 일이 우리 모두에게 매우 중요한 이유는 바로 여기에 있다.

정서적 경계를 튼튼히 해 긍정적인 마음가짐을 가지려면 우선 자신의 내부 경계를 분명히 하는 것이 가장 중요하다. 즉, 자신의 감정을 이해해 자신과 타인의 책임을 구분할 줄 알아야 한다는 뜻이다.

　내부 경계란 사실 자신과의 관계를 조절해 시간, 생각, 감정, 행동에 대한 자제력과 건강관리 능력을 높이는 것이다. 어떤 일을 해야 할 때 계속 다른 일에 시간을 낭비하다 보면 휴식 시간과 여가가 줄어들 수밖에 없다. 이렇게 되면 자신의 내부 경계를 소홀히 하게 되어 부정적인 감정이 더 많이 생긴다.

　내부 경계를 분명히 하고 나면 자신의 마음을 더 단단히 해 자기 자신을 단속하고 자신과 한 약속을 끝까지 지킬 능력을 높일 수 있다. 이뿐만 아니라 부정적인 감정이 생겼을 때 빠르게 감정을 조절할 수도 있다. 강력한 내부 경계가 타인의 감정에 얽매이지 않도록 도와주는 동시에 타인의 의견과 비평을 이성적으로 냉정하게 받아들이고, 주체적으로 생각하는 법을 배울 수 있게 해줄 테니 말이다.

　내부 경계를 튼튼히 해 충분한 힘을 갖춘 후에는 외부의 정서적 경계를 설정할 차례다. 인간관계에서 정서적 경계를 명확히 하면 정서적 협박으로부터 멀어질 수 있는데, 그중 관건은 바로 대화를 멈추고, 감정을 들여다보고, 대응책을 마련하는 데 있다.

　대화 멈추기는 정서적 협박에 대처하는 방법이다. 정서적 협박의 가해자가 우리에게 어떤 요구를 해 올 때 흔히 개인적인 감정과 목소리도 함께 따라오는데, 이는 우리에게 큰 부담으로 작용해 초조함을 느끼게 한다. 이러한 부담 속에서 상대의 요구에 응하게 되고, 심지어 습관이 되어 상대의 한도 끝도 없는 욕심을 받아주게 되는 것이다. 그러나 상대의 요구는 우리의 능력에서 벗어난 것이거나 우리에게 부정적인 감정을 더 많이 안기는 것일 가능성이 크다. 사실 이 과정에서 상대가 우리에게 가하는 압력은 우리의 객관적인 판단력을 잃게 해 우리를 착각에 빠트린다. 상대가 말한 일이 매우 긴급한 일이라 이를 들어주지 않으면 상대에게 큰 피해를 주게 될 것만 같은 그런 착각 말이다. 그러나 상대가 부탁한 일은 사실 그리 급하지도, 그리 심각하지도 않다.

이때 상대가 만들어낸 부담의 늪에 계속 빨려 들어가지 않으려면 상대와의 대화를 멈추고, 잠시 그 장소에서 벗어날 이유를 찾아야 한다. 상대가 가하는 압박에서 벗어난 후 냉정하게 다시 생각해보는 것이다.

감정 들여다보기는 대화 장소를 떠나 심호흡으로 자신의 감정을 가라앉히는 일을 말한다. 이렇게 해야 상대가 제시한 요구에 자신이 어떤 마음을 품고 있는지 정확한 답을 찾을 수 있다. 자신이 상대의 요구에 거부감을 가지고 있다면 그 감정을 받아들여 자신을 강제하지 말고 완곡하되 단호하게 거절 의사를 밝혀야 한다.

이렇게 한동안 반복하다 보면 정서적 경계가 날로 선명해져 더는 타인에 의해 감정이 좌지우지되지 않는 자신을 발견할 수 있을 것이다.

물론 상대가 가하는 압박 속에 빠졌을지라도 방법이 전혀 없는 것은 아니다. 대응책을 마련하면 자신의 정서적 경계를 좀 더 명확히 하는 데 도움이 된다. 예컨대 자신이 우유부단하고 타인과의 충돌을 싫어한다면, 그래서 타인의 부탁을 좀처럼 거절하지 못한다면 작은 목표를 설정해 '내가 할 수 있는 일'부터 연습을 시작해 보는 것이다. 이렇게 작은 목표들을 하나하나 완수해 나아가다 보면 자신도 모르게 자신과 타인의 책임을 구분하고, 타인의 책임을 대신하는 일이 자신의 의무가 아님을 깨달을 것이다.

요컨대 건강하고 안정적인 정서적 경계를 설정해야 한다. 격한 감정과 마주했을 때 이를 무조건 발산할 게 아니라 생각해야 한다. 정서적 경계가 타인의 정서적 협박에서 벗어날 수 있게 우리를 도울 것이다. 그러니 최선의 노력을 다해 자신의 정서적 경계를 명확히 하자.

내 감정을 중시하는 연습을 한다

정서적 협박의 피해자 중 대부분은 자신의 감정을 소홀히 하거나 무시하는 데 익숙하다. 그런 까닭에 인간관계에서 늘 불리한 위치에 놓이고 연신 양보하게 되는 것이다. 자신의 감정을 중시한다고 해서 타인에게 이기적이라는 인상을 주지는 않는다. 오히려 반대로 자신을 소중히 여길 줄 알아야 남도 소중히 여길 수 있으며 타인의 존중도 받을 수 있다.

어떤 이는 남에게 인정받기 위해 혹은 타인과의 충돌이 싫어서 끊임없이 자신의 진짜 속마음을 억누르며 자신이 하고 싶지 않은 일을 억지로 한다. 그러나 내가 내 감정에 소홀할수록 타인은 만족을 모르게 된다. 심지어 그들은 우리에게 정서적 협박을 가하며 우리의 감정을 안중에도 두지 않고 오직 자기의 뜻대로 움직이길 바랄 것이다. 우리가 이를 거부하려고 하면 도덕적 잣대를 들이대며 우리가 완전히 굴복할 때까지 끈질기게 압박을 가할 것이다.

문제는 장기간 자신의 감정을 소홀히 해온 사람의 경우, 이미 자아가 작아지는 중이기 때문에 타인의 생각과 감정을 더욱 중시하게 되고, 결국 그 균형이 깨져 자아를 잃은 채 타인의 꼭두각시가 되기 쉽다는 데 있다.

그러나 자아가 없는 삶이 무슨 의미가 있겠는가? 관계가 깨지는 것을 겁내고, 자신의 한계를 돌파하려는 시도를 두려워하면 우리의 능력은 제자리걸음을 하게 되고, 우리의 마음 또한 나약함의 굴레에 빠지게 된다. 내가 부정적인 감정을 조금만 드러내도 타인과의 관계에 금이 가서 다시는 되돌리지 못할 것이라는 그릇된 인식이 뿌리내려 연신 양보만 하다 결국 악순환에 빠지게 되는 것이다. 심리학자들은 말한다.

"흔히 '좋은 사람'들이 우울감을 느끼는 경우가 많다. 이는 그들이 타인을 잘 공격하지 못하기 때문인데, 밖으로 내보내지 못한 부정적인 감정은 보통 자기 자신에게 향하게 마련이다."

부정적인 감정은 날이 갈수록 쌓여가는데 이를 발산할 데가 없으면 자신에 대한 혐오로 변질이 된다. 타인에게 기대야만 살아갈 수 있는 쓸모없는 인간이라고 자기 자신을 인지하게 되는 것이다. 그리하여 자신이 가진 플러스 에너지로 마이너스 에너지를 상쇄할 수 없게 되면 우리의 삶은 생기를 잃고 조금씩 어둠에 침잠하게 된다.

미국 시트콤 〈빅뱅 이론〉을 보면 레너드가 모교의 성공한 졸업생 대표로 연설하게 되는데, 여기서 그는 이런 말을 한다.

"어쩌면 당신은 친구들과 전혀 어울리지 못하는 사람일 수 있어요. 학교에서 가장 작은 사람일 수도 있고, 뚱뚱하거나 괴짜일 수도 있죠. 첫 키스도 못 해보고 졸업하게 됐을 수도 있고요. 그런데 괜찮아요. 이런 것들은 당신이 재미있는 사람이 되는 걸 막을 수 없으니까요. 남의 비위를 맞추려고 하지 말고 멋지게 자신의 인생을 사세요."

한 번뿐인 인생, 다른 사람의 환심을 사겠다고 애쓰기보다 자신을 위해 사는 것이 훨씬 중요하다. 자신을 귀한 존재로 여기며 자신의 감정에 충분한 관심을 기울일 때 비로소 타인의 진심 어린 대접과 존중을 받을 수 있다.

베네딕트 컴버배치는 세계적으로 유명한 영국 배우로, 그가 주연한 〈셜록〉은 전 세계인들의 사랑을 받았다. 사실, 그는 유명해지기 전까지 연극계와 영화계에서 장장 10년의 무명생활을 했다. 게다가 그의 부모님은 그가 배우가 되는 것을 반대했다. 하마터면 이 때문에 배우라는 직업과 연을 맺지 못할 뻔도 했다. 그는 인터뷰에서 이렇게 말했다.

"우리 부모님도 배우셔서 생활이 늘 불안정했어요. 그래서 부모님은 제가 좀 더 인생을 즐길 수 있는 직업을 갖길 원하셨죠. 하지만 전 배우가 됐고, 조금 배은망덕한 방식으로 보답을 한 셈이죠."

학교를 갓 졸업했을 때 그는 일할 기회를 얻기 위해 무려 6개월을 기다렸고, '이름보다 더 이상한 얼굴을 가진 이류 배우'라는 지적도 받았다. 그러나 부모의 반대와 사람들의 지적에도 그는 자신의 꿈을 포기하지 않았다. 그는 '남들과 다름이 자신의 가장 큰 특징'이라고 생각했고, 결국 자신만의 독특한 분위기로 셜록이라는 캐릭터를 맡았다.

"그래도 인생을 살다 보면 타인의 목소리가 불쑥불쑥 끼어들 때가 있는데 이럴 때는 어떻게 하세요?"라는 기자의 질문에 베네딕트 컴버배치는 이렇게 답했다.

"신경 쓰지 않고 그냥 제 삶을 삽니다. 저는 그저 저답게 살고 싶거든요. 언제가 됐든, 모든 사람을 만족시킬 순 없는 일이니까요."

그렇다. 모든 사람을 만족시키기란 불가능한 일이다. 내가 아무리 잘해도 트집을 잡고, 지적하는 사람이 있을 수밖에 없다는 얘기다. 그렇다면 자신을 사랑하고, 자신의 감정을 중요시하는 법을 배우지 않을 이유가 뭐 있겠는가? 무조건적 희생과 끝없는 양보가 꼭 상대의 존중으로 돌아오는 것은 아니다. 오히려 이는 자신의 존엄을 짓밟고, 타인에게 무책임한 행동에 가깝다.

자신의 책임도 아닌 일을 밑도 끝도 없이 감당하다 보면 타인의 마음속에서 나의 위치는 어느새 한없이 낮아지고 있을 것이다. 그러니 누군가 끊임없이 내게 도움을 요청한다면 그 부탁이 불편하게 느껴지지 않는지 자문해보자.

자신의 감정을 중요하게 여길 줄 알면 자신이 진정으로 무엇을 원하는지를 파악해 진짜 멋진 '나'의 삶을 살 수 있다. 타인의 평가와 의견은 자신에게 도움 되는 것을 받아들이되 이를 유일한 기준으로 삼지 않도록 하자. 특히 타인의 평가 때문에 자신을 공격하는 일은 없어야 한다.

타인의 악의적인 평가를 있는 그대로 받아들이고, 타인의 지나친 기대는 거부할 줄도 아는 용기를 배우자. 정서적 협박과 거리를 두고 진정한 내가 될 수 있을 때 긍정적인 감정 상태를 유지할 수 있다.

주관 있는 사람으로 거듭난다

우리는 모두 각자 생각이라는 걸 한다. 어떤 이는 자기의 생각을 견지하고, 또 어떤 이는 타인의 의견에 따라 자기의 생각을 쉽게 바꾸기도 하는데, 우리는 후자의 경우를 두고 '주관이 없는 사람'이라고 말한다. 타인에게 쉽게 영향을 받는 사람은 정서도 불안정한 경우가 많다.

우리가 주관을 가진 사람이 되어야 하는 이유는 바로 이 때문이다. 주관이 생기면 정서적 안정에 도움이 될 뿐만 아니라 자신은 물론 타인에게도 책임 있게 행동할 수 있다.

중국의 지식인 후스의 아내 장둥슈는 주관이 매우 뚜렷한 여성으로 결단력이 있었다. 후스의 지인 교수가 한 작가를 마음에 품게 되어 자신의 아내와 이혼하겠다고 나섰을 때다. 그 교수의 부인은 우직하고 온후한 성격으로 차마 남편의 뜻을 거스르지 못했고, 그녀의 사정을 잘 알고 있는 장둥슈는 그녀를 대신해 부당함을 주장하고 나섰다. 장둥슈는 그 교수의 아내를 집으로 데려와 용기를 북돋우고 그녀를 위한 대책도 마련해주었다.

결국 일이 소송으로까지 번지자 장둥슈는 직접 법정에 출석해 교수의 아내를 변호하기도 했다. 그녀는 판사의 요구에 따라 조리 있게 근거를 들어가며 교수의 잘못을 지적하는 한편, 교수의 아내가 얼마나 부지런하고 알뜰하게 가정을 꾸리고, 남편과 아이들을 보살펴왔는지를 소상히 증언해 교수의 아내가 승소하는 데 큰 힘을 보탰다.

장둥슈의 생활력은 대문학자인 후스에게도 전혀 밀리지 않았다. 그녀는 자기 인생의 온전한 주인으로서 살뜰히 가정을 보살피며 자신의 뜻대로 살았다.

어떤 이들은 여러 외부 요소에 따라 끊임없이 자기의 생각을 바꾸기도 한다. 그러나 타인의 생각에 쉽게 좌지우지되는 사람은 성공하기 어려울 때가 많다. 자신만의 생각이 자신을 특별하게 만드는 핵심이기 때문이다.

늘 타인의 생각에 따라 자신을 바꾸고, 남들의 기대 속에 살아간다면 인생에 무슨 즐거움이 있겠는가?

사실 우리 대부분은 어린 시절 부모님에게 혹은 선생님에게 말 잘 듣는 착한 아이가 되어야 한다는 교육을 받고 자랐다. 여기서 그들이 말하는 '말 잘 듣는 착한 아이'란 기존의 규칙이나 관례를 따르는 아이로, 주관이 있는 아이는 반항아 취급을 받기도 했을 것이다. 문제는 오랫동안 이런 환경에 있다 보면 관성적 사고가 형성되어 자기 자신을 바꿔가면서까지 타인의 비위를 맞추는 데 익숙해지고, 이것이 습관으로 굳어져 자기 자신을 탐구할 용기를 잃게 된다는 점이다.

타인의 기대에 부응하며 살다 보면 언젠가는 지치게 마련이다. 그러니 한 번쯤은 자신을 위해 살아봐야 한다.

주관이 뚜렷한 사람은 자신의 판단에 따라 행동하는 능력이 있어 올바른 선택을 할 수 있다. 예컨대 인터넷의 발전으로 갈수록 심화하고 있는 사이버 폭력에 대해서도 말이다. 보통 사람들은 언론의 자유를 운운하며 줏대 없이 상황에 휩쓸려 자신의 감정을 마구 쏟아내곤 한다.

인터넷에서 이슈가 된 여러 사건을 보면 피해자에게 2차 가해가 들어가는 경우도 심심치 않게 발생한다. 진상에 대해 명확히 알지도 못하면서 인터넷에 떠도는 말들만 가지고 끊임없는 추측을 양산하며 사건의 당사자를 공격하다가 진상이 밝혀지면 또 주관 없이 말을 바꾸는 것이다.

독일의 심리학자이자 철학자인 슈테른은 "자신의 지혜 1온스가 타인의 지혜 1톤에 맞먹는다"라고 말했다. 주관이 뚜렷한 사람은 자기 일을 뚝 부러지게 처리함은 물론 중요한 순간에 믿을 만한 조언을 건네기도 한다. 인간관계에서 중요한 위치를 차지할 수밖에 없는 셈이다. 그런 의미에서 주관을 가진 사람이 되는 것은 자신의 심신 건강을 위해서나 자기 성장을 위해서나 무해백리(無害

百利)한 일이다.

인스타그램 등에서 사람들이 가장 즐겨보고, 리포스트를 많이 했던 게시물은 긍정의 에너지를 불어넣는 따뜻한 글이나 문장이었다. 그중에서도 직관적으로 사람들의 눈길을 사로잡는 제목의 글들이 폭발적인 트래픽을 유도했고, 그런 까닭에 모멘트에는 깊이 생각하지 않아도 이해할 수 있는 가벼운 글들이 넘쳐났다.

물론 이는 사람들의 수요에 따른 흐름이었다. 그러나 가벼운 글을 선호할수록 사람들은 쉽게 생각하는 힘을 잃게 된다. 다양한 관점을 여과 없이 그대로 받아들여 그때그때 상황에 따라 휩쓸리게 되는 것이다.

자기의 생각이 있고, 주관이 뚜렷한 사람이 되려면 어떤 문제에 대해 의심할 줄 알아야 하는데, 이때 가장 중요한 것이 바로 독립적인 사고다.

무슨 일이든 스스로 즐겨 생각하면 논리적인 사고를 기르는 데 도움 된다. 그러니 자기 마음의 소리에 귀를 기울이고, 자기의 뜻에 따라 결정을 내리자. 그리고 결정한 일은 끝까지 해내자. 타인의 평가에 자신의 결정을 바꾸지 말고, 대답하고 싶지 않은 질문을 받았다면 미소로 응수하자. 내게 부탁하는 사람이 있다면 반드시 그 목적을 확인해야 한다.

물론 그렇다고 타인의 의견에 완전히 귀를 닫고 자기의 고집대로만 해야 한다는 뜻은 아니다. 그러면 외톨이가 될 뿐이다. 외로움에 빠진 사람은 부정적인 감정에 매몰되기 쉽다. 자신을 억울하게 만들면서까지 다른 사람의 비위를 맞추려고 애쓸 필요는 없다. 그러나 주관을 가지되 자신에게 도움 되는 의견은 귀담아들어야 한다.

타인의 의견을 진지하게 듣고, 정확하게 이해하는 일은 우리가 정보를 좀 더 전반적으로 파악하는 데 도움을 주어 문제를 더 깊이 분석해 유리한 결정을 내릴 수 있게 해준다. 그러나 타인의 의견에 대해 지나치게 수용적인 태도는 우리의 생각을 혼란하게 만든다. 다른 사람의 의견을 선택적으로 받아들여야 하는 이유는 바로 이 때문이다. 목표를 정확히 해 이를 실현하겠다고 마음먹었다면 주저 없이 자기의 생각을 밀고 나가야 성공할 수 있다.

주관 있는 사람이 되기 위한 노력으로 내 인생의 주인이 되자. 그러면 외부의 영향에도 쉽게 감정이 흔들리지 않을 테고, 그 누구의 정서적 협박도 힘을 발휘하지 못하게 될 것이다. 그러니 긍정적인 감정 상태를 유지하기 위해 생각의 주체가 되어보자.

CHAPTER 5

내 안의
부정적인
감정을
알아채라

우리는 왜 그토록 쉽게
분노에 사로잡힐까?

우리 주변에는 사소한 일로 다툼을 벌이는 사람이 많다. 길을 가다 발 밟혔다고 화를 내며 상대와 실랑이 벌이는가 하면, 구매한 옷에 문제가 있는데 반품해주지 않는다며 판매원에게 언성을 높이기도 하고, 운전 중에 추월당했다고 화내며 보복 운전을 하는 사람도 있다.

언제부턴가 사람들은 사소한 일에도 불같이 화를 내며 툭하면 주먹다짐해 심각한 결과를 초래하는 일이 잦아지고 있다.

중국 충칭에서 버스가 강에 추락하는 사고가 있었다. 당시 이 사건은 많은 네티즌의 관심을 받았는데, 차량 내부 블랙박스와 SD카드를 복구해 공개된 영상에는 승객과 기사의 몸싸움 장면이 담겨 있었다. 두 사람의 싸움이 버스 추락이라는 비극을 부른 것이었다.

경찰 조사에 따르면 한 승객이 정류장을 지나쳐 기사에게 차를 세워달라고 요청했고, 기사가 이에 응하지 않자 흥분한 승객이 기사에게 폭언과 폭행을 한 것이 사건의 발단이었다. 폭행을 당한 기사가 승객에게 반격하며 두 사람은 격렬한 몸싸움을 벌였고, 이 과정에서 버스가 중앙선을 침범하여 맞은편에서 오던 승용차를 들이받고 강으로 추락하게 된 것이었다. 결국 이 사고로 버스 기사를 포함해 버스에 타고 있던 승객 전원이 사망했다.

사실 이렇게 작은 일에 분노를 참지 못하고 끝내 돌이킬 수 없는 행동을 하게 되면 득보다 실이 많을 수밖에 없다. 늘 분노에 사로잡혀 있는 사람이 즐거운 삶을 살 수 없음은 연구 결과를 통해서도 입증된 바다.

우리는 분노를 느낄 때 심장박동이 빨라지고, 혈압이 상승하며, 얼굴이 붉어지는 등의 신체 반응이 나타난다. 이러한 반응이 시간이 지날수록 점점 격화되면 결국 이성의 끈이 날아가 후회할 행동을 하게 되는 것이다.

그렇다면 우리는 왜 늘 화를 내는 걸까? 분노의 심리를 연구하는 한 박사는 "분노는 일종의 감정 상태로 경도의 자극에서부터 강렬한 분노에 이르기까지 다양한 정도가 있다"라고 말한다.

우리가 분노하면 우리 뇌의 '편도체'라는 부위에서 아드레날린이 분비되어 체내의 변화가 일어난다. 이를테면 심장박동이 빨라지고, 혈압이 상승하고, 머리가 멍해지는 기분이 드는 등이 이러한 변화에 해당하는데, 이런 변화가 일어나는 이유는 몸 안에 우리가 흔히 감정 반응이라고 부르는 비상 대응 시스템이 있기 때문이다. 즉, 우리가 어떤 자극을 받으면 그에 상응하는 분노라는 감정이 생겨나는 것이다.

분노를 유발하는 원인은 다양하다. 자신이 손해를 입었다거나 바라는 일이 이루어지지 않았을 때, 남들이 나보다 더 나은 성과를 냈을 때, 타인에게 무시당했을 때, 누군가 내게 무례하게 군다고 느껴질 때 등등. 근본적으로 우리의 분노는 실망감이나 열등감을 기반으로 한다. 어떤 일에 대한 기대가 높을수록 실패했을 때 느끼는 심리적 낙차가 커지고, 다른 사람을 부러워하거나 자신감이 부족할 때 남의 성과를 질투하는 마음이 커져 자신에게 실망하게 되는데, 오랫동안 이런 부정적인 감정에 갇혀 있다 보면 발전을 이루기 어렵다. 그리하여 분노와 원망을 느끼며 작은 일에도 불같이 화를 내게 되는 것이다.

개인적 이유 말고도 사람들은 분노의 원인을 환경으로 돌리기도 한다. 과도한 스트레스를 유발하는 환경에 둘러싸여 있어 긴장, 초조, 분노를 느끼는 것이라면서 말이다. 그러나 작은 일에 늘 화를 내고 짜증을 내봤자 자신의 인생에 부정적인 영향만 줄 뿐이다.

분노가 감정을 지배하면 원래

사소했던 일도 갈수록 심각한 일이 되어버린다. 물론 발산을 통해 기분이 나아질 수도 있지만, 나의 분노가 다른 사람을 다치게 하고 심지어 인간관계를 망쳐놓을 수도 있다. 예를 들어 회사에서 자신이 저지른 실수로 상사에게 싫은 소리를 들었다고, 이에 발끈해 상사와 격하게 말다툼을 벌인다면? 자신의 화를 다스리지 못한 대가로 경위서를 쓰거나 어쩌면 해고 통고를 받게 될지도 모를 일이다.

분노는 우리의 인생에 불행을 안길 뿐만 아니라 우리의 건강까지 해친다. 이는 한 심리학자가 진행한 연구 결과를 통해서도 입증된 사실인데, 당시 그가 진행했던 실험은 이랬다. 그는 먼저 관상 동맥 질환 병력이 없는 49~92세의 성인 남녀 중 남녀의 비율을 50:50으로 맞춰 785명을 무작위로 선정해 연구 대상으로 삼았다.

그런 다음 인터뷰를 진행해 이들을 분노 표현 방식에 따라 건설적 분노, 파괴적 분노 옹호, 파괴적 분노 이렇게 세 그룹으로 분류하고, 이들의 건강 상태를 추적 조사했다. 그 결과 785명의 연구 대상 중 14.6%가 관상 동맥 질환에 걸릴 확률이 높은 것으로 나타났으며, 화를 잘 내는 사람일수록 거식증에 걸리거나 비만할 위험이 크다는 것이 밝혀졌다.

이러한 연구 결과는 자신의 분노를 다스리는 일이 얼마나 중요한지를 보여준다. 화를 잘 내는 사람일수록 세상이 자신에게 적대적이라고 생각하기 쉬운데, 이러한 부정적인 생각은 염세적인 태도로 이어질 수 있다.

인생의 모든 일이 다 완벽할 수는 없다. 모든 일이 다 내 뜻대로 될 수도 없다. 내 맘 같지 않은 일들이 발생하기에 사람들은 분노하는 것이다. 그런데 사실 일이 내 뜻대로 되지 않는 상황이 정말 화를 낼 만한 상황이라고 할 수 있을까? 그렇지 않다. 이미 벌어진 일에 대해서는 화를 내봤자 아무런 도움이 되지 않기 때문이다. 그러니 뜻대로 되지 않는 일이 있다면 웃어넘기자. 미소는 너그러움과 관용의 표현으로 우리의 마음을 차분히 가라앉혀 노여움으로부터 자신을 보호할 수 있게 해준다.

부정적인 자기 대화를 인식한다

어떤 일을 시작하기도 전에 '아, 너무 어려운 일이잖아. 난 성공하지 못할 거야'라고 생각하는 사람들이 있다. 이들은 새로운 사람을 사귈 기회가 와도 '난 사교적이지 못하니 다음에……'라고 생각한다. 그런데 이 같은 부정적 자기 대화는 우리의 적극성을 크게 제한한다. '나는 성공하지 못할 거야' 하고 생각하는 순간 이미 적극적으로 그 일에 뛰어들 마음이 시들해지기 때문이다.

회사의 팀장 한 명이 사직하자 대표는 기존 직원 중 한 명을 승진시키기로 했다. 여러 후보를 추려 고심한 결과 대표는 H가 조건에 부합한다고 판단했다.

그리하여 대표는 자신의 출근 시간에 맞춰 그를 자기 사무실로 호출했다. 갑작스레 대표의 호출을 받은 그는 생각했다.

'팀장이 그만둔 지도 얼마 되지 않았는데 대표가 날 따로 부르다니. 설마 나 잘리는 건 아니겠지?'

불안한 마음으로 대표 사무실을 찾은 그에게 대표가 말했다.

"우리 회사에서 일한 지도 벌써 5년이죠? 그동안 업무 성과도 좋았고, 동료들과의 관계도 원만했고요. 이런 점들을 종합적으로 고려해 팀장 승진을 결정했습니다."

그러나 그는 승진과 연봉 인상의 기쁨보다는 덜컥 걱정이 앞섰다. '팀장이면 책임이 막중한데 내가 그걸 감당할 수 있을까? 만에 하나 무슨 실수라도 하면 다음 해고 대상은 내가 되겠지.'

이런 두려움에 그는 급기야 대표의 승진 제안을 거절하고 평사원으로 남았다.

사람들은 자신이 이런 행동을 하는지 인식하지 못하는 경우가 많지만, 자신이 불편함을 느끼는 상황과 맞닥뜨리면 으레 온갖 핑계를 찾아 어떻게든 이를 피하려고 한다. 예를 들어 내향적인 성격을 가진 이는 사람을 사귈 때 '내 답답한 성격 때문에 아무도 나와 대화하고 싶어 하지 않을 거야'라고 생각해 다른 사람과 대화하지 않으려고 안간힘을 쓰게 된다. 이것이야말로 자신을 난처하게 만들지 않는 최고의 방법이라고 생각하면서 말이다. 한편 대표에게 갑작스레 호출받았을 때 부정적인 사람은 '내가 뭘 잘못했나? 날 해고하려나?'라는 생각을 가장 먼저 떠올린다. 문제는 이런 의심이 부정적인 감정을 불러일으키고, 그런 상태에서 대표와 이야기를 나누다 보면 불쾌한 상황이 생길 수도 있다는 점이다.

부정적 자기 대화는 우리의 감정과 행동 방식에 큰 영향을 주어 부정적인 감정과 부정적인 생각들을 끊임없이 만들어낸다. 그런데 사실 이러한 부정적 자기 대화는 결국 자기 충족 예언의 일종이 된다. 쉽게 말해서 자신이 성공하지 못할 거라는 생각이 강할수록 그 생각이 현실이 될지도 모른다는 뜻이다.

자신을 부정하는 데 익숙한 사람들이 느끼는 부정적인 감정은 그들의 억측에서 비롯한 경우가 많다. 상대에게는 그럴 목적이 전혀 없을 수도 있는데 이를 제멋대로 넘겨짚으며 부정적 자기 대화를 하는 것이다. 사실상 부정적 자기 대화는 자신감 결여에서 비롯한 자아비판이다. 자기 자신에게 '우둔하고, 어리석은 패배자'라는 이미지를 만들어놓고 어떤 일을 할 때마다 자신에게 "넌 못할 거야"라고 말해주는 것이다.

어떤 일을 하기 전에 부정적인 말들을 되뇌는 버릇이 있다면, 그 비이성적인 생각과 믿음이 생활화되어 결국 부정적인 감정의 쓰나미에 잠기게 될 것이다. 그런 의미에서 부정적 자기 대화를 인지하고 적극적으로 이를 긍정 에너지로 전환하는 일은 매우 중요하다고 할 수 있다.

이를 위해서는 생각에서부터 손을 써야 한다. 부정적인 생각은 대부분 자신에 대한 의심에서 비롯하는 경우가 많기 때문이다. 물론 인간의 감정과 생각은 생각처럼 쉽게 제어되지 않을 때가 많지만 그래도 당황할 필요는 없다. 마음속으로 부정적 자기 대화를 시작한 자신을 발견했다면 곧바로 이를 저지할 필요는 없다. 그 대신 "정말?"하고 자문해보자. 그리고 머릿속에 증거 리스트를 만들어 자기의 생각을 뒷받침할 만한 증거들을 모아보는 것이다. 이렇게 나열한 증거가 자기의 생각을 뒷받침하기에 부족함을 깨닫게 되면 자기의 생각이 지나쳤음을 완전히 이해하게 될 테니 말이다.

사람들은 비교적 중요한 일이 생겼을 때 스스로 과도한 부담을 지우며 '실패하면 어떻게 하지? 난 분명 임무를 완수하지 못할 텐데' 하는 생각을 멈추지 않을 때가 있다.

이런 생각을 그냥 내버려두면 부정적 대화의 악순환에 빠지게 된다. 이럴 때는 '실패했을 때 내가 맞닥뜨릴 최악의 상황이 무엇인가?'를 생각해보는 게 방법이 될 수 있다. 실패로 인해 마주하게 될 최악의 상황이 자신의 인생에 치명적인 타격이 되지 않음을 깨달으면 머릿속을 맴돌던 걱정과 두려움 등의 부정적인 감정이 사라지게 될 것이다.

자신이 목표를 완수하지 못할 거라 끊임없이 의심할 시간에 차라리 자신에게 단호히 말하자. "더도 덜도 말고 한 걸음만 내디뎌 보자. 불완전한 한 걸음일지라도 성공으로 향하는 주춧돌이 되어 줄지도 몰라"라고. 긍정적 자기 대화로 부정적 자기 대화를 대체하는 연습을 꾸준히 하다 보면 자신감을 바로 세워 더는 부정적인 생각에 괴로워할 일이 없을 것이다.

불안은 미래에 대한
두려움일 뿐이다

　나이가 몇이든 불안은 늘 우리를 그림자처럼 따라다닌다. 졸업을 앞두고는 취업 문제가 걱정되고, 취업 후에는 커리어 쌓기에 조바심이 생기며, 결혼을 앞두고는 행복한 결혼생활을 할 수 있을지를 걱정하게 된다.

　그런데 사실 우리가 말하는 불안들은 불확실한 미래에 대한 과도한 두려움이 만들어낸 감정일 뿐이다.

　최근 Y는 어쩐지 늘 불안과 초조함이 가시질 않는다. 업무 중에도 태산 같은 걱정에 영 정신이 없다. 평소 가깝게 지내는 동료가 이유를 물어도 그는 아무 말 없이 그저 고개를 푹 숙인 채 담배만 태울 뿐이다.

　사실 그가 이러는 데는 이유가 있다. 회사가 구조조정을 위해 각 부서에 감원 결정을 하달했다는 소식을 들었기 때문이다. 이 소식을 접한 후 행여 자신이 감원 대상이 될까 봐 어찌할 바를 모르고 허둥대는 중인 것이다.

그는 외벌이로 살림을 꾸리고 있는 터라 집안 사정이 그리 넉넉한 편이 아니다. 딸아이가 대학입시를 앞둔 이때 일자리를 잃게 된다면 그야말로 엄청난 타격을 입게 될 것이 불 보듯 뻔하다.

하지만 부서에서는 곧바로 상부에 감원 대상자 명단을 제출하지 않았고, 시간이 지날수록 그의 가슴은 타들어간다. '정리해고되면 어쩌나?' 하는 생각에 빠진 채 잦은 실수를 범해 상사에게 호된 꾸짖음을 받기 일쑤다. 이렇게 그는 날마다 전전긍긍하며 작은 소문에도 불안해하고 있다.

근심을 품고 잠자리에 드는 건 무거운 짐을 지고 잠을 자는 것이나 마찬가지다. 미래의 장애물이나 어려움을 예측하며 앞날에 대한 두려움에 걱정의 끈을 놓지 못하는 사람들이 있다. 그러나 앞으로의 일은 결코 고정불변이 아니다. 아직 일어나지도 않은 일을 지나치게 걱정하는 것은 현명한 행동이 아니다.

심리학자들의 연구 결과에 따르면 우리가 살면서 하는 걱정 중 90% 이상이 하나마나 한 것이라고 한다. 바꿔 말하면 우리가 하는 대부분의 걱정은 우리의 상상 속에만 존재할 뿐, 현실이 되는 경우가 드물다는 뜻이다.

그러니 편안한 인생을 살고자 한다

면 할 일 없이 앞으로의 일을 미리 걱정하거나 아직 일어나지도 않은 일을 앞당겨 해결하려 하지 말자. 미리부터 하는 지나친 걱정은 일에 도움 되기는커녕 고민만 더할 뿐이다.

홍콩 재벌 리카싱은 말했다.

"삶에 대한 불안과 좌절감을 극복하려면 자기 자신의 주인이 되는 법부터 배워야 한다."

불안과 두려움에 사로잡혀 당장 할 일조차 제대로 해내지 못한다면 앞으로의 상황이 얼마나 엉망진창일지는 말할 것도 없다.

사실 습관적으로 미래에 대해 불안해하는 사람들은 실패를 두려워하고 다른 사람에게 인정받기를 바라는 경향이 있다. 그런 까닭에 일을 시작하기 전에 자신이 무엇을 원하고 또 어떻게 해야 할지를 고민하는 데 많은 시간을 보내는 것이다.

물론 과거의 아쉬운 경험 때문에 같은 상황이 재발하지 않도록 사전 방지에 나서는 사람들도 있다. 하지만 그럴수록 조바심이 나고, 나쁜 결과가 따라올 확률이 높아진다.

내일의 일을 사서 걱정할 필요는 없다. 오늘은 오늘 해야 할 일만 잘하면 그것으로 충분하다. 늘 내일을 걱정한다고 해서 더 나은 내일이 되리라는 보장은 없다. 그저 우리의 근심만 더할 뿐이다.

내일은 불확실성으로 가득하다. 내일 무슨 일이 벌어질지는 아무도 모른다.

'계획은 변화를 따라가지 못한다.'

오죽하면 이런 말이 나왔겠는가! 아직 일어나지도 않은 일을 걱정하며 자신을 피곤하게 만들기보다 현재에 충실하며 오늘을 살아가는 게 낫다. 내일이 지나면 또 다른 내일이 올 테니 말이다.

물론 끊임없이 자기 능력을 끌어올리는 것이 가장 중요하다. 미래에 그 어떤 일이 닥치더라도 문제가 되지 않을 정도로 충분한 능력을 갖추고 나면 더는 막연한 두려움에 걱정할 일도 없을 것이다.

왜 노력하면 할수록
불안한 것일까?

우리 주변에는 열심히 생활하면서도 여전히 불안한 표정을 짓고 있는 사람이 많다. 그들은 낮에 성실히 일하고 퇴근 후에도 밤 늦게까지 자기계발을 게을리하지 않지만 자신보다 더 잘난 사람들을 보며 노심초사하는가 하면, 저녁을 굶어가며 매일 열심히 운동하지만 변함없는 체중계의 숫자를 보며 금세 기분이 가라앉기도 한다.

사람들은 '왜 아무리 노력해도 여전히 불안감이 가시지 않는 걸까?' 하는 의문을 품는데, 사실 그 이유는 간단하다. 너무 많은 것을 얻고자 하기에 웬만해선 만족을 느낄 수 없기 때문이다.

영국의 싱어송라이터이자 사회운동가인 존 레논은 말했다.

"우리가 생활을 위해 분주히 움직일 때 삶은 우리에게서 멀어진다."

원하는 것이 많을수록 행복해지기 어렵다는 뜻이다. 일에 모든 에너지를 쏟아붓느라 충분한 휴식을 취하거나 자신의 취미나 취향을 살필 시간도 없이 늘 팽팽한 긴장 상태를 유지하게 되기 때문이다.

N은 사회 초년생 시절 200만 원 정도의 월급을 받았다. 집세며 교통비 등 각종 생활비를 제하고 나면 수중에 남는 돈이 거의 없었다. 그는 자신의 현실을 불안해하며 연봉이 4,000만 원만 되어도 좋겠다고 생각했다. 이후 그는 1년에 4,000만 원을 벌게 되었다. 그러나 그의 불안은 더욱 커졌다. 자신이 허리띠를 졸라매고 아무리 열심히 일해도 내 집 마련은 고사하고 화장실 한 칸조차 내 것이 될 수 없었기 때문이다. 그는 매년 1억씩만 벌 수 있으면 좋겠다고 생각했다.

현재 그는 연 매출 10억 원의 사업가가 되었지만, 여전히 불안하기만 하다. 시장의 상품 업데이트 주기가 워낙 빠른 데다 최근 동종업계의 업체가 내놓은 신상품에 자사 제품의 순위가 밀리고 있어서 날로 걱정거리가 늘고 있다.

SNS를 보면 '노력할수록 행복해진다'라는 내용을 담은 글들이 심심찮게 등장하며, 실제로 많은 이가 이 말을 철석같이 믿고 있기도 하다. 사람들은 이 말을 증명하기 위해 온갖 예시를 늘어놓는다. 예컨대 한 연예인은 데뷔하고 10년 동안 단 하루도 온전히 쉬어본 적이 없다며 10년의 노력으로 몸값을 높일 수 있었다고 말했다. 데뷔 초만 해도 회당 100만 원 정도였던 출연료가 이후

1,000만 원이 됐고, 지금은 회당 억대의 출연료를 받고 있으니 데 뷔 10년 만에 몸값이 100배 이상 뛴 셈이라면서 이렇게 말하기도 했다.

"생각해보면 인생에는 두 갈래의 길이 있는 것 같아요. 10년을 고생하고 50년을 편안히 살든가, 10년을 편하게 살고 50년을 고 생하든가! 어떤 인생을 살 것인가는 개인의 선택에 달려 있죠!"

이는 의지를 고무시키기에 좋은 말처럼 들리지만, 자칫 사람들 에게 열정을 불태우면 행복을 얻을 수 있다는 잘못된 생각을 심어 주어 부정적인 영향을 미칠 수 있다. 특히 사회인으로서 이제 막 출발선상에 발을 들인 젊은이들에게는 더욱 그렇다.

사람들은 흔히 노력만 하면 성공할 수 있다고 생각한다. 노력을 '만능'으로 여기며, 내가 노력하기만 하면 온 세상이 나를 위해 양 보해줄 거라고 믿는 것이다. 그러나 현실은 우리의 생각처럼 그리 아름답지만은 않다. 소위 성공이라는 인생의 정점에 오를 수 있는 사람은 소수에 불과하다. 나의 노력이 내가 기대한 만큼의 보답으 로 돌아오지 않을 때 우리는 불안감을 느끼며, 이러한 상황은 꽤 자주 발생한다.

본격적으로 어떤 일을 해보면 알겠지만, 생각한 만큼의 결과가 나오기란 쉽지 않다. 이상과 현실 사이에 존재하는 괴리에 사람들 은 '노력할수록 불안해지는' 기현상에 빠지는 것이다. 목표를 달 성할 때마다 바라는 것이 많아질 테고, 만족과 안정 대신 더 큰 목 표를 향한 노력을 지속하게 될 테니 말이다. 영국의 작가 알랭 드

보통은 말했다.

"우리의 삶은 불안을 떨쳐내고, 새로운 불안을 맞아들이고, 또다시 그것을 떨쳐내는 과정의 연속이다."

노력할수록 불안한 마음이 드는 것은 비단 성공하고자 노력 중인 사람들에게만 해당하는 이야기가 아니다. 이미 성공한 사람들도 그럴 때가 있다. 노력으로 인한 불안은 사실 너무 열심히 살아서 생기는 마음의 병이다. 자신을 위해 너무 많은 목표를 설정하고, 이를 달성하기 위해 노력하기 때문이라는 뜻이다. 늘 다사다망하기에 잠시 멈춰 서서 주변의 아름다운 풍경을 감상할 마음의 여유도 없는 것이다. 심지어 밥 먹는 시간이 30분을 넘으면 "일이 많아 바쁜데, 밥 먹는 데 이렇게 많은 시간을 낭비하다니!" 하고 자책하며 불안해하기도 한다.

한편 어떤 이는 자신보다 잘난 주변 사람을 향한 부러움과 질투 때문에 원대한 목표를 세워놓고 이를 위해 필사적으로 노력하기도 한다. 그러나 이들은 아무리 노력해도 목표를 달성하지 못한다. 그들은 성공에 기뻐하고 실패에 두려워하는데, 이런 이들이 단 한 번도 성공의 기쁨을 경험하지 못한다면 실패의 두려움이 그들을 쉼 없이 전진시킬 것이다. 줄곧 불안에 시달리면 그들에게 악영향을 미칠 것은 자명하다.

노력할수록 불안함이 든다면 우리는 그저 인생이 이끄는 대로 물처럼 흘러가야 하는 걸까? 그렇지 않다. 노력은 결코 나쁜 일이 아니다. 우리가 어떤 일을 열심히 하기에 약진할 수 있고, 최후의 성공을 이룰 수도 있는 것이다. 그러나 노력도 일정 한도를 넘어서는 안 된다. 혹시 자신이 불안함을 느끼기 시작했다면 당황하지 말고 잠시 멈춰 서서 다른 일로 주의력을 분산해보자.

우리는 일을 하기 위해 사는 것이 아님을 알아야 한다. 자기 마음의 소리에 귀를 기울일 줄 알아야 한다. 늘 일만 하지 말고 자신의 취미나 취향을 개발해 인생을 더 다채롭게 만들어보자. 우리가 더는 노력을 통해 무언가를 얻으려 하지 않을 때, 우리는 인생의 아름다움을 발견하고 마음의 평화를 얻을 수 있을 것이다.

슬픔은 깊은 사고를 촉진하는 감정 반응이다

우리는 실연에 슬퍼하고, 실직에 아파하며, 친구와의 다툼에 속상해한다. 나쁜 일에는 늘 '슬픔'이라는 감정이 세트처럼 따라온다. 사람들은 슬픔에 통곡하며 눈물을 흘리고, 상심에 몸을 해치기도 한다. 사람들이 슬픔을 싫어하는 이유는 바로 이 때문이다. 그러나 사실 슬픔은 늘 나쁘기만 한 건 아니다. 한 작가는 슬픔의 긍정적 의미에 대해 이렇게 평가한다.

"슬픔은 깊은 사고를 촉진하는 감정 반응으로, 상실로부터 지혜를 얻어 현재 가진 것을 더욱 소중하게 여길 수 있는 계기를 제공한다."

확실히 슬픔은 상실을 의미할 때가 많다. 그런 까닭에 사람들은 슬픔을 통해 자신의 마음을 깨닫고 현재 자신이 가진 것을 소중히 여기곤 한다.

저우싱츠가 주연한 영화 〈서유기〉에서 손오공은 자하선녀를 잃고 눈물 흘리며 이렇게 말한다.

194

"진실한 사랑이 바로 내 앞에 있었는데 나는 소중히 대하지 않았어. 잃고 나서야 후회했지. 세상에서 가장 고통스러운 일이 있다면 바로 이런 걸 거야. 만약 하늘이 내게 한 번의 기회를 더 준다면 난 그녀에게 '사랑해, 이 사랑에 반드시 기한을 둬야 한다면 …… 만 년이었으면 좋겠어'라고 말할 거야."

영화 속에서 손오공은 누가 봐도 알 수 있게 깊은 슬픔에 빠지는데, 이를 통해 자하선녀의 소중함과 자신의 진정한 사랑을 깨닫는다.

어떤 일로 인해 슬픔을 느낄 때 실은 그 일에 얼마나 신경을 쓰고 있었는지를 알 수 있다. 그러니 지금이라도 자신의 실수로 가슴 아픈 일이 발생하진 않았는지 반성하고, 그런 일이 있었다면 용감하게 자기 잘못을 인정하고 이를 바로잡기 위해 노력하자. 그러면 그 잘못 때문에 또다시 넘어지는 일은 없을 것이다.

'안 좋은 감정'이 진화라는 시련을 견뎌내면 모종의 생존우위를 가지게 된다. 감정은 생각의 내용에 영향을 줄 뿐만 아니라 생각하는 과정 자체에도 영향을 미치는데, 이러한 영향은 창의력을 불러일으키는 중요한 힘이 된다.

슬픔이라는 안 좋은 감정은 회의적 사고를 하게 한다. 사람들은 기분이 저조할 때 단순하고 판에 박힌 이미지에 의존하지 않고 사건에 사기성이 없는지를 더 확실하게 감지해 그만큼 정확한 결정을 내리기 때문이다.

심리학자 조 포가스는 슬픔이 '신경 쓰이는 상황을 처리하기에 최적화된 정보처리 전략'이라고 주장하며 이를 입증하기 위해 다음과 같은 실험을 진행한 적이 있다.

조 포가스가 이끄는 연구팀은 오스트레일리아 시드니 교외 지역에 있는 한 쇼핑센터 계산대에 장난감 병정, 모형 자동차 등의 장식품을 진열해놓고, 계산하고 나가는 쇼핑객 중 무작위로 피실험 대상을 골라 그들의 기억력을 테스트했다.

연구팀은 감정이 사람들의 기억력에 미치는 영향을 알아보기 위해 맑은 날과 흐린 날을 골라 각각 실험을 진행했다. 흐린 날에는 매장에 베르디의 〈레퀴엠〉을 틀어 분위기를 더했고, 맑은 날에는 길버트와 설리번(19세기 말 뮤지컬의 시조 격인 오페레타를 만든 영국의 콤비)의 경쾌한 음악을 틀었다.

그 결과 흐린 날씨로 인해 우울감을 느끼는 사람들이 그렇지 않은 사람에 비해 4배가량 더 많은 장식품을 기억해내는 것으로 나타났다.

사람들은 아름다운 기억보다 고통스러운 기억을 더 선명한 이미지로 저장한다. 우리에게 고통스러운 기억을 남기는 일들에는 보통 사회적 인간관계가 얽혀 있으며, 우리의 인생관, 가치관, 세계관이 드러나기 때문이다. 그런 까닭에 사람들은 고통스러운 일을 경험한 후 깊은 사색에 빠져 내적인 변화와 성장을 이루는 것이다.

늘 즐겁고 행복한 환경에 있다
보면 어느새 이에 익숙해져 행
복을 당연한 일로 받아들인다.
그러나 이때 슬픈 일이 생기면
사람들은 그동안의 행복이 얼마
나 소중한 것이었는지를 깨닫는다.
슬픔이 있어야 기쁨의 의미가 더욱 살아나
는 것이다.

연인과 헤어진 후에야 달콤했던 연애 시절을 되돌아보게 되고, 가까운 사람과의 이별 후에야 함께하던 시간의 소중함을 깨닫게 되며, 죽음을 앞두고서야 자신의 인생을 더 소중하게 여기게 되고 ……. 행복이 쉽게 얻어지는 것이 아님을 깨닫게 되었을 때 현재 가진 것의 소중함이 더 커진다.

감정에 따라 일의 결과가 달라지기도 한다. 늘 즐겁고 편안한 환경에 있다 보면 마음이 풀어지기 쉽다. 하지만 부정적인 환경에 처해 있을 때는 슬픈 감정이 어떻게든 현 상황을 바꾸려는 동력이 된다. 그래서 맹자가 '우환에 살고, 안락에 죽는다(生于憂患생우우환, 死于安樂사우안락)'는 말을 남긴 것이다.

우리가 슬픔을 빠져 있을 때 더 큰 잠재력이 발휘된다는 사실은 여러 연구를 통해 증명된 바다. 빌 게이츠가 "마이크로소프트는 언제든 18개월 안에 파산할 수 있다"라고 직원들에게 수시로 경고한 이유도 바로 여기에 있다.

이런 비관적인 인식 속에서 직원들은 좀 더 진취적인 자세로 세세한 부분까지 챙기려 할 것이고, 문제가 생겨도 더 많은 해결책을 찾아 나설 것이며, 맹목적인 믿음과 독단적인 결정을 멀리할 것이기 때문이다.

비관적인 마음을 무조건 배척할 필요는 없다. 비관적인 마음의 순기능을 인식하고, 이해하며, 적극적으로 이를 받아들여 더 아름다운 인생을 살아가는 데 도움 되도록 활용하는 법을 배워야 한다.

의심은 소극적
자기방어다

　이렇게 늦게까지 남편이 집에 들어오지 않다니, 혹시 바람을 피우는 게 아닐까? 친구가 돈을 갚겠다고 한 날짜가 훌쩍 지나도록 연락이 없는데, 이대로 떼먹으려는 건 아니겠지? 상사에게 메일로 기획서를 보냈는데 지금까지 회신이 없는 걸 보면 어딘가 마음에 들지 않는 부분이 있는 걸까?

　연구 결과에 따르면 모든 사람에게는 의심의 그림자가 드리워져 있으며, 흔히 인간관계에서 그 그림자가 드러난다고 한다. 의심이란 피해의식이 강해 조그마한 자극이나 타인의 사소한 언행에도 민감하게 반응하며 상대를 믿지 못하는 마음으로, 의심이 많은 사람은 자기의 생각대로 상황을 추측하길 좋아한다는 특징이 있다.

　《삼국연의》속 조조는 동탁 암살에 실패한 후 평소 그와 돈독하게 지내던 여백사의 집으로 달아난다. 여백사는 조조를 보고 기쁜 마음에 돼지 한 마리를 잡아 대접하려 했다. 그러나 칼 가는 소리와 함께 "잡아 죽이거라"라는 여백사의 말을 듣고, 상대가 자신을 죽이려 한다고 의심한 조조는 자초지종을 알아보지도 않고 그대로 검을 뽑아 여백사를 죽여버렸다. 순전히 의심 탓에 말이다.

조조는 여백사의 말을 제멋대로 해석해 상대가 자신에게 해를 가하려 한다고 생각했고, 이러한 의심과 불안 속에 결국 무고한 목숨을 거두고 말았다.

흔히 사람들은 '의심'이라고 하면 사람과 사람 사이에서 가장 중요한 믿음을 잃게 만드는 부정적인 감정이라고 생각한다. 그러나 사실 의심 자체에는 잘못이 없다. 이는 안정감이 없어 상처받길 두려워하는 사람들이 자기 자신을 보호하고자 하는 마음에서 비롯한 심리일 뿐이기 때문이다.

셰익스피어의 4대 비극 중 하나인 〈오셀로〉의 남자 주인공 오셀로는 원로원 의원의 딸이자 자신보다 한참 어린 데스데모나와 사랑에 빠져 부부의 연을 맺는다. 그러나 평소 오셀로를 질투하던 한 부하가 두 사람 사이를 갈라놓기 위해 끊임없이 모함했고, 끝내 이에 넘어간 오셀로는 데스데모나를 의심하기 시작했다. 그녀가 뭘 하든 의심과 추궁을 멈추지 못하는 오셀로에게 데스데모나는 필사적으로 해명했지만, 오셀로는 여전히 아내를 믿지 못했다. 결국 오셀로는 광기 어린 의심에 눈이 멀어 제 손으로 아내의 숨통을 끊고 만다.

중국의 문학가이자 사상가인 루쉰은 말했다.

"의심하는 건 문제가 되지 않는다. 진짜 문제는 늘 의심만 하고 결단을 내리지 않는 것이다."

의심은 우리가 속임수와 함정들을 피해 갈 수 있게 도와준다. 그러나 무슨 일이 생기든 덮어놓고 의심만 하다 보면 자신의 마음이 피곤해짐은 물론이고 다른 사람에게도 상처를 주어 자신의 인간관계를 위기에 빠트릴 수 있다.

의심으로 인한 문제는 연인 사이, 특히 결혼한 부부 사이에서 흔히 나타난다. 두 사람이 연애할 때는 사랑이 전부인 양 모든 신경이 상대에게 집중되지만, 결혼 후에는 두 사람 사이에 일과 가정과 책임이 놓여 의심이 생기기 쉬워진다.

자신이 더는 상대의 세상에서 유일한 존재가 아니라는 생각이 들면 안정감이 사라지고 의심이 꼬리를 물게 되는 것이다. 이렇게 되면 상대가 뭘 하든 의심의 눈초리로 바라보게 되고, 이런 부정적인 감정이 극에 달하면 분노에 이성을 잃고 후회막급할 일을 하기 쉬워진다.

어쩌면 의심은 자기 자신에게 덧씌운 소극적 형태의 보호색일 수도 있다. 그러나 사랑은 손에 쥔 모래와 같아서 힘껏 움켜쥐려 하면 할수록 손 틈새로 더 빨리 빠져나간다는 사실을 잊지 말아야 한다. 움켜쥔 손을 펴고 상대에게 충분한 시간과 믿음을 줄 때 사랑은 아름답게 유지될 수 있다.

사람과 사람 사이의 믿음은 무척이나 귀하기에 과노한 의심으로 이를 무너뜨려서는 안 된다. 의심하는 버릇을 고치려면 먼저 의심이 생기는 이유를 알아야 한다.

그 이유 중 하나는 개인의 생각이 너무 주관적이어서 인간관계 중 폐쇄적인 사고로 상대를 바라보기 때문이다. 그런 까닭에 사소한 일에도 미리 상대를 규정해 상대방에게 나쁜 목적이 있다고 의심하고, 나아가 사실을 왜곡하게 되는 것이다.

한편 또 다른 이유는 건강하지 못한 마음 때문이다. 지나치게 자신의 이익을 중시하다 보니 다른 사람이 뭘 하든 마음을 놓지 못하게 되는 것이다. 상대가 하는 일이 자신과 전혀 상관이 없더라도 상대가 자신의 이익을 해하려 한다고 의심하면서 말이다.

혹은 줄곧 좌절의 그늘 속에 있기 때문일 수도 있다. 예를 들어 다른 사람을 쉽게 믿었다가 크게 속아 엄청난 정신적, 경제적 손실을 입었던 경험을 하게 되면 자라 보고 놀란 가슴 솥뚜껑 보고 놀란다고 타인의 언행에 의심하는 태도를 보이게 되는 것이다.

의심하는 마음을 떨치고 싶다면 이렇게 해보자.

1. 너무 주관적으로 생각하지 않는다

주관적인 억측이 강한 사람은 심리적으로 끊임없이 부정적인 자기암시를 강화하여 시도 때도 없이 타인을 의심하는 곤경에 처한다. 이러한 문제를 해결하려면 상대와 자주 소통해 서로에 대한 이해를 높여보자. 그러다 보면 상대에게 나를 해칠 마음이 없다는 걸 알게 될 것이다.

2. 소문을 쉽게 믿지 않는다

의심이 과한 사람은 풀잎을 스치는 바람에도 마음이 흔들린다. 특히 자신과 관련된 소문은 사실 확인도 하지 않고 바로 믿어버리는 경향이 있다. 그런 다음 자신을 보호하기 위해 다소 과격한 방법을 동원한다. 〈오셀로〉의 남자 주인공이 자기 아내가 불륜을 저질렀다는 소문을 믿고 아내를 의심하다 결국 비극적인 결말을 맞이한 것처럼 말이다. 쉽게 소문을 믿지 말고 스스로 판단을 내려야 이성적으로 문제를 처리할 수 있다.

3. 긍정적인 자기암시를 한다

의심하길 좋아하는 사람은 어떤 문제가 생겼을 때 부정적인 방향으로 생각을 한다. '상대가 내게 불만이 있나?' 하고. 갈수록 이런 의심이 강해진다면 어떻게든 긍정적인 방향으로 생각을 전환할 수 있도록 제때 제동을 걸어줘야 한다. 예를 들면 '내가 오해한 걸 거야' 하는 식의 긍정적 암시로 부정적 암시를 대체하는 것이다. 이렇게 자신을 진정시켜야 일의 진상을 명확히 파악할 수 있다.

의심은 우리를 다른 사람에게 속아 넘어가지 않게 도와준다. 그러나 지나친 의심은 우리의 인간관계를 단절시키는 날카로운 무기가 될 수 있다. 그러니 의심은 덜고 믿음은 더하여 감정이 편안해질 적절한 선을 파악하자.

학습된 무기력에서
벗어난다

오랫동안 절망에 빠지면 의지가 무너져 무기력함과 불안만 남
는데, 미국의 심리학자 마틴 셀리그먼은 이러한 현상을 '학습된
무기력'이라고 정의한다.

1967년 셀리그먼은 개를 대상으로 유명한 실험을 진행한다. 그는
먼저 개를 우리 안에 가두고 그 옆에 버저를 두어 버저가 울리기
만 하면 개에게 전기 충격이 가해지도록 했다.

우리 안에 갇혀 있는 터라 전기 충격이 가해져도 달아날 수 없었
던 개는 전기 충격의 고통을 오롯이 견뎌낼 수밖에 없었다. 이렇
게 수차례 실험을 진행한 결과 개들에게 공통적인 현상이 발견되
었다. 바로 버저가 울리기만 하면 전기 충격을 가하기 전임에도
구석에 웅크리고 앉아 몸을 떨며 신음하는 것이었다. 심지어 이
들은 우리의 문을 열어두어도 달아나지 못하고 그 자리에서 얼어
붙었다.

이 실험을 통해 '학습된 무기력'의 존재를 증명한 셀리그먼은 사람에게도 이 같은 현상이 나타나는지 시험해보기로 했다. 그렇게 1975년 셀리그먼은 사람을 대상으로 새로운 실험을 진행했는데, 실험의 구체적 내용은 다음과 같았다.

셀리그먼은 대학생들을 모집해 이들을 세 그룹으로 나누었다. 이 중 첫 번째 그룹의 학생들에게는 소음을 들려주되 어떻게 해도 소음을 멈출 수 없도록 했다. 한편 두 번째 그룹의 학생들에게는 첫 번째 그룹과 마찬가지로 소음을 들려주되 자신의 노력으로 소음을 제어할 수 있도록 했다. 그리고 세 번째 그룹은 대조군으로, 소음을 전혀 들려주지 않았다.

이렇게 일정 기간 피실험자들을 각자의 조건에 노출시킨 후, 셀리그먼은 일명 '손가락 왕복 상자'라는 실험 장치를 활용해 또 다른 실험을 진행했다. 피실험자가 왕복 상자의 한쪽에 손가락을 대면 강렬한 소음이 들리고, 다른 한쪽에 손가락을 대면 소음이 들리지 않았다.

그런데 이 실험 결과 학생들에게도 '학습된 무기력'이 관찰되었다. 기존 실험에서 자신의 노력으로 소음을 멈출 수 있었던 피실험자들과 소음을 듣지 않은 대조군의 학생들은 '왕복 상자' 실험 중 손가락을 다른 쪽으로 옮겨 소음을 멈추는 모습을 보였다.

그러나 기존 실험에서 아무리 노력해도 소음에서 벗어날 수 없었던 첫 번째 그룹의 학생들은 소음이 들리는 쪽에서 손가락을 떼지 못한 채 귀를 찌르는 소음을 그저 견뎌냈다.

학습된 무기력이란 일상생활에서 실패와 좌절을 여러 차례 반복한 후 다시 문제 상황에 직면했을 때 생기는 무기력한 마음과 행동을 말한다.

인간에게는 객관적 환경과 주체 요소를 분석하고, 자기 행동에 따른 결과의 원인을 찾는 주체적 능동성이 있다. 통제 가능한 부정적 사건이나 실패의 결과를 자신의 지능이나 능력 탓으로 돌릴 때 우리의 몸에서는 무력감과 우울감이 퍼지기 시작한다. 이러한 상태가 끊임없이 누적되면 자기 자신을 저평가하게 되어 완전한 절망감에 빠지기 쉽다. 무슨 일을 하든 동력이 생기지 않는 무기력함을 느끼게 되는 것이다.

사실 학습된 무기력은 우리를 더 깊은 절망 속으로 이끌어 이성적인 판단력에 영향을 준다. 예를 들면 어떤 일에 실패한 후 자신은 그 일을 해낼 능력이 없다고 생각하게 되어 비관적인 인지 모델이 형성되는 식이다. 조금 더 노력하면 성공할 수도 있는데 실패의 경험 때문에 노력을 포기하는 것이다.

학습된 무기력은 우리의 성장에 상당한 악영향을 끼친다. 학습된 무기력의 본질은 장기간 축적된 부정적인 인생 경험이 삶에 대한 자신감을, 성공을 향한 구동력을 잃게 만드는 것이기 때문이다.

학습된 무기력에 대한 올바른 인식은 '절망'이라는 부정적인 감정에서 벗어나도록 도와준다. 학습된 무기력을 극복하는 데는 좌절을 대하는 변증법적 자세로 자신감과 긍정적인 마음을 유지하는 것이 가장 중요하다.

파일럿 로스는 한 번의 비행 사고로 전신의 65% 이상에 화상을 입는 중상을 당했다. 수술 후 로스는 스스로 포크를 들 수도, 혼자 화장실에 갈 수도 없었다. 그러나 이 같은 좌절에도 로스는 절망하지 않았다.

마지막 수술을 마친 후 로스는 적극적으로 재활 훈련에 임해 6개월 후 다시 비행기를 운전할 수 있을 정도로 몸을 회복했다. 이후 로스는 생계를 위해 두 명의 친구와 함께 화목난로를 생산하는 회사를 차려 엄청난 성공을 거두었다.

그러나 사업가로서 성공 가도를 달리던 그에게 또 한 번의 시련이 찾아왔다. 다시 비행기를 몰다가 사고가 난 것이었다. 이 사고로 그는 분쇄성 척추골절이라는 중상을 입어 하반신이 마비되는 영구 장애를 갖게 되었다. 이 사고는 로스를 절망으로 몰아갔다. 그는 생각했다.

'왜 내게만 이렇게 재수 없는 일들이 생기는 걸까?'

하지만 그래도 그는 꿋꿋이 좌절을 이겨냈다. 퇴원 후 그는 이렇게 말했다.

"다시 인생이라는 배의 키를 잡은 느낌이야. 지금의 상황을 후퇴로 볼지, 새로운 출발점으로 볼지는 온전히 내 선택에 달려 있겠지."

사람들은 처음으로 좌절이 닥치면 불안한 마음을 달래가며 어떻게든 이를 극복하기 위해 노력한다. 그러나 자신이 뭘 해도 실패하는 상황이 이어진다거나 나쁜 일이 연달아 일어나게 되면 어느새 이에 익숙해져 포기하기 시작한다.

학습된 무기력은 무거운 껍데기와 같아서 잠시나마 실패의 맛을 느끼지 못하게 만들 수는 있지만, 절망에 무감각해질 때까지 그 껍데기 안을 벗어나지 못하게 만들기도 한다.

절망에 빠진 사람은 자신의 감정을 제어하기 어려워 이성적으로 문제를 대하지 못한다. 자신의 상황을 더욱 악화시킬 뿐이다. 그러니 절망의 껍데기를 벗어던지고 학습된 무기력에서 벗어나 앞으로 다가올 도전을 맞이하자.

비뚤어진 질투심을
건강한 질투심으로 바꾼다

　질투는 아주 흔한 부정적 감정 중 하나이다. 어떤 이는 자신보다 나은 실적을 낸 동료를 질투하며 부정한 수단을 쓴 게 분명하다고 속으로 욕을 하기도 하고, 자신보다 예쁜 친구를 칭찬하는 사람들의 말에 눈이 삐었다며 속으로 분통을 터뜨리기도 한다. 오늘따라 유난히 예쁘게 꾸미고 나온 친구를 탓하면서 말이다.

　흔히 질투는 불안과 분노가 뒤섞인 감정일 때가 많다. 타인의 재능, 명예, 지위 또는 상황이 자신보다 나아서 생기는 불안과 자신의 것이어야 마땅하다고 생각하는 무언가를 다른 사람에게 빼앗겼다는 분노가 질투를 유발하는 것이다. 이러한 질투는 생각보다 상당한 파급력을 가져 내적으로나 외적으로나 공격력을 상승시킨다. 예컨대 내적으로는 끊임없이 자기를 부정하게 되고, 외적으로는 질투로 인해 타인을 미워하며 타인에게 상처를 주는 행동을 서슴지 않게 되기도 한다.

　관련 연구 결과에 따르면 질투심이 강한 사람일수록 마음이 비

뚫어져 행복한 삶을 살지 못한다고 한다. 누군가를 지독하게 질투하고 나면 일종의 무력감이 생기기 때문인데, 이는 긍정적 에너지가 감소하고 부정적 에너지가 증가했음을 나타내는 반응이기도 하다.

그러나 질투가 꼭 나쁜 것만은 아니다. 과도한 질투는 우리를 파멸의 길로 인도하지만, 적당한 질투는 우리를 성장시킨다.

"A씨, 이번 달에 B씨가 또 실적 1위래. 예쁜 사람은 역시 다르다니까."

고객들의 자료를 정리 중인 A에게 옆자리에 앉은 동료가 말하며 앞자리의 B를 슬쩍 흘겨보았다. A는 동료의 눈빛에서 깊은 질투심을 보았다. B는 확실히 예쁘장한 외모에 일도 열심히 하는 직원이었다.

한번은 A가 회사에 놓고 온 물건을 가지러 퇴근 후 다시 사무실에 돌아간 적이 있었다. 그때 이미 밤 9시가 넘은 시간이었는데 B는 그때까지도 회사에서 야근 중이었다. 그녀는 모든 고객의 자료를 정리한 파일을 들고 고객의 취미에서부터 배경, 수요 등을 줄줄이 외우고 있었다.

다른 동료들이 회사에서 고객을 만나고 전화로 통화를 할 때도 B는 자료를 들고 직접 고객을 찾아다녔다. 이에 동료들은 그녀가 예쁜 얼굴을 무기 삼아 실적을 올린다고 생각했다. 그녀의 숨은 노력은 알지 못한 채 말이다.

그러나 동료들이 B에 대해 험담할 때마다 A는 웃으며 고개를 저을 뿐 아무런 대꾸도 하지 않았다. A 또한 B의 실적이 부럽고 질투가 나기도 했다. 하지만 A에게 이러한 감정은 자신의 부족함을 깨닫는 계기가 되었을 뿐이었다. A는 B를 본받아 자신의 실적을 높이기 위해 더욱 노력했다.

중국의 저명한 철학자이자 에세이스트인 저우궈핑은 말했다. "질투는 인간의 본성이며, 질투로 인해 추태를 부리거나 설욕하려 하지 않음은 교양이다. 우리가 인간의 본성을 억누를 수야 없겠지만 교양 있는 사람이 될 수는 있지 않은가!"

질투에 눈이 멀어 남을 헐뜯어봤자 자신만 옹졸해 보일 뿐이다. 우리가 좋은 마음과 시선으로 질투를 이해하고 인식해서 질투의 긍정적인 의미를 깨닫는다면 질투는 우리의 성장을 도울 것이다.

나보다 잘난 사람을 보면 은연중에 상대와 나를 비교해 질투를 느끼게 된다. 이때 그저 질투와 불평만 하는 '소인'이 되지 않으려면 질투가 몸집을 불리도록 놔두지 말고, 질투를 '오기'로 만들어야 한다.

우리는 누군가를 질투하게 되었을 때 '네가 뭔데 나보다 잘난 거야?' 하는 생각을 가지게 된다. 그리하여 세상의 불공평함과 자신의 불행을 원망하기 시작하는 것이다. 그런데 사실 생각은 얼마든지 바꿔볼 수 있다. '지금은 네가 나보다 낫지만, 난 내 노력으로 너를 뛰어넘을 수 있을 거라고 믿어'라고 생각하자.

단순한 질투를 뛰어넘어 이런 '오기'를 갖게 되면 상대가 나보다 잘날 수 있었던 이유를 진지하게 분석할 수 있다. 그리고 이 과정에서 자신의 부족함을 인지해 상대에게 본받을 점은 취하고, 자신의 부족함은 보충하며 성장의 동력을 얻을 수 있다. 이렇게 되면 자신이 질투하던 대상과 같아질 수 있음은 물론 그보다 더 뛰어난 사람이 될 수도 있다.

덮어놓고 하는 질투는 자신의 마음을 왜곡시킬 뿐만 아니라 은연중에 자신을 약자라고 생각하게 만들어 사실을 받아들이지 못한 채 열등감에 시달리게 만든다. 결국 부정적인 감정에 빠져 서서히 기가 죽고 분노가 차오르게 되는 것이다.

그러나 자주 질투를 느낀다고 해서 두려워할 필요는 없다. 비뚤어진 질투를 건강한 질투로 바꾸면 질투심이 긍정적 에너지를 불어넣고, 나아가 타인의 호의를 이끌어 인간관계까지 개선해준다는 사실을 깨닫게 될 테니 말이다.

그렇다면 우리는 어떻게 질투심을 이해하고 또 이를 건강하게 활용할 수 있을까?

1. 심성을 수련하는 마음으로 질투심을 대한다

누군가에 대한 질투심이 생기면 사람들은 보통 주관적인 생각으로 타인의 언행을 해석해 받아들인다. 상대가 무심코 한 행동도 자신에 대한 도발로 여기는 것이다. 한편 어떤 이는 남을 질투하면서도 한사코 자신은 질투하지 않는다고 말하기도 한다. 이는 일종의 감정 회피이자 모순적인 심리로 우리를 어김없이 부정적인 감정에 휩싸이게 만든다. 그러니 질투심을 대할 때도 평정심을 유지해야 한다. 그렇게 자꾸 질투심을 이겨내다 보면 자신의 감정이 갈수록 안정을 찾아가는 걸 느낄 수 있을 것이다.

2. 질투심을 채찍 삼아 성장의 원동력으로 삼는다

나보다 잘난 사람을 보면 질투가 나는 게 정상이다. 그러나 이 감정에 사로잡혀 자기의 일과 생활이 휘둘려서는 안 된다. 자신의 질투심을 이성적으로 바라보고, '저 사람은 뭔데 잘났을까?'가 아니라 '저 사람은 왜 저렇게 뛰어날까?'에 주목할 줄 알아야 한다. 그러니 냉철한 두뇌와 편안한 마음을 유지하자. 질투의 긍정적인 의미를 직시해 질투하는 과정에서 끊임없이 자신의 능력을 끌어 올리면 부정적인 감정에서 벗어날 수 있을 것이다.

3. 질투를 자기 자신에 대한 경고음이라고 생각한다

사람은 같은 환경에 장기간 머물다 보면 그 환경에 익숙해져 자신이 매우 아름답고 순조로운 삶을 살고 있다고 받아들이게 된다. 이럴 때 질투는 잔잔한 호수에 던져진 돌멩이처럼 마음에 파동을 만들어 자신의 부족함을 깨닫고 앞으로 나아갈 수 있는 추진력이 된다.

그러니 질투의 감정을 느꼈다고 자책할 필요는 없다. 그저 변화가 필요하다는 내 마음의 경고음이라 받아들이고 이를 긍정적인 에너지로 전환하기 위해 적극적으로 노력하면 된다. 질투를 연소 촉진제 삼아 끊임없이 잠재력을 발굴함으로써 더 나은 내가 될 수 있도록 말이다.

일상생활에서나 사회생활에서나 불쑥불쑥 찾아오는 질투심을 재앙처럼 여길 필요는 없다. 질투의 싹이 나면 '내 마음에 문제가 생겼구나'라고 생각하자. 사람에겐 누구나 더 나은 삶을 추구할 권리가 있으며, 적당한 질투심은 우리의 정서 안정과 성장에 도움을 준다. 다만 이 과정에서 비뚤어진 질투심을 건강한 질투심으로 바꿀 줄 알아야 한다. 이것이 관건이다.

피해자 역할에서 벗어나
자기 행복에 책임을 진다

'피해의식'이란 자신을 피해자의 위치에 놓고 자신이 늘 불공평한 대우를 받는다고 생각하는 감정이나 견해를 말한다. 자신의 행복과 즐거움을 전부 타인에게 맡기고 이를 어쩔 수 없는 상황이라고 받아들이는 것이다.

장기간 이런 피해의식에 빠져 있다 보면 마치 온 세상이 자신을 적대시하며, 하는 일마다 제동을 걸고, 자신에게 해를 끼치려는 것 같다며 자기연민에 빠지기 쉽다.

피해의식은 자신을 괴롭게 하는 일의 책임을 전부 타인에게 전가하려는 불건전한 자기방어 기제 또는 자기 도피형 적응 기제라고 할 수 있다. 물론 이런 방법을 사용하면 잠시나마 타인의 동정과 위로, 그리고 보살핌을 얻을 수 있을지도 모른다. 그러나 늘 이런 식이라면 부정적인 감정에 빠져 의기소침해지게 된다. 어떤 문제가 발생해도 해결 방법을 찾지 못하고 남 탓만 하게 되는 것이다.

자신의 행복을 남에게 맡기는 것은 어리석은 행동임에 틀림이 없다. '자신의 운명을 장악하라'라는 말은 괜히 나온 게 아니다. 행복한 미래를 맞이하고자 한다면 자기 자신부터 시작해 긍정적인 태도로 인생을 마주해야 한다.

"이 기획안은 못 쓰겠는데."

팀장이 손에 들고 있던 서류를 내던지자, P는 말했다.

"알겠습니다. 수정해서 다시 올리겠습니다."

팀장이 씩씩거리며 나가자, 옆자리의 동료가 그에게 불평을 늘어놓았다.

"팀장, 너무 짜증 나지 않아요? 맨날 글자까지 하나하나 따져대고. 아마 아무리 좋은 기획안을 내도 꼬투리를 잡을걸요. 우린 쥐꼬리만 한 월급 받으며 매일 죽을 둥 살 둥 일하는데, 자기는 사무실에서 편안하게 있으면서 이래라저래라…….."

"제가 제 할 일을 잘못해서 그런 건데요, 뭐."

"정말 성격도 좋다. 어떻게 매사 그렇게 긍정적이에요? 정말 부럽다. 나한테도 비결 좀 전수해줘요."

"사실 별거 없어요. 화나는 일이 생길 때마다 내 잘못이 있으면 인정하고, 아니면 다른 사람의 잘못에 화를 내며 자신을 괴롭힐 필요가 없다고 생각할 뿐이죠. 어쨌거나 내가 즐겁고 행복한 게 가장 중요하니까요. 그러다 보면 골치 아팠던 일들도 별것 아닌 일이 되더라고요."

사람들은 즐거운 인생을 살기가 쉽지 않다고 말한다. 그러나 사람들이 이렇게 생각하는 이유는 사실 그들이 자신의 감정을 타인에게 맡기려 하기 때문이다. 예를 들어 자기의 뜻을 이루지 못해 침울한 이유를 사람 볼 줄 모르는 상사의 탓으로 돌리고, 결혼생활이 행복하지 않은 이유를 배려가 부족한 배우자 때문이라고 생각하며, 자신의 이야기에 귀를 기울여주지 않는 친구들 때문에 고민이라고 울적함을 느끼는가 하면, 버스가 나를 기다려주지 않고 떠나는 바람에 회사에 지각했다고 화를 내면서 말이다. 이런 식으로는 확실히 행복해지기가 쉽지 않다. 타인의 의지는 나를 위해 변하지 않기 때문이다.

피해의식에서 벗어나 내 감정의 진짜 주인이 되려면 자신의 마음가짐부터 바로잡아 스스로 피해자를 자처하지 않도록 해야 한다.

사람은 모두 독립된 개체로, 사사건건 나와 맞서기 위해 혹은 나를 모함하기 위해 온갖 궁리를 할 사람은 없다. 마찬가지로 나의 행복을 대신 책임져주거나 나에게 무조건 양보하고 맞춰줄 사람도 없다. 사람들이 책임질 수 있는 인생은 각자의 인생뿐이다. 이점을 인지하고 나면 사소한 일에 온 세상이 내게 미안해할 일을 하고 있다는 생각은 하지 않게 될 것이다.

아무리 친밀한 관계라도 서로 간의 공간은 남겨둬야 한다. 자신을 피해자의 위치에 두면 상대의 단점만 눈에 들어올 뿐, 장점을 발견할 수 없다.

사람들은 피해의식으로 행복을 얻으려 하지만 이는 터무니없는 생각이다. 피해의식은 부정적인 마음가짐으로 인생의 모든 사건을 바라보게 할 뿐이다. 이렇게 되면 어려움이 닥쳤을 때도 '이건 내 책임이 아니야. 내겐 이 문제를 해결할 능력이 없어' 하는 생각이 가장 먼저 들 것이다.

시도조차 하지 않고 지레 포기하고, 타인에게 희망을 걸며 자신을 수동적인 상황에 빠트리는 것. 이는 피해자들에게 흔히 나타나는 행동 패턴이다. 이들은 다른 사람이 자신의 요구를 들어주지 못하는 상황이 되면 실망감과 분노와 불안을 느낀다.

우리는 흔히 "스스로 행복을 쟁취해야 한다"라고 말한다. 어떤 문제에 직면했을 때 주도적인 위치에서 적극적으로 해결 방법을 찾아야 한다. 그래야 무슨 문제가 생겨도 태연자약하게 문제를 해결할 수 있다.

피해의식에서 벗어나 긍정적인 태도로 삶은 마주하자. 내 감정의 주인이 되면 세상의 아름다움을 더 많이 발견할 수 있을 것이다. 더는 다른 사람의 잘못에 화를 내지 않고 길가에 핀 예쁜 들꽃이나 나를 돕는 타인의 작은 손길에도 행복을 느낄 때, 우리의 마음에도 평화가 찾아올 것이다.

감정관리의
ABC 이론을 안다

　사람들로 붐비는 출근길 지하철 안에서 누군가가 내 발을 밟았지만, 그 사람은 사과 한마디 없이 아무렇지 않다는 듯 가버렸다. 장장 보름에 걸쳐 완성한 이벤트 기획안은 이유 없이 대표에게 퇴짜를 맞았다. 퇴근 후 집으로 돌아와 편히 쉬려는데, 느닷없이 걸려 온 상사의 전화 한 통에 추가 근무가 시작되었다. 안부차 부모님께 전화를 걸었다가 "휴가 때 왜 집에 오지 않았느냐? 대체 결혼은 언제 할 거냐?" 하는 잔소리만 잔뜩 들었다.

　우리는 살면서 이런 일들을 자주 겪는다. 게다가 이런 일들은 보통 우리의 감정을 폭발시킨다. 아주 자연스럽게 분노와 실망, 짜증 등의 부정적인 감정에 휩싸이고 심지어 내가 시운을 잘못 타고나 모든 이가 나를 못 잡아먹어 안달이라는 생각을 하기도 한다.

　이렇게 불쾌한 일들이 연달아 일어났을 때 당신은 어떤 반응을 보이는가? 어떤 이는 마음 가는 대로 감정을 발산할 테고, 또 어떤 이는 자기 원망에 빠지기도 할 것이다. 그러나 한 가지 분명한 사실은 부정적인 감정이 우리의 정상적인 생활을 방해할 것이며, 이를 그대로 방치했다가는 미래에 대한 불신을 키우게 될 수 있다는 것이다.

그런 의미에서 감정관리법을 배우는 일은 무척이나 중요하다. 미국의 심리학자 앨버트 엘리스가 제시한 'ABC 이론'은 매우 효과적인 감정관리 방법이다. 'ABC 이론'에 대해 엘리스는 이렇게 설명한다. 촉발 사건 A(Activating Event)는 감정과 행동 결과 C(Consequence)를 유발하는 간접적 원인일 뿐, C를 유발하는 직접적 원인은 촉발 사건 A에 대한 개인의 인지와 평가에서 비롯된 신념 B(Belief)라고 말이다. 즉, 인간의 부정적인 감정과 행동장애라는 결과(C)는 어느 특정 사건(A)이 아니라 해당 사건을 겪은 개인이 그에 대해 잘못 인식하고 평가한 데서 오는 잘못된 믿음에 의한 것이라는 뜻이다.

쉽게 말해서 부정적인 감정을 느끼게끔 하는 일이 생겼을 때, 그 일 자체가 나쁜 일이어서가 아니라 그 일에 대한 잘못된 인식이 잘못된 신념을 만든다는 것이다. 그러므로 자신의 감정을 조절하기 위해서는 자신이 왜 그 일에 대해 잘못 인지하게 되었는지 이유를 찾아야지, 사건 자체에 시간을 낭비해서는 안 된다.

예를 들어 똑같이 어떤 일을 했는데, 누구는 성공하고 누구는 실패했다고 가정해보자. ABC 이론에 따르면 이 경우 실패의 원인은 일 자체가 아니라 개인의 이해 부족 또는 노력의 방향이 잘못되었기 때문일 수 있다. 그런데 일이 왜 이렇게 어렵냐며 덮어놓고 원망만 해서는 부정적인 감정에 빠져 자신이 뭘 잘못했는지 이성적으로 판단하기 어려워진다.

감정 조절 방법을 배우는 일은 개인의 성장에도 매우 중요하다. 엘리스는 "우리의 비합리적인 신념이 우리를 감정적 고민에 빠트리는데, 이런 비합리적인 신념이 굳어지면 정서장애를 유발할 수 있다"라고 말했다.

직장생활을 시작한 지도 벌써 5년이 된 T. 그는 한결같이 부지런하고 성실한 업무 태도로 상사가 인정하는 좋은 직원이다. 최근 그의 부서 팀장이 사직해서 직원 중 한 명이 승진할 기회가 생겼는데, 그는 자신이야말로 팀장이 될 둘도 없는 적임자라고 생각했다.

그러나 승진 발표 결과는 그의 기대와는 전혀 달랐다. 자신보다 경험도 부족한 데다 평소 능력이 달린다고 생각했던 동료가 진급하게 된 것이었다. 이 같은 결과를 받아들일 수 없었던 그는 분한 마음에 대표를 찾아가 따졌지만, 결과를 바꿀 수는 없었다. 이후 그는 회사의 불공정한 대우에 불만을 품게 되었다. 그러다 보니 업무를 처리할 때도 예전의 적극적인 모

습은 사라지고 무성의한 태도를 보이게 되었다. 이뿐만이 아니었다. 그는 삶의 의미도 잃어가는 느낌이었다.

어느 날, 그는 친구를 만나 그간의 일을 털어놓으며 회사의 부당한 인사에 분통을 터뜨렸다. 그의 말을 가만히 듣고는 친구가 웃으며 말했다.

"네게는 잘된 일 같은데?"

"뭐라고? 그게 어떻게 잘된 일이야? 그 일 때문에 이 망할 회사에서 일할 의욕도 사라졌는데."

"네가 팀장 승진을 못 한 일만 놓고 보면 확실히 좋은 일이라고는 할 수 없지. 하지만 그 일 덕분에 그 회사에선 네가 더는 성장할 수 없다는 사실을 알았잖아. 더 늦기 전에 큰 회사로 이직해야 할 때라는 걸 알았으니 얼마나 잘된 일이야?"

'ABC 이론'에 따라 살펴보면 T가 승진 조건에 부합함에도 승진에서 미끄러지고, 다른 동료가 팀장이 된 사실이 촉발 사건 A에 해당한다. 한편 '이것이 불공평한 처사다'라는 그의 생각은 신념 B라고 할 수 있다. 그리고 이에 대해 그가 느낀 분노와 실망 그리고 의욕 상실은 결과 C이다.

일반적으로 사건 A는 바꿀 수 없으며, 각기 다른 생각 B에 따라 다른 느낌 C를 갖게 된다. 우리의 감정은 대부분 우리의 생각에 따라 좌지우지된다. 사건을 바꿀 수 없는 상황에서 부정적인 생각을 긍정적인 생각으로 바꾸면 결국 긍정적인 결과를 만들 수 있다는 뜻이다.

'ABC 이론'에 따르면 어떤 일이 발생했을 때 긍정적인 방향으로 생각하려 노력하고 긍정적인 태도로 문제를 바라보면 결국 긍정적인 결과를 얻을 수 있다는 결론을 도출할 수 있다.

그러니 부정적인 사건과 맞닥뜨렸을 때는 'ABC 이론'을 떠올리며 긍정적인 쪽으로 생각하도록 노력해보자. 그러면 감정관리에 큰 도움을 받을 수 있을 것이다.

CHAPTER 6

감정과 스트레스의 관계를 올바로 이해하라

스트레스는 정말로 해로울까?

　사람들은 스트레스를 받는 상황에서 감정적으로 쉽게 무너지는 경향이 있다. 어떤 이는 대성통곡하기도 하고, 어떤 이는 고함을 지르기도 하며, 또 어떤 이는 예상 밖의 돌발행동을 하기도 한다. 사람들에게 스트레스는 그야말로 무시무시한 존재다. 스트레스를 견디지 못해 마음이 무너지고, 심지어 우울증에 걸리는 사람도 있기 때문이다.

　미국에서 스트레스에 대한 조사를 진행한 적이 있다. 당시 연구원들은 3만 명의 성인을 대상으로 "스트레스가 건강에 해롭다고 생각하십니까?"라는 질문을 던졌고, 그 결과에 대한 통계를 내던 중 심상치 않은 현상을 발견했다. 스트레스가 많은 편이라고 답한 사람들이 오히려 스트레스가 건강에 별다른 영향을 주지 않는다고 생각했으며, 실제 사망률도 스트레스가 적다고 답한 사람보다 낮은 것으로 나타난 것이었다.

컬럼비아대학교의 심리학자 엘리아 크럼이 이런 실험을 한 적이 있다. 그녀는 먼저 7개의 5성급 호텔 종사자 중 지원자를 모집했다. 지원 자격은 평소 객실 청소일을 하며 달리 다른 운동을 하지 않는 사람들이었다. 크럼은 이 중 4개 호텔의 직원을 피실험군 A로, 나머지 3개 호텔의 직원을 대조군 B로 나누었다.

그런 다음 A그룹에는 청소, 침대 시트 정리, 여행 가방 운반 등과 같은 일상적 노동을 칼로리로 환산해 구체적으로 얼마만큼의 운동 효과가 있는지를 설명했다. 그들이 노동으로 소모한 칼로리가 미 보건부가 권장하는 일일 운동량을 초과해 건강에 매우 유익하다는 말과 함께 말이다. 한편 B그룹에는 운동이 건강에 도움이 된다는 사실만 알리고, 그들의 노동이 운동과 맞먹는다는 말은 하지 않았다.

이렇게 한 달간 두 그룹을 관찰한 결과 A그룹은 체중과 체지방량이 감소하고 혈압이 낮아진 것으로 나타났다. 심지어 그들은 자기의 일을 더욱 사랑하게 되었다. 반면 B그룹은 아무런 변화가 없었다.

사실 우리가 스트레스를 느낄 때 우리의 대뇌는 몸에 신호를 보내 그에 상응하는 반응을 일으키게 만든다. 그러나 진짜로 우리의 건강을 해치는 건 스트레스 자체가 아니라 스트레스가 나에게 해로울 거라는 생각이다. 이러한 생각은 부정적인 감정을 불러일으키는데, 대개 부정적인 감정은 피하려 하면 힐수록 강렬해지는 경향이 있다. 결국 좌절을 겪으면 어떻게 문제를 해결할까가 아닌, 스트레스에 무너질까 봐 두려운 마음이 앞서게 되는 것이다.

그러나 우리는 스트레스 자체가 아니라 발생 가능한 모든 나쁜 결과에 대한 상상에 무너진다. 예를 들면 이런 식이다. 매우 중요한 시험을 앞둔 수험생이 시험을 망친다면 그의 인생이 안 좋은 방향으로 변할지도 모를 일이다. 그런 까닭에 그는 시험을 준비할 때도 늘 긴장 상태를 유지한다. 만에 하나 시험을 못 보면 어떻게 하나 끊임없이 스스로 압박을 가하면서 말이다. 그러나 이는 그의 몸 상태를 악화시킬 뿐이고, 결국 그는 스트레스에 시달리다가 정작 시험을 망치고 만다.

심리학자들은 이렇게 스트레스를 피하려다 더 많은 스트레스가 생기는 현상을 '스트레스의 재생산'이라고 부른다. 무턱대고 스트레스를 두려워하고 회피하는 행동은 오히려 스트레스를 축적해 우리의 숨통을 쥔다.

사실 스트레스는 두려워할 만한 것이 아니다. 우리가 올바르게만 인지한다면 오히려 우리의 잠재력을 불러일으키는 데 도움을 줄 때가 많다.

어떤 이는 스트레스에 다양한 부정적 감정을 느끼며 결국 포기를 선택하지만, 어떤 이는 왠지 모르게 행동할 에너지와 용기를 얻어 중요한 순간 초인과도 같은 힘을 발휘해 난관과 좌절을 이겨낸다.

스트레스 때문에 감정을 제어하지 못하는 지경에 이를 필요는 전혀 없다. 어떻게 보면 스트레스는 우리의 잠재력을 발굴해 우리를 더욱 강하게 만드는 요소라고 이해할 수 있다.

스트레스를 올바르게 이해하면 스트레스가 없을 때보다 더 맑아진 정신으로 더 높은 집중력을 발휘하는 자신을 발견할 수 있을 것이다. 경각심을 높이기 위해 교감신경계통이 온몸에 에너지를 집중할 수 있도록 도와줄 테고, 이러한 에너지는 다시 우리에게 비범한 능력을 가져다주어 우리가 온갖 꿈을 실현하는 데 도움을 줄 테니 말이다.

언젠가 인터넷상에 이런 기사가 올라온 적이 있었다. 한 어머니가 아이를 데리고 길을 가다 잠시 한눈을 판 사이 아이의 손을 놓치고 말았다. 바로 그때 앞에서 차량이 달려와 자칫 아이가 차에 치일 상황이 벌어졌고, 순간 아이의 어머니는 잠재력을 폭발시키며 순식간에 아이에게 달려가 아이를 구해냈다.

사람들은 스트레스를 받는 상황에서 더 성공할 확률이 높아진다는 연구 결과도 있다. 스트레스가 없으면 사람들은 긴장이 풀어져 삶의 열정을 잃고 어영부영 시간을 보내는 경향이 있다.

편안한 삶을 추구하기 위해 무조건 스트레스를 피하며 각종 도전과 책임을 남에게 전가하고 있다면 겉으로 보기엔 압박 없이 매일 편안하고 즐거운 삶을 사는 것 같아도, 멀리 보면 앞길을 망치는 길이 아닐 수 없다. 우리의 능력은 스트레스의 세례 없이는 강화되기 어렵기 때문이다. 스트레스가 없다면 우리는 잠재력을 발휘할 가능성과 더 단단한 내가 될 기회를 잃는 것이나 마찬가지다.

그러므로 스트레스가 우리의 건강에 해롭기만 하다고는 할 수 없다. 스트레스는 우리의 삶에 없어서는 안 될 일부분이다. 물론 과도한 스트레스는 부정적인 감정을 불러일으킬 수 있다. 그러나 행여 그렇다 하더라도 스트레스가 생기는 일을 두려워하거나 이를 회피하고 포기할 필요는 없다. 스트레스로 부정적인 감정이 생겼을 때 우리가 가장 먼저 해야 할 일은 올바른 방법으로 긴장을 풀어 잔뜩 곤두서 있는 신경을 풀어주면서 별일 아니라고, 이 또한 다 지나가리라고 말해주는 것이다.

모든 괴로움은
내 무능함에 대한 분노다

　사람들은 이렇게 사나 저렇게 사나 삶이 녹록지 않아 괴롭다고 불평하며, 이를 이유로 화를 내고 실망감을 느끼는 등 부정적인 감정에 휩싸인다. 그런데 사실 이는 비관적이고 자신 없는 마음가짐이 빚어내는 감정이다. 긍정적이고 낙천적인 사람은 삶의 아름다운 부분을 바라보며, 자신에게 부족한 것이 아니라 자신이 이미 가지고 있는 것에 집중한다.

　우리의 희망이나 바람이 이루어질 때 사람들은 기쁨을 느낀다. 그러나 가지고 있던 기대가 무너질 때 생기는 심리적 괴리감은 현재 상태에 대한 불만을 품게 만든다. 특히 남들의 행복한 모습을 볼 때 서로 간에 존재하는 차이는 우리를 실망감에 휩싸이게 하고 나아가 끊임없이 자기를 부정하게 만든다.

　사실 생활 속의 괴로움은 자기 행동에 대한 불만의 표현일 때가 많다. 중국의 작가 왕샤오보는 말했다.

　"인간의 모든 괴로움의 본질은 자신의 무능함에 대한 분노이다."

어떤 일에 대해 할 수 있는 일이 없으니 온갖 부정적인 감정으로 자신의 '무능함'을 털어버리거나 그 본질을 흐리려 드는 것이다.

영화 〈말레나〉의 주인공 말레나는 매우 아름다운 외모를 지닌 여성이다. 그녀의 아름다움에 남성들은 그녀를 눈요기로 여기고, 여성들은 그녀를 질투한다.

영화 속에 등장하는 여인들은 말레나의 아름다움을 질투한 나머지 전쟁 기간 끊임없이 그녀에 대한 소문과 비방을 퍼뜨리고, 심지어 간접적인 파괴 행위를 통해 말레나를 헐뜯기도 한다.

이후 말레나가 자포자기의 심정으로 헤어스타일을 바꾸고 섹시한 옷차림을 한 채 나타나자, 마을의 여인들은 말레나를 더욱 눈엣가시처럼 여긴다. 이들은 급기야 아름다운 것을 짓밟고자 하는 억눌린 욕망을 말레나에게 발산한다. 자신들의 '정결'을 돋보이고자 말레나를 '창녀'라고 비방하기까지 한다.

그러나 마을의 여인들은 행복하지 않았다. 말레나를 헐뜯으며 순간의 쾌감은 얻을 수 있었지만, 그녀들의 행동은 자신들이 말레나보다 못하다고 생각하고 있음을 드러내는 꼴이었기 때문이다. 결국 그녀들은 말레나에 대한 열등감에 수단과 방법을 가리지 않고 말레나를 깎아내리려 했고, 질투에 눈먼 나날을 보내며 타인은 물론 자기 자신들까지도 고통 속으로 몰아넣었다.

사람들은 삶에 괴로움을 느낄 때 자기 자신에게서 이유를 찾지 않는다. 특히 어떤 일에 실패했을 때 자신을 위한 핑계를 찾거나 실패의 원인을 다른 사람에게 돌리려 한다. 예컨대 자신이 맡은 프로젝트가 부단한 노력에도 실패로 끝이 났을 때, 사람들은 자신을 향해 날아드는 상사의 질책에 자신의 실수를 반성하기보다 온갖 변명을 늘어놓기 바쁘다. 동료가 열심히 도와주지 않았다는 둥, 자료가 충분하지 않았다는 둥, 클라이언트의 요구사항이 너무 많았다는 둥…….

아기는 자신이 어쩌지 못하는 상황에 대해 울음으로 자신의 불만과 분노를 표현한다. 분노는 인간이 가진 원시적인 감정인 셈이다. 나이를 먹고 성장하면서 사람들은 분노의 부정적인 영향을 깨닫고 자신의 감정을 조절하기 시작한다. 그러나 실패의 경험이 쌓여 감정이 극에 달하면 이를 분출하는 쪽을 선택하는데, 이는 무능함의 다른 표현이자 타인에게 미움을 살 수 있는 행동이다.

사람들은 화를 낼 때 자책과 불안이라는 두 가지 감정을 느낀다. 즉, 현재 상황에 두려움을 느끼며 끊임없이 자신을 탓하게 되는 것이다. 현명한 사람은 분노에 직면했을 때 감정을 다스려 분노라는 감정에 숨은 의미를 찾는다. 그러나 인지력이 낮은 사람은 분노 자체에만 집중한다.

아리스토텔레스는 "사람은 누구나 분노할 수 있다. 그러나 합낭한 대상에게 합당한 시간에, 합당한 동기와 방법으로 적정하게 분노하는 것은 아무나 할 수 있는 일이 아니다"라고 말했다. 자신 안의 분노를 감지했을 때 우리가 해야 할 일은 이를 마음껏 발산하는 일이 아니라 분노의 이유를 통해 자신의 부족함을 깨닫는 일이다.

러시아의 철학자 체르니셰프스키는 "분노는 무능한 자의 자기 위안이다"라고 말했다. 불만스러운 일이 생겼을 때 이를 해결할 능력이 없어 화를 내는 방법을 통해 자신의 불만을 표현하려는 것이다.

심리학자들은 분노에 대해 이렇게 말한다.

"분노는 '자신의 실패'에 대한 관심을 빠르게 다른 곳으로 돌리는 데 도움을 준다. 자신의 스트레스를 푸는 일종의 방법인 셈이다."

그러나 이는 자신의 '무능'을 고질적인 문제로 만들 뿐, 근본적으로 문제를 해결해주지 못한다. 이런 상태로 계속 놔두면 능력 향상은커녕 성질만 나빠진 자신을 발견할 것이다. 분노는 남에게 책임을 떠넘기는 수단일 뿐이다. 그러니 인생의 불공평함에 괴로움과 분노가 치밀어 오를 때는 덮어놓고 마음속의 불만을 표출하거나 남에게 책임을 전가할 게 아니라 자신의 부정적인 감정을 다스려 자신의 부족함을 정확히 이해하고 이를 고치려는 노력을 기울여야 한다. 그러다 보면 자신을 괴롭혔던 일들이 실은 별일 아니었다는 걸 깨닫게 될 것이다.

지금 정신적 피로에 시달리고 있는가?

"정말 너무 피곤해."

사람들이 늘 입에 달고 사는 말이다. 그렇다. 많은 사람이 다양한 스트레스에 온몸이 느른해짐을 느끼며 옴짝달싹하기도 싫다고 말한다. 그런데 사실 이는 마음이 지쳤다는 증거다.

'정신적 피로'란 장시간 지속된 업무에 체내 에너지를 과도하게 소비하면서 신체적 피로감을 불러오는 현상을 말한다. 신경계통이 극도의 긴장 상태에 놓이거나 장시간 단조롭고 귀찮은 일을 반복하면 사람들은 쉽게 싫증을 느끼고, 심지어 삶에 대한 흥미를 잃는다.

정신적 피로는 우리의 신체 건강에도 해를 입힌다. 예를 들어 마음이 뒤숭숭하고 몸이 녹초가 된 상태에서는 신경쇠약, 두통, 이명, 기억력 감퇴, 불면 등의 증상을 유발할 수 있으며, 심한 경우 심인성 질병을 유발할 수도 있다.

사실 정신적 피로는 주로 정신노동을 하는 사람에게서 나타난다. 또한 우리 주변에 잠복해 있으면서 사람들이 방심하는 사이 조금씩 누적되어 일정 수치에 도달한 후에는 우리가 미처 손쓸 새도 없이 바로 폭발하고 만다.

그런 까닭에 우리는 정신적 피로가 쌓이는 것을 경계할 필요가 있다. 하지만 그렇다고 아직 일어나지도 않은 일에 불안해할 필요는 없다. 정신적 피로감이 몰려오기 전에는 대부분 전조 증상이 나타나기 때문이다.

한 가지 일을 계속하면서 불평이 잦아지고, 일상생활과 업무 사이에 갈피를 잡지 못하고 있다면 이것이 바로 정신적 피로가 나타날 신호이다.

직장생활 중 큰 스트레스로 업무 능률이 대폭 하락했다거나 타인과의 교류보다 혼자 있는 것을 선호하게 되었다면 이 역시 정신적 피로를 느끼고 있다는 신호이다.

현재 하는 일이 별 의미가 없게 느껴지고, 늘 불면증에 시달리며, 조금 전에 있었던 일도 돌아서면 금세 잊어버린다거나 밝은 장소가 싫어지는 등의 증상이 나타나는 중이라면 이미 정신적 피로에 시달리고 있다는 뜻이니 조심해야 한다.

심리학자들은 현재 하는 일에 대한 싫증이 정신적 피로감을 부르는 주요 원인이라고 말한다. 예를 들어 하루의 일을 마치고 뿌듯함을 느껴야 마땅하지만, 이와 정반대로 피곤함과 짜증이 몰려온다든가, 매일 바쁜 하루를 보내면서도 그 가치를 느끼지 못하고 허송세월하고 있다는 생각에 공허함을 느낀다든가, 매일 많은 일을 처리하고도 하루를 마무리하고 나면 제대로 한 게 아무것도 없다고 느껴지는 경우가 이에 해당한다고 볼 수 있다.

이런 현상들은 직장생활에서 흔히 나타나는데, 그 원인을 살펴보면 일하면서 얻은 성취감과 가치감이 낮은 것과 연관이 있다. 사람들에게 직업은 자신의 밥벌이 수단일 뿐, 자신이 좋아하는 일이 아니기 때문이다. 또한 지나치게 번잡한 인간관계도 고민을 만든다. 친구와 동료 혹은 가족과 갈등이 생겼을 때 정도는 다르지만, 부정적인 감정에 휩싸이게 되는 것이다.

정신적 피로의 본질은 사실 감정적 피로이다. 관련 연구 결과에 따르면 인간의 심리 활동에는 분명한 특징이 있다. 바로 장시간 한 가지 일을 하게 되면 권태기가 찾아온다는 점이다. 이때 다른 일을 하게 되면 권태를 극복하고 다시 신선함을 되찾을 수 있는데, 이 방법을 활용하면 비교적 오랜 시간 두뇌의 활발한 움직임을 유지할 수 있다.

M은 늘 활력이 가득한 모습으로 하루하루를 즐겁게 산다. 삶의 모든 일에 재미를 느끼기라도 하는지 그녀의 친구들조차 그녀가 불평하는 소리를 거의 들어본 적이 없다.

그러던 어느 날, 한 친구가 그녀에게 사람답게 산다는 게 참 재미가 없다며 불만을 털어놓았다. 매일 반복되는 비슷비슷한 일상에 꿈을 좇던 사회 초년생 때의 마음가짐은 잊힌 지 오래라면서 말이다. 친구가 그녀에게 물었다.

"넌 어떻게 늘 그렇게 한결같이 긍정적인 마음가짐을 유지하니? 대체 비결이 뭐야?"

"사실 별거 없어. 일정 간격을 두고 목표를 변경하는 정도랄까? 난 한 가지 목표를 완수하면 그다음엔 이전과는 완전히 다른 목표를 세우려고 노력하는 편이야. 그러면 질리지 않고 늘 새로운 마음이 들어서 쉽게 피로해지지 않더라고."

사람들은 오랫동안 스트레스를 받는 환경에 있다 보면 쉽게 정신적 피로를 느끼는데, 이는 정서적으로 굉장한 악영향을 미친다. 이러한 상태를 그대로 내버려둔다면 부정적인 감정에 휩싸여 그 어떤 일에도 열정을 불태울 수 없게 된다. 그러니 정신적 피로의 존재를 무시하지 말고 건강한 감정 상태를 유지하도록 노력하자. 그래야 삶의 의미를 찾을 수 있다.

목표관리는 스트레스를 극복하는 비결이다

"이 일은 너무 어려워. 벌써 며칠 밤을 새워가며 일하고 있는데도 끝이 보이질 않아. 그 탓에 내 머리카락만 한 움큼 빠졌지 뭐야."

"망했어. 스트레스가 너무 심해. 난 이 목표를 달성하지 못할 거야."

"요즘 매일 불면에 시달려. 내 하루는 대체 언제 끝이 날까?"

스트레스는 언제 어디서나 나타날 수 있는 심리적, 신체적 긴장 상태로 우리의 성장에 따라 수반된다. 특히 나이가 들수록 우리가 감당해야 할 스트레스는 더욱 많아진다. 그런 까닭에 어떤 이들은 스트레스의 무게를 견디지 못한 채 갖가지 마음의 병을 얻기도 한다.

관련 연구 결과에 따르면 과도한 스트레스는 우리를 부정적인 감정에 휩싸이게 해 온갖 부정적인 생각을 품게 한다. 그런데 과도한 스트레스가 생기는 이유는 뚜렷하지 않거나 실제에 부합하지 않는 목표 때문일 때가 많다.

239

20세기 가장 위대한 과학자라 평가받는 아인슈타인이 세인의 이목을 집중시킨 연구 성과를 거둘 수 있었던 데는 그의 일생 목표가 한몫했다.

그는 독일의 한 가난한 유대인 집안에서 태어났다. 가정 형편이 좋지 않은 데다 학창 시절 성적도 평범했던 그는 일찍이 과학 분야에 몸을 담겠다는 포부는 있었지만, 이를 위해서는 자기 능력을 헤아리는 게 먼저라고 생각했다. 그리하여 그는 자기 자신을 분석했다. 전체적인 학업 성적은 평범했지만, 물리와 수학에 관심이 많고 성적도 좋은 편이었다. 다른 분야는 남들만 못하니 물리와 수학 분야로 나아가야 제 길을 찾을 수 있다는 생각에 그는 대학 진학 때 취리히연방공과대학교의 물리학과를 선택했다.

목표가 정확했기에 아인슈타인의 개인적인 잠재력은 꽃을 피웠다. 26세 때 과학 연구 논문 〈분자 크기의 새로운 결정〉을 발표했으며, 이후 몇 년간 과학 역사에 중요한 이론이 담긴 논문 4편을 연달아 발표하기도 했다. 또한 독일의 물리학자 플랑크의 양자 이론을 발전시켜 광양자가 파동의 성상 외에 입자의 특징을 가지고 있다는 가설로 광전효과의 메커니즘을 설명해 특수상대성이론의 정립과 우주에 대한 사람들의 인식에 지각변동을 알렸다. 이로써 그는 전인미답의 업적을 이뤘다.

목표가 생기면 나아가야 할 방향이 뚜렷해져 막연함이 사라진다. 그러나 무리한 목표는 우리의 삶에 혼란을 불러일으킬 뿐만 아니라 우리에게 많은 스트레스를 던져준다.

스트레스가 많다는 말을 입에 달고 사는 사람들은 사실 명확한 목표가 없거나 무리하게 목표를 세운 사람들이다. 오랜 노력에도 목표를 달성하지 못해 초조함과 당혹감이 들면서 '왜 나는 목표를 달성하지 못할까? 내 능력이 부족한가?'라는 자기 의심을 하고, 그렇게 끊임없이 자신에게 스트레스를 주다가 결국 무너지는 것이다.

자신을 위해 세운 명확한 목표는 스트레스를 적당한 수준으로 조절할 수 있게 해준다. 소위 성공 인사를 부러워하며 나도 그들과 같이 큰 사업을 일구겠다는 바람으로 원대한 목표를 세우고, 그 목표를 향해 온 힘을 다해 달려가고 있는가? 그렇다면 과연 그 목표가 자신에게 맞는 목표인지 살펴볼 필요가 있다. 최근까지 부자가 되는 방법이라며 '목표를 낮춰 우선 1억을 만들어라'라는 말이 유행처럼 돌았는데, 사실 이 목표도 사람에 따라 무리한 목표가 될 수 있으므로 자신의 상황에 맞게 적절히 조정해야 한다.

요컨대 자신의 목표를 제대로 관리할 줄 알아야 한다. 애초에 실현 가능성이 희박한 큰 목표가 아니라 쉽게 달성할 수 있는 작은 목표를 세우자. 이 작은 목표들을 하나씩 완수하다 보면 어느새 큰 목표를 달성한 자신을 발견할 수 있을 것이다.

또한 작은 목표를 달성해가는 과정에서 성취감과 자신감을 얻어 더는 스트레스 앞에 움츠러들지 않고, 오히려 스트레스를 에너지 삼아 더 많은 행동으로 자신의 목표를 더 빨리, 더 잘 완수할 수 있을 것이다.

한 보험판매원이 1년에 2억 원 벌기를 목표로 잡았다. 그러나 시간이 갈수록 스트레스가 심해져 매일 일할 생각만 하면 기분이 가라앉는 지경에 이르렀다.

하루는 그가 사수에게 물었다.

"선배님, 제가 어떻게 해야 목표를 이룰 수 있을까요?"

"1년에 2억 벌기, 넌 네가 할 수 있을 거라고 믿어?"

"네, 열심히 노력만 하면 분명 달성할 수 있을 거예요."

"그럼 그 목표를 완수하기 위해 네가 얼마큼의 노력을 해야 하는지 어디 한번 따져볼까? 사규에 따라 1년에 2억을 벌려면 실적이 6억 원에 육박해야 해. 즉, 한 달에 최소 5천만 원의 실적을 내야 한다는 소리지. 이걸 1일로 환산하면 160만 원이니까. 그럼 하루에 몇 명의 고객을 만나야 이 목표를 달성할 수 있을까?"

"음…… 매일 50명 정도?"

"그러니까 1년이면 1만 8천 명 정도의 고객을 만나야 한다는 거네. 그들이 모두 보험에 가입해야 네 목표를 달성할 수 있는 거고. 그럼 현재 1만 8천여 명의 핵심 고객을 확보한 상태니?"

보험판매원은 고개를 가로저었다.

"고객을 확대하려면 낯선 사람들을 만나야 한다는 건데, 이야기를 나눌 때 한 사람당 평균 어느 정도 시간을 써?"

"적어도 20분이요."

"50명을 만난다 치면 매일 최소 16시간을 고객 상담에 써야 한다는 뜻이네. 이동시간을 포함하지 않고도 말이야. 어때, 가능하겠어?"

순간 깨달음을 얻은 보험판매원이 말했다.

"선배님, 이제 알겠어요. 터무니없는 상상이 아니라 제 실제 상황에 맞게 목표를 세워야겠네요."

목표를 세울 때 현실적인 문제를 고려하지 않고 그저 원대하기만 한 목표를 세우면 알게 모르게 자신에게 스트레스를 가중하게 된다. 그러므로 목표는 자신이 현 단계에서 실현 가능한, 현실성 있는 것이어야 한다. 그렇게 차근차근 완수해 나아갈 수 있어야 목표를 달성하는 동시에 스트레스를 줄이고 자신감을 확립할 수 있다.

에너지를 관리하여
역부족의 상황과 이별한다

　사람들은 시간이 쏜살같다며 아직 끝내지 못한 일이 많은데 시간이 훌쩍 지나버렸다는 말을 자주 한다. 매일 정신없는 하루를 보내느라 몸과 마음은 지칠 대로 지치는데 막상 얻은 성과는 없다면서 말이다.

　그런데 사실 이는 우리가 뛰어난 사람이 아니어서가 아니라 에너지를 분산했기에 생기는 문제일 뿐이다. 사람이 지니는 에너지에는 한계가 있어서 자신의 모든 에너지를 쏟아 한 가지 일을 할 때와 서너 가지 일을 할 때는 극명히 다른 결과가 나올 수밖에 없다.

　사람들은 자신의 에너지를 여러 부분으로 나눠 동시에 여러 가지 일을 처리하길 좋아한다. 전산회계를 배우면서, 프로그래밍도 배워야겠고, 그림도 배우고 싶어 하면서 말이다. 그러나 자신의 시간표를 꽉꽉 채워놓고 결국 제대로 한 일이 하나도 없음을 발견하곤 한다.

　이는 많은 사람이 업무 효율을 높이려면 시간관리만 잘하면 된다는 착각에 빠지기 때문인데, 사실 시간관리법 외에도 자신의 에너지를 관리할 줄 알아야 한다.

연구 결과에 따르면 사람은 성장함에 따라 에너지가 하락한다. 어린아이들이 마치 무궁무진한 에너지를 지닌 것처럼 몇 시간을 연달아 놀아도 지치는 기색 없이 활기가 넘치는 이유는 바로 이 때문이다. 반면 성인은 쉽게 지쳐서 한 가지 일만 해도 피곤함을 느낀다. 성인의 에너지가 어린아이보다 왕성하지는 않지만, 관리를 잘하면 성인도 에너지 가득한 하루하루를 보낼 수 있다.

에너지를 관리하는 것이 생산력을 극대화하는 길이다. 에너지를 관리하려면 먼저 자신의 에너지가 어디에서 오는지부터 알아야 한다. 연구 결과에 따르면 인간의 에너지는 보통 체력과 감정, 생각, 의지에서 비롯한다고 한다. 바꿔 말하면 운동과 휴식으로 체력을 기르고, 되도록 기분 좋은 상태를 유지하도록 감정을 관리하며, 인생에 대한 행복한 기대로 좋은 생각을 하고, 목표를 정해 이를 실행 가능한 작은 목표로 쪼개 의지를 불태우면 에너지를 관리해 효율적으로 일할 수 있다는 뜻이다.

친구들 사이에서 K는 에너자이저로 통한다. 길을 걸을 때도 가슴을 펴고 당당하게 걷고, 말할 때도 기운이 넘친다. 그와 함께 있다 보면 옆에 있는 사람까지 기분이 좋아지는 느낌이다. 그는 업무 효율도 높아 회사에서 대표의 신임을 한 몸에 받고 있다. 친구 하나가 그에게 물었다.

"어떻게 해야 너처럼 무슨 일을 하든 그렇게 왕성한 에너지를 유지할 수 있니? 꼭 절대 지치지 않는 사람처럼."

"Work hard, play hard. 일할 때도 놀 때도 열심히 하는 거지, 뭐. 제대로 휴식을 취해야 일에도 충분한 에너지를 쏟을 수 있으니까. 물론 이보다 더 중요한 건 일의 경중과 완급을 분명히 가려야 한다는 점이지만."

"그게 무슨 뜻이야?"

"인생은 무수히 많은 일로 구성되어 있는데, 그중에는 당장 하지 않으면 우리에게 안 좋은 영향을 미칠 수 있는 중요한 일과 당장 하지 않아도 별 상관이 없는 일이 있잖아? 이걸 구분할 줄 알아야 한다는 뜻이야. 직장생활에서도 그래. 불필요한 일에 에너지를 쏟느라 정작 중요한 일을 놓치면 업무 효율이 떨어질 수밖에 없거든."

그리스의 소피스트인 플라비우스 필로스트라투스는 '활동과 휴식을 번갈아 하면 최대의 성과를 얻을 수 있다'는 주장을 펼친 바 있다. 이와 같은 맥락에서 어떤 일을 할 때 왕성한 에너지를 유지하고자 한다면 기계처럼 쉼 없이 일하는 것을 삼가야 한다. 피로를 느끼면 적절한 휴식을 취해 다음 일에 전력투구할 수 있도록 재충전해야 한다.

에너지를 관리하면 업무 효율을 높일 뿐만 아니라 일상생활의 면면에 영향을 주어 좀 더 간결하고 전면적인 사고로 문제를 해결할 수 있게 될 것이다.

운동을 즐기는 사람은 보통 에너지가 왕성하고 맑은 정신을 유지하듯 적당한 운동을 하는 것도 좋은 방법이다. 그러면 건강한 신체뿐만 아니라 매일 넘치는 에너지를 유지할 수 있을 테니 말이다.

어떤 일에 긍정적인 기대가 생기면 어려움이 있어도 여전히 즐거운 마음으로 적극적으로 도전에 임하는 자신을 발견할 것이다. 그러나 부정적인 감정에 휩싸이면 의지가 꺾여 뭘 해도 일할 맛이 나지 않고 포기하려 들게 마련이다. 그러니 매일 넘치는 에너지를 유지하려면 자신의 부정적인 생각을 없애고 일의 긍정적인 면을 찾아보자.

자신의 에너지를 관리할 줄 알게 되면 역부족이라 느꼈던 일들도 실은 별거 아님을 깨닫게 될 것이다. 에너지를 유지해 앞으로 다가올 온갖 도전에 기꺼이 임하는 데는 자그마한 변화 하나면 충분하다.

최악의 상태에서 벗어나는 방법, 달리기를 한다

언제부터인가 SNS상에 달리기 열풍이 불기 시작하더니 사람을 만날 때도 단순히 '안녕하세요', '식사하셨어요?' 대신 '오늘은 몇 킬로미터나 뛰셨어요?'로 인사하는 사람이 많아졌다. SNS가 소위 달리기 인증샷으로 가득해진 것은 물론이고 말이다.

일반인만이 아니라 페이스북의 CEO 마크 저커버그와 SOHO 차이나의 판스이 회장, 투자의 신 워런 버핏 등 내로라하는 기업의 수장들과 유명인사들도 '러닝맨'으로 변신해 개인 SNS에 달리기 사진이며 달리기 기록을 업로드하고 있다.

달리기를 사랑하는 사람들은 하나같이 달리기가 자신을 바꿔놓았다고 입을 모은다.

한때 인터넷상에서 중국 의류 온라인 쇼핑몰 반클의 창립자 천녠이 쓴 글이 중국 네티즌의 주목을 받은 적이 있다. 천녠은 그 글을 통해 반클이 전환기에 맞이한 사업 실패로 대표인 본인을 포함해 모두가 휘청했던 경험을 털어놓았다.

당시 천녠은 과도한 스트레스로 건강에도 적신호가 켜졌는데, 이런 그가 버텨낼 수 있었던 건 샤오미의 창립자 레이쥔의 무조건적 지지와 달리기의 힘이 컸다. 그래서인지 달리기에 대해 천녠은 이렇게 말한 바 있다.

"당시 매일 달리기를 했던 것이 정말 큰 도움이 되었습니다. 매일 10킬로미터 이상을 뛰면서 생성된 도파민이 제 마음을 안정시켰거든요. 일단 뛰기 시작하면 생각이 단순해졌습니다. 가만히 앉아 한숨만 쉬다 인생을 끝내든지, 계속 달리며 버텨보든지 내가 선택하기에 달렸다고 생각하니 감정도 건강해지더군요."

분자생물학자이자 뇌과학의 권위자인 존 메디나 박사는 저서 《브레인 룰스》에서 운동이 생각의 엔진이 되는 원리에 대해 이렇게 언급하고 있다.

'몸을 움직이면 더 많은 혈액이 뇌에 공급되어 포도당이라는 뇌의 에너지원이 풍부해지며, 이와 함께 몸속의 유해산소를 제거해준다.'

다시 말해서 달리기할 때 혈액순환이 한층 원활해져 새로운 세포를 생성하도록 뇌를 자극하고, 신구 세포의 교체가 이뤄지면서 머리가 더 맑아진 느낌을 받을 수 있다는 것이다.

일본의 유명 작가 무라카미 하루키가 전업 작가로서 일을 시작했을 때 그는 영감을 얻기 위해 하루에도 60개비의 담배를 피웠다고 한다. 거기에 쉽게 살이 찌는 체질이기도 했던 그는 불규칙한 생활과 안 좋은 생활 습관 탓에 금세 몸이 망가지는 경험을 했다.

이에 그는 자신이 좋아하는 글쓰기를 계속하기 위해 달리기를 시작했다. 그렇게 33세 때부터 비가 오나 눈이 오나 꾸준히 달렸다. 그는 해마다 적어도 한 번은 풀코스 마라톤에 참가하고 있으며, 한때 3시간 27분이라는 좋은 기록을 내기도 했다. 달리기는 갈수록 나빠지던 그의 건강 상태를 호전시켰고, 작품 활동을 할 때도 맑은 정신을 유지할 수 있게 도와주었다.《달리기를 말할 때 내가 하고 싶은 이야기》에서 그는 이렇게 말했다.

'1982년 가을 달리기를 시작한 이래 23년 가까이 달렸다. 거의 매일 조깅을 하고, 적어도 1년에 한 번은 풀코스 마라톤을 뛰어 지금까지 23회를 완주했으며, 세계 각지에서 열리는 여러 장·단거리 달리기 대회에 참가하기도 했다. 장거리 달리기가 원래 내 성격에 잘 맞는 운동이기도 하지만 나는 달리기만 하면 기분이 좋아진다. 지금까지 인생을 살면서 키워온 여러 습관 중 아마도 달리기가 가장 유익하고 의미 있는 습관이 아닐까 싶다. 20여 년을 쉼 없이 달려왔기에 나의 체력도 정신력도 좋은 방향으로 강해질 수 있었다고 생각한다.'

판스이 회장도 달리기에 대한 나름의 철학이 있는데, 그는 심지어 '장거리 달리기를 완주할 수 있느냐'를 직원 채용의 평가 항목 중 하나로 삼고 있기도 하다. 많은 이가 아직 꿈나라에 있을 때 판스이는 이미 달리기를 마치고 집으로 돌아와 그날의 기록과 사진을 팔로워들에게 공유한다. 출장을 가서도 그는 달리기를 빼놓지 않는다. 달리기에 대해 그는 이렇게 말했다.

"한가할 때는 시간이 있으니 달리고, 바쁠 때는 스트레스 해소를 위해 달립니다. 기쁠 때 달리면 기분이 더 좋아지고, 우울할 때 달리면 기분이 전환되지요."

그는 아내와도 함께 달리며 '달리고 나니 행복하다!'라는 짤막한 글을 자주 SNS에 남긴다.

달리기를 즐기는 사람들에게서는 좀처럼 우울해하는 모습을 볼 수 없다. 그들은 늘 긍정적이고 진취적이며, 넘치는 긍정의 에너지로 주변 사람들에게까지 영향을 미친다.

어떤 이는 자신도 달리기를 좋아하는 만큼 달리기를 하고 싶지만, 이후 피곤한 걸 생각하면 멈칫하게 된다고 말한다. 사실, 꽤 많은 사람이 이런 생각을 한다. 달리기는 확실히 힘이 들기 때문이다. 특히 달린 다음 날 온몸이 쑤시고 이런 상태가 며칠은 지속된다. 그런 까닭에 선뜻 달리기를 시작하지 못하는 것이다. 그런데 사실 이는 달리는 방법이 잘못되었기 때문이다.

판스이 회장의 아내 장신은 달리기 운동을 극찬하며 이렇게 말했다.

"실외에서 하는 달리기는 다리뿐만 아니라 피부, 눈, 귀, 코 등 모든 감각 기능이 동원되는 전신 운동이다."

처음 운동을 시작했을 때는 그녀 역시 달리기를 싫어했다고 한다. 달리기만 하면 가슴팍이 아팠기 때문이다. 그러나 이후 오랫동안 달리기를 해온 친구가 잘 달리는 비결을 알려준 후로 체력단련 효과는 높이고 잘못된 달리기 방법으로 인한 부상의 위험은 줄일 수 있었다. 그녀의 친구는 말했다.

"달릴 때는 코가 아니라 입으로 숨을 쉬어야 해. 두 번 들이마시고 한 번 내뱉고. 이래야 충분한 산소가 공급돼서 숨이 차 포기하고 싶다는 생각이 안 들거든. 발을 디딜 때도 발꿈치가 아니라 가능한 한 발의 앞부분을 사용한다는 느낌으로 뛰어야 해. 포기하고 싶을 때 그 잠깐의 순간을 이겨내면 내 몸의 한계를 한 단계 뛰어넘어 꾸준히 달릴 수 있을 거야."

올바른 달리기 방법을 파악해 23일을 지속하면 한 주기가 형성되어 어느새 달리기라는 운동에 익숙해져 달리기가 가져다주는 온갖 장점을 경험하기 시작한 자신을 발견할 것이다.

불면증은 내 안의 지혜가
보내는 경고다

'양 한 마리, 양 두 마리, 양 세 마리 …… 양 천 마리…….'

깊은 밤 침대에 누워 한참을 뒤척여도 잠이 들 기미가 보이지 않고, 가장 고전적인 '양 세기' 방법을 동원하지만 되레 정신이 또 렷해진 경험 다들 한 번쯤 있을 것이다. 불면은 확실히 사람을 마음 졸이게 만드는 무엇이 있다. 마치 인터넷으로 쇼핑한 물건이 배송되지 않을 때처럼 말이다. 내가 아무리 재촉해도 업데이트되지 않고 멈춰버린 배송 현황 정보를 볼 때의 기분이랄까?

그런데 사실 잠을 이루지 못한다고 지레 겁을 먹을 필요는 없다. 불면증은 몸 안의 지혜가 보내는 경고일 때가 대부분이기 때문이다. 불면증을 초래하는 주요 원인은 과도한 스트레스에 있다. 이는 결코 터무니없는 말이 아니다. 실제로 미국 수면 의학연구소에서 연구를 진행한 결과 스트레스가 불면을 초래하며, 수면 시 매우 중요한 역할을 하는 것으로 밝혀졌다.

즉, 당신이 잠을 이루지 못한다면 이는 현재 받는 스트레스가 이미 경계선을 넘어섰다는 의미로 휴식을 통해 스트레스로 인한 부정적인 감정을 털어내야 할 필요가 있음을 뜻한다.

잠이 오지 않아 초조함이 밀려올 때는 귀엽거나 재미있는 물건에 슬며시 주의를 돌려보는 것도 한 방법이다. 예를 들면 차마 다른 사람에게 털어놓기 어려운 고민이 있을 때 이를 마음에 드는 인형에 대고 말해보는 것이다. 이렇게나마 스트레스를 발산하고 나면 따로 불면증을 치료하지 않아도 호전될 테니 말이다.

중국의 현대 소설가 모옌은 그의 작품 《개구리》에서 이런 말을 했다.

'잠 못 이뤄본 사람만이 불면의 고통이 얼마나 큰지 알 수 있듯, 불면을 겪어본 사람만이 잠드는 행복이 얼마나 큰지를 알 수 있다.'

충분한 수면은 하루의 기분을 좌우하기도 한다. 그런 까닭에 사람들이 유독 불면증을 싫어하고 겁내는 것이다. 그러나 잠들지 못하는 밤이 우리에게 어떤 고통을 주든지 상관없이, 불면증에 대해 제대로만 이해한다면 이 또한 값진 선물임을 깨달을 수 있다.

잠이 오지 않는 고요한 밤은 자신을 좀 더 깊이 헤아릴 수 있는 시간이기도 하기 때문이다. 물론 잠이 들면 나비가 되는 꿈을 꿀 수 있을지도 모른다. 그러나 잠들지 못했다면 잠자는 일조차 내 맘대로 되지 않는다며 불만을 터뜨릴 것이 아니라 맑은 정신으로 자신을 돌아보자. 그러면 대낮에는 흠잡을 데 하나 없어 보였던 자신이지만 실은 마음속에 너무나도 많은 불만과 아쉬움을 묵혀두고 있었음을 발견할 것이다.

사람들은 흔히 걱정거리가 있으면 쉽게 잠을 이루지 못한다고 말한다. 중국 CCTV의 유명 아나운서 바이옌쑹도 그런 경험이 있었다. 그는 2000년 시드니 올림픽 당시 생중계를 맡아 큰 호평을 받았다. 그러나 그는 영광스러움과 동시에 엄청난 부담을 느꼈다. 이 때문에 불면증에 걸려 80킬로그램이었던 체중이 55킬로그램까지 줄어들 정도였다. 불면증을 치료한 후 그는 말했다.

　"사람은 누구나 자신만의 슬럼프를 겪습니다. 저의 경우엔 남들 눈엔 전성기로 보일 때가 가장 우울한 시기였지요."

　바이옌쑹은 불면증을 통해 자신을 더 잘 알게 되었다고 말한다.

　사실, 불면증은 마음속 열등감의 표현일 때가 있다. 예를 들어보자. 내일 중요한 회의가 있는데 그 회의에서 프레젠테이션을 맡은 당신. 이미 만반의 준비를 마쳤지만, 준비한 만큼 실력 발휘를 할 수 있을까 하는 걱정과 긴장감에 잠을 이루지 못했다. 이때 당신은 생각할 것이다. 과도한 스트레스가 불면을 초래했다고 말이다. 그러나 이는 여러 원인 중 하나일 뿐, 이보다 더 중요한 이유는 자신감 결여에 있다. 정신의학자 베란 울프는 "불면증은 열등감을 가진 사람에게 가장 나타나기 쉬운 병증의 하나이다"라고 말했다.

　일본의 사회학자 가토 다이조는 그의 저서 《잠 못 이루는 이들을 위한 심리학》에서 이렇게 말했다.

　'열등감을 가진 사람은 어려서부터 내가 잘나지 못했으니 사랑받지 못할 거야, 라고 생각한다. 잠 못 이루는 오늘의 당신은 어제 일어나 일 때문이 아니라 십수 년의 생활 방식이 만들어낸 결과일

수 있다.'

언젠가 마음속에 심어놓은 열등감의 씨앗이 불면증을 초래했을지도 모른다는 뜻이다. 그동안에는 번잡한 일상생활에 미처 발견하지 못했지만, 해결되지 않은 문제는 앞으로의 생활에 영향을 줄 수 있기에 우리의 몸이 불면으로 경종을 울리는 것이다.

춤을 사랑하는 S는 지도자 자격증을 따기 위해 매일 구슬땀을 흘리며 연습에 몰두했다. 자격증 시험에 처음 도전했을 때 실수로 낙방하고 이번이 2년 만의 재도전이었다. 그래서인지 그녀는 시험이 다가올수록 긴장감에 잠 못 이루는 날들이 부쩍 많아졌다. 그날도 그녀는 잠을 이루지 못하고 한참을 뒤척거렸다. 잠을 자야 한다고 생각할수록 말똥해지는 정신에 괴로워하던 찰나 불현듯 전에 읽었던 불면증에 관한 책 내용이 머리를 스쳤다. 그녀는 생각했다.

'나는 왜 잠 못 이루고 있는 걸까? 단순히 스트레스 때문일까? 아니야, 실패가 두려워서야.'

생각이 여기에 미치자, 그녀는 자신의 심리를 분석하기 시작했다. 내친김에 기록도 했다. 예전에 자신이 실수했던 부분을 떠올리자 더는 누워만 있을 수 없었던 그녀는 자리에서 일어나 음악을 틀고 사뿐사뿐 춤을 추기 시작해 완벽하게 안무를 마무리했다.

자신의 문제를 찾아내자, 불안한 마음도 가셨다. 이후 그녀는 더 이상 불면에 시달리지 않았고, 시험에도 무사히 합격해 지도자 자격을 획득했다.

열등감이 심할수록 타인에게 인정받기 위해 스스로 부담을 주는 경우가 많다. 그러나 그렇게 해서 얻는 결과는 불면뿐이다.

그러니 쉬이 잠 못 이루는 밤을 보내고 있다면 당황해하거나 초조해하지 말자. 그 시간이 자신에게 존재하는 문제를 발견할 수 있도록 도와줄 테니 말이다.

불면증을 뒤늦게 도착한 선물쯤으로 여기며 담담하게 받아들이자. 그리고 편안한 마음으로 스트레스를 해소할 올바른 방법을 찾자. 그러면 다시 단꿈에 빠져들 수 있을 것이다.

완벽을 내려놓고 가볍게
직장 스트레스에 맞선다

'완벽을 추구하려는 마음이 일을 시작도 하지 못하게 만든다.'

이는 참 맞는 말이지 싶다. 어디 그뿐이랴. 완벽해지려 하면 할수록 스트레스도 가중된다. 많은 직장인이 업무 스트레스가 너무 심하다고 말하는데, 그들이 간과하고 있는 사실이 있다. 바로 그들 자신이 완벽주의자라는 점이다. 대부분의 업무 스트레스는 지나치게 완벽을 추가하는 데서 비롯된다.

직장에서 늘 완벽함을 추구하다 보면 부정적인 감정에 빠지기 쉽다. 네덜란드에서 심장병 위험군과 심장병 환자 6천 명을 대상으로 연구를 진행한 결과 완벽주의자들이 더 쉽게 부정적인 감정에 사로잡히는 것으로 나타났다. 한편 심장병 위험군 중 완벽주의자가 심장병에 걸릴 확률이 낙관주의자보다 3배나 높았으며, 심장병 환자의 경우 완벽주의자의 회복 속도가 낙관주의자보다 훨씬 더딘 것으로 드러났다.

완벽함을 추구하는 사람은 작은 실패도 용납할 수 없어서 혹은 실패가 두려워서 어떤 일을 할 때마다 긴장의 끈을 팽팽하게 당긴다. 그만큼 자기 자신에게 엄청난 부담을 주는 것이다. 이들은 본격적으로 일을 시작하기도 전에 으레 '난 해내지 못할 거야', '실패하면 얼마나 창피할까!' 하는 생각을 한다. 그래서 선뜻 일을 시작하지 못하고, 그렇게 우물쭈물하는 사이 최적의 시기를 놓쳐 결국 실패하거나 최고의 결과를 내지 못한다.

그런데 사실 어떤 경우에서든 완벽보다는 완성이 더 중요하다. 최대한 정해진 시간 안에 일을 끝내 자신이 한 일을 다시 검토할 수 있는 충분한 시간을 가져보자. 그러면 세부적인 부분까지 실수 하나 없길 바라며 완벽을 추구할 때보다 훨씬 효율적으로 업무를 처리할 수 있음을 알 수 있을 것이다.

직장에 '만능 사원'이란 없다. 사람은 누구나 실수하며 이는 소위 성공 인사들도 예외가 아니다. 다만 그들에게 보통 사람들과 다른 유일한 차이점이 있다면 실수했을 때 곧바로 이를 바로잡아 다시는 같은 실수를 저지르지 않도록 한다는 것이다.

완벽을 추구하는 사람 중 대다수는 일을 미루길 좋아하는데, 그 본질을 들여다보면 실수에 대한 두려움이 깔려 있다. 그들은 실수가 혹은 실패가 두려워 일을 마무리 짓지 못하고 진을 뺀다. 그러나 일을 끝내기 전에는 좋은 결과가 있을 수 없음을 알아야 한다. 클라이언트에게 기획안을 제출해야 한다고 가정해보자. 완벽함을 위해 수정을 거듭하다 기한이 다 되도록 기획안을 완성하지 못했다면 아무리 빛나는 아이디어를 가지고 있다고 헤도 클라이언트를 만족시킬 수는 없는 일이다.

그러므로 업무를 처리할 때는 무작정 완벽을 추구할 게 아니라 정해진 기간 내에 일을 마무리 짓는 것을 첫째로 두어야 한다. 그래야 당신이 무엇을 하고자 하는지 남들도 이해할 수 있으니 말이다. 완벽을 추구하는 일은 자신에게 너무나도 무거운 부담을 지워 일을 미루는 나쁜 습관을 기르게 만든다. 완벽해야 한다는 부담을 내려놓을 때 자신이 스트레스라고 생각했던 일들이 실은 스스로 긁어 만든 부스럼이었음을 깨닫게 될 것이다.

D는 최근 회사생활이 갈수록 수월해짐을 느끼고 있다. 완벽해야 한다는 강박을 내려놓고 약간의 부족함을 인정하기로 한 결과다. 그래서인지 업무 효율도 전보다 높아지고, 동료와의 관계도 점점 좋아지고 있다.

3개월 전까지만 해도 그녀는 완벽주의자였다. 흠잡을 데 없는 기획서를 작성하기 위해 그녀는 매일 밤샘도 불사하며 7개의 서로 다른 버전을 만들고 그중에서 가장 완벽한 것을 선택하곤 했다. 업무 중 작은 문제가 생겨도 그녀는 온종일 안절부절하며 자책감에 빠지기도 했다. 이는 그녀의 사고를 제한했고, 그녀는 늘 자신을 의심했다. 상황이 이렇다 보니 그녀는 업무를 완수하기 위해 자신의 시간을 쥐어짤 수밖에 없었다.

한번은 기획안 제출 기한에 쫓기며 며칠 밤을 새우다 결국 과로로 병원 신세를 지기도 했다. 퇴원 후 그녀는 생각했다.

'무슨 일이든 완벽하게 해내려다 결국 나 자신을 힘들게 만들다니, 이게 다 무슨 의미가 있겠어?' 그날 이후 그녀는 드디어 완벽함과 타협했다. 그러자 업무 중 작은 문제가 생겨도 업무 전반에는 별다른 영향을 주지 않  는다는 사실을 깨달을 수 있었다. 그리고 무엇보다 자신이 좋아하는 일을 할 수 있는 시간이 더 많아졌다. 그렇게 업무 스트레스로 힘들어하던 그녀에게도 숨돌릴 틈이 생긴 것이다.

많은 직장인이 완벽함을 자신의 최종 목표로 삼고 이를 향해 끊임없이 노력한다. 그러나 업무를 시작하기 전 완벽함을 위해 무수한 준비를 했더라도 실제로 행동하지 않으면 그 결과는 여전히 제로, 0이다.

한 회사의 대표가 자신의 직원에게 이런 말을 한 적이 있다.

"아무리 많은 준비를 했더라도 그걸 내보이지 않으면 아무 소용이 없는 거예요. 어떤 결과를 추구하든 일단 결과물을 만들어보세요."

이 말에 깨달음을 얻은 직원은 기획안을 작성해 대표에게 보여주었고 대표는 말했다.

"이건 그저 생각을 나열했을 뿐이지, 논리가 없군요."

직원은 다시 기획안을 수정했고, 대표는 또다시 새로운 조언을 건넸다. 그러나 기존의 것을 수정하는 일이라 직업이 한결 수월했다. 이렇게 두세 번을 반복한 끝에 직원은 완벽에 가까운 기획안을 완성할 수 있었다.

직장생활에 지나치게 완벽함을 추구하지 않음은 실패한 자신을 받아들이고, 실패를 성장의 기회로 삼을 준비가 되었다는 뜻이다.

지나치게 완벽함을 추구하는 사람은 어떤 일에 실패하면 끊임없이 자신에게 스트레스를 가해 심리적으로 쉽게 무너진다. 이는 개인의 성장에 그 어떤 도움도 되지 않는다. 완벽이라는 부담을 내려놓으면 자신의 실패를 똑바로 인식해 실패를 받아들이고 또 이를 교훈으로 삼을 수 있다. 그리고 그렇게 해야 끊임없이 자기 능력을 향상해 완벽함을 향해 나아갈 수 있다.

비현실적인 기대를 버린다

높은 목표를 설정하면 현실 앞에 목표가 좌절되어 원하는 바를 이루지 못했을 때 실망감과 좌절감이 먹구름처럼 몰려와 우리를 집어삼킨다. 세상이 자신을 기만하는 것 같다는 생각이 들고 자신의 능력까지 의심하게 된다. '기대가 클수록 실망은 커진다'라는 말처럼 지나친 기대는 우리에게 즐거움이 아닌 부정적인 감정을 안긴다.

이와 관련해 1964년 캐나다의 행동심리학자 빅터 브룸은 '기대이론(Expecrancy Theory)'을 제시한 바 있다. 그는 인간이 어떤 행동을 하기 전에 그 행동으로 얻게 될 결과를 예측해 기대치를 도출하는데, 인간이 행동하는 데 필요한 동력 혹은 동기가 바로 이 기대치와 깊은 연관이 있다고 보았다.

사실, 기대는 우리를 나아가게 하는 원동력으로 기대를 품는 것은 좋은 일이다. 기대는 주로 일에 대한 열정을 대변하는데, 열정이 있으면 노력하게 되고 또 행동히게 된다. 그러나 목표를 너무

높게 잡아 그 결과가 기대에 미치지 못하면 실망하고 실의에 빠지게 된다. 이러한 상황이 이어지면 자신감이 크게 떨어질 수밖에 없다.

사람들이 갖는 기대치와 행동력의 관계는 흔히 포물선 모양을 나타낸다. 포물선의 정점에 도달하기 전에는 기대치가 높을수록 동력 또는 동기도 상승하지만, 정점에 도달한 후에는 기대치가 증가함에 따라 동력 또는 동기가 하락한다.

높은 목표를 세우고 열정과 자신감으로 가득 차 목표를 향해 노력했는데, 아무리 노력해도 목표를 달성할 수 없게 되면 실망감이 고개를 들게 되어 있다. 사실, 우리가 겪는 많은 실패는 우리의 노력이 부족해서 혹은 우리가 우수하지 못해서가 아니라 미래에 대한 과한 기대 때문일 수 있다.

그러니 기대치를 조금만 낮춰보자. 자신의 노력으로 도달할 수 있는 수준으로 기대치를 낮춰 꾸준히 성취감을 쌓아가다 보면 즐거움을 느낄 수 있을 테니 말이다. 예를 들면 어떤 목표를 세울 때 처음부터 '1년에 1억 모으기'처럼 큰 목표를 세울 것이 아니라 자신의 실제 형편에 맞춰 '매달 얼마씩 저축하기' 등과 같이 작은 목표를 세워보는 것이다. 이렇게 자신감에 상처받지 않으면서도 쉽게 완수할 목표를 세우면 긍정적인 마음가짐을 유지하는 데 도움되어 더 꾸준히 노력을 쏟고 결국 기대하는 모습의 내가 될 수 있을 것이다.

옛날에 백발백중의 궁술을 익히고자 한 사람이 있었다. 그러나 그는 처음부터 백발백중을 목표로 삼기란 너무 허황한 목표임을 잘 알고 있었다. 그리하여 그는 자신을 위한 작은 목표를 세웠다. 바로 1년 동안 완력을 키우기로 한 것이었다. 이를 위해 다양한 크기와 무게의 돌을 모은 그는 가장 작고 가벼운 돌을 드는 것부터 시작해 조금씩 크기와 무게를 늘려가는 방법으로 훈련을 진행했다. 그는 가장 크고 무거운 돌을 가볍게 들 수 있을 때까지 계속 훈련했다.

그렇게 1년 후, 그야말로 엄청난 완력을 가지게 된 그는 시력 향상 훈련을 하기 시작했다. 그는 바늘을 준비해 자신의 눈과 일정 거리 떨어뜨려 놓고 매일 이를 주시했다. 그 거리에 익숙해지면 다시 거리를 늘리는 방법으로 꾸준히 훈련한 끝에 그의 시력은 눈에 띄게 좋아졌다.

이후 본격적으로 활쏘기를 시작하자 그의 궁술은 스스로 느끼기에도 크게 향상되어 있었다. 목표가 멀리 있어도 무리 없이 초점을 맞출 수 있었고, 더 무거운 활시위도 너끈히 당길 수 있었다. 성실한 훈련과 노력을 거쳐 그는 결국 백발백중의 궁술을 익혔다.

이상과 현실에는 차이가 있어서 이상이 핑크빛일수록 행복감이 커지지는 않는다. 오히려 반대로 기대치를 낮춰 쉽게 목표를 완수할 수 있을 때 기쁨을 느끼기가 쉽다. 사람들은 만족할 줄 알면 늘 즐겁다고 말한다. 그렇다고 아무 욕심 없는 사람이 될 수는 없으니 자신이 너무 피곤하지 않도록 기대치를 살짝 낮춰보자.

환상에서 깨어나 제때 현실을 바라보면 완수 가능한 작은 목표를 세우는 게 중요하다는 걸 깨달을 수 있을 것이다. 한 발짝, 한 발짝 차근차근 단계를 밟아나가다 보면 자신이 기대하는 인생에 점점 더 가까워질 수 있다.

피곤함을 느끼기
전에 쉰다

   사소한 일에도 벌컥 화를 잘 내 동료나 친구들 모두 나를 건드리지 못하는 느낌이라든가, 늘 우중충한 기분에 혹시 우울증에 걸린 건 아닌지 걱정된다면? 괜한 의심은 할 필요가 없다. 당신은 그저 지쳤을 뿐일지도 모르니 말이다. 피곤할 때는 머릿속에 부정적인 기억들이 더 많이 떠오르는 경향이 있는데, 실제 과학자들의 연구 결과에 따르면 피곤한 사람의 행동과 우울증 환자의 행동이 매우 유사하게 나타난다고 한다.

   그러니 피곤함을 느끼기 전에 휴식을 취해 몸과 마음을 충전하자. 이는 기계에 윤활유를 보충했을 때와 마찬가지로 우리의 몸과 마음을 한결 가볍고 편안하게 해준다.

   전설적인 야구선수 코니 맥에게는 경기 전 긴장감을 푸는 자신만의 루틴이 있었다. 그것은 바로 경기 전 낮잠을 청하는 것이었다. 그의 이런 습관을 의아하게 생각하는 사람들에게 그는 말했다.

"경기 전에 낮잠을 자두지 않으면 5회에 접어들었을 때 몸이 견디지 못해요. 하지만 단 5분의 짧은 시간이라도 낮잠을 자면 경기가 끝날 때까지 넘치는 에너지를 유지할 수 있죠."

우리의 몸은 지칠 줄 모르는 기계가 아니다. 사람들이 매일 일할 수 있는 동력은 심장에서 나온다. 심장은 인간에게 자동차의 휘발유와 같은 역할을 한다. 매일 심장의 펌프 기능으로 우리의 온몸을 도는 피는 기름을 운반하는 기차 칸 하나를 가득 채우기에 충분하며, 심장이 매일 만들어내는 에너지는 한 사람이 삽으로 20톤의 석탄을 퍼내 1미터 높이의 단을 만들기에 충분하다.

미국의 생리학자 월터 캐넌은 말했다.

'인간의 심장이 온종일 쉼 없이 움직이고 있다고 생각하기 쉬운데, 실제로는 수축할 때마다 일정 시간의 쉬는 시간이 있다. 분당 70회를 뛴다고 치면 하루 24시간 9시간만 움직이는 셈이다."

그런 까닭에 쉬지 않고 일을 하게 되면 몸과 마음이 모두 견뎌내지 못하는 것이다.

사실 성공 인사들은 휴식 시간을 활용해 자신의 감정을 가다듬는 데 선수다. 제2차 세계대전 당시 미국의 유명한 군사전문가 조지 마셜 장군 역시 낮잠을 자는 습관이 있었다. 그는 미군의 작전을 지휘하는 일이 많은 정신력 소비를 요하는 일인 만큼 잠깐이라도 낮잠을 자야 컨디션을 조절할 수 있다고 생각했다.

미국의 전 퍼스트레이디 엘리너 루즈벨트 여사도 마찬가지였다. 그녀는 퍼스트레이디로 지낸 12년 동안 사람들을 접견하거나 공식 연설을 하기 전에는 반드시 의자나 소파에 앉아 20분간 조용히 휴식을 취했다. 정서적 안정과 에너지 충전을 위해서였다.

사람이 지니는 에너지에는 한계가 있어 적당히 휴식을 취하는 것이 매우 중요하다. 휴식의 방법이 올바르지 못하다면 최고의 효과를 얻을 수 없을뿐더러 일을 진행하는 데도 걸림돌이 될 수 있다.

《신약 성경》을 번역한 제임스 모팻은 사람이 가진 에너지를 최대한 활용할 수 있는 모팻 휴식법을 고안해냈다.

모팻의 서재에는 3개의 책상이 있었다. 첫 번째 책상에는 작업 중인《성경》의 번역 원고가, 두 번째 책상에는 그의 논문 원고가 놓여 있었으며, 세 번째 책상에는 그가 집필한 추리소설이 놓여 있었다. 그의 휴식법이란 책상을 옮겨 다니며 일을 하는 방법으로 머리를 식혀주는 것이었다.

언뜻 보기에는 계속 일을 하는 게 아닌가 싶기도 하지만, 이렇게 업무의 유형을 전환해가며 일하는 방법이 일에 차질을 빚지 않으면서도 지친 두뇌에 효과적인 휴식을 제공한다는 사실은 연구 결과를 통해서도 입증된 바다.

모팻은 한 가지 일에 장시간 집중하는 것이 같은 땅에 계속 한 작물만 재배하는 것과 다를 바 없으며, 에너지나 집중력은 작물 재배에 필요한 양분과 같다고 생각했다. 한 가지 작물이 필요로

하는 양분은 언제나 같기에 재배 기간이 길어질수록 양분이 줄어들어 결국엔 바닥이 난다고 본 것이다. 그러나 여러 작물을 재배하면 각각의 작물이 필요로 하는 양분의 양과 시간이 다르므로 이를 번갈아 재배함으로써 양분을 회복할 시간을 벌 수 있고, 결국 작물의 생산량을 높이는 데 유리하다는 것이었다.

늘 충분한 에너지를 유지하며 기분 좋게 일하고 싶다면, 피곤함을 느끼기 전에 다른 일을 해보자. 그러면 우리의 뇌는 약간의 여유를 얻어 일부 에너지를 회복할 수 있을 것이며, 이 에너지는 우리가 다음 일을 진행하는 데 충분한 힘이 되어줄 것이다.

K는 회사에서 업무 효율이 높기로 유명하다. 한번은 그의 동료가 비결을 묻자 그는 '모팻 휴식법'을 비결로 꼽았다. 그는 말했다. "업무를 처리하기 전에 미리 계획을 세워요. 중요한 일, 덜 중요한 일, 급한 일, 나중에 해도 되는 일, 내가 좋아하는 일, 싫어하는 일 등 해야 할 일들을 전부 나열해놓고 어느 한 가지 일에 지칠 때마다 혹은 스스로 업무 효율이 떨어진다 싶을 때마다 바로 좋아하는 일을 하며 쉬어 갈 수 있도록 하죠. 잠깐 음악을 듣는다거나 가볍게 게임을 한 판 한다거나 좋아하는 글을 읽는 등의 방법으로 뇌에 충분한 휴식을 준 다음 다시 업무를 처리하면 자연스럽게 페이스를 되찾을 수 있더라고요. 이 중에서 가장 중요한 건 자신의 업무에 대한 계산이 되어 있어야 한다는 거예요. 그래야 제대로 된 계획을 세울 수 있거든요."

당신도 '모팻 휴식법'을 충분히 활용해 자신의 업무 효율을 높여보라. 물론 피곤함이 느껴질 때는 모든 일을 내려놓아도 좋다. 그저 가만히 눈을 감은 채 10분 정도 휴식을 취해 빠르게 돌아가고 있던 뇌에 잠깐의 휴식을 주는 것도 좋은 방법이니 말이다. 이렇게 쉬고 나면 조금 전까지만 해도 포기하고 싶었던 일도 성공할 때까지 지속해 나아갈 힘이 생길 것이다.

CHAPTER 7

감정심리학으로 감정을 장악하고 일상을 개선하라

페스팅거 법칙

**: 재수 없는 일이 생겼을 땐
긍정적인 감정을 선택한다**

안 좋은 일이 생겼을 때 사람들의 감정은 부정적인 방향으로 발전한다. 그래서 일정 시간이 지난 후 부정적인 감정들이 불러온 일련의 나쁜 결과들과 마주하게 된다.

미국의 사회심리학자 레온 페스팅거가 자신의 저서에 다음과 같은 예시를 든 적이 있다.

캐스팅은 아침에 일어나 자신의 명품 손목시계로 시간을 확인한 후 대충 세면대 위에 올려두었다. 이를 본 아내는 행여 시계에 물이 들어갈까 봐 시계를 식탁 위로 옮겨두었다. 하지만 시계는 아침 식사를 받아 가던 아들의 실수로 바닥에 떨어져 망가지고 말았다. 캐스팅은 자신이 무척 아끼던 시계가 망가지자 아들에게 불같이 화를 냈고, 그런 아들이 애처로웠던 캐스팅의 아내는 아들의 역성을 들다 캐스팅과 격한 말다툼을 벌이게 되었다.

결국 캐스팅은 화가 난 나머지 아침 식사도 하지 않고 곧바로 출근길에 올랐다. 그런데 회사에 거의 도착할 즈음 그는 집에 서류 가방을 두고 왔다는 사실을 깨달았다. 마침 서류 가방에는 오늘 있을 중요한 회의 자료가 들어 있었다. 그러나 그때는 이미 아내와 아이 모두 집을 나섰을 시간이었다. 집 열쇠도 서류 가방 안에 있어 캐스팅이 다시 집에 돌아갈 수도 없는 노릇이었다. 달리 방법이 없자 캐스팅은 어쩔 수 없이 아내에게 전화를 걸었다.

남편의 사정을 들은 아내는 허둥지둥 집으로 돌아가다 길가에 늘어놓은 과일 좌판과 충돌해 좌판을 엎게 되었다. 이 때문에 노점상과 한바탕 말다툼을 벌이다 결국 경찰이 출동해 그녀는 큰돈을 물어줘야 했다.

캐스팅이 서류 가방을 전해 받았을 때 그는 이미 30분이나 지각을 한 상태였다. 그런데 하필이면 지각한 사실을 상사에게 들켜 쓴소리를 잔뜩 들어야 했다. 그의 기분은 그야말로 엉망진창이 되었고, 그 탓에 업무에 작은 실수까지 하는 바람에 동료와도 대판 다투었다.

캐스팅의 아내는 큰돈을 배상했을 뿐만 아니라 조퇴로 개근상을 받을 기회도 날아갔다. 한편 그의 아들은 아침에 아버지에게 들은 분노의 꾸지람에 기분이 온종일 좋지 않았다. 그리하여 결국 원래는 상을 받고도 남을 경기에서 제 실력을 발휘하지 못해 첫 판에 탈락의 고배를 맛봐야 했다.

페스팅거가 밀한 이 이야기는 아침에 망가진 그 손목시계가 일련의 불운을 불러온 것처럼 보이지만 사실 이날을 '짜증 나는 하루'로 만든 근본 원인은 안 좋은 일이 발생한 후 감정을 다스리지 못한 캐스팅에게 있다.

여기에는 한가지 규칙이 있다. 재수 없는 일을 겪은 후, 화를 내고 짜증을 낼수록 혹은 우울해할수록 안 좋은 일들이 굴비 엮듯 줄줄이 일어나지만, 좋은 쪽으로 생각하려고 노력하다 보면 나쁜 일이라고 생각했던 일도 사실 별것 아니게 되는 그런 규칙 말이다.

우리가 부정적인 감정을 느끼기 시작하면 우리의 뇌는 극도의 흥분 상태에 놓이는데, 이때 사람들은 비이성적인 선택을 하곤 한다. 화가 난다고 애꿎은 사람에게 화풀이하거나 히스테릭하게 짜증을 내는 식이다. 문제를 해결하려 들거나 타인의 감정은 전혀 고려하지 않은 채 말이다. 그러나 이는 자기 자신에게 부정적인 영향을 미칠 뿐만 아니라 주변 사람들의 기분에도 영향을 주어 일련의 안 좋은 결과들을 불러일으킨다.

중국의 문학평론가이자 번역가인 벤즈린은 "기분이란 햇살처럼 쨍할 수도, 먹구름처럼 침울할 수도 있는 것으로, 어느 쪽을 선택할지는 자기 자신의 몫이다"라고 말했다. 감정도 마찬가지다. 부정적인 감정을 선택하면 나쁜 결과가 따라오고, 긍정적인 감정을 선택하면 좋은 영향을 받을 수 있다.

'어젯밤 당신이 얼마나 목놓아 울었든 새날의 이 도시는 여전히 시끌벅적하기만 하다.'

이는 인터넷상에서 떠도는 재미있는 글이다. 자신의 부정적인 감정이 자기 자신과 가까운 사람들에게만 영향을 줄 뿐, 이를 제외한 타인에게는 아무런 영향을 주지 않음을 보여주는 말이다. 그렇다면 더더욱 자기 자신을 위해서 긍정적인 감정을 선택해야 하지 않을까?

세상에서 불행한 사람을 꼽아보라면 많은 사람이 만국 공통으로 가장 먼저 떠올리는 이름이 있다. 바로 헬렌 켈러다. 위대한 작가이자 교육가인 그녀는 어린 시절, 병으로 시력과 청력을 잃는 엄청난 불행을 겪었다. 보통 사람이라면 소리 없는 암흑의 세상에서 살아야 한다는 현실에 진즉 무너졌겠지만, 그녀는 병에 그리고 현실에 주저앉지 않았다. 장애를 안고 살아야 한다는 어려움 속에서도 기꺼이 긍정적인 사람이 되길 선택했고, 그렇게 끊임없이 운명과 싸워 사람들의 존경과 칭송을 받는 인물이 되었다.

사실 늘 순조롭기만 한 인생은 없다. 우리는 하루에도 몇 번씩 여의찮은 상황들과 마주한다. 이때 우리가 긍정적인 감정을 선택한다면 인생의 크고 작은 고비들을 조금 더 수월하게 넘길 수 있을 것이다. '신은 한쪽 문을 닫으면 반드시 다른 문을 열어주신다'라고 하지 않던가? 어떤 상황에서든 자신의 감정의 주인이 될 줄 아는 사람이 되어야 자신에게 더 유리한 선택을 할 수 있다.

《레 미제라블》의 주인공 장 발장은 매우 불행한 사람이다. 그는 성실했지만, 가난과 굶주림을 이기지 못하고 훔친 빵 한 조각에 쇠고랑을 차고 감옥살이를 하게 되고, 이 과정에서 사회에 대한 원망과 증오심을 키우기도 한다. 그러나 양심의 가책을 느낀 후 그는 열악한 환경 속에서도 사람들을 위해 봉사하는 길을 선택한다. 이 긍정적인 선택으로 장 발장은 훗날 공장 주인과 시장이 된다. 자신에게 닥친 불행 앞에서도 긍정적으로 나아가기를 선택한 덕분에 그는 점점 더 나은 삶을 살 수 있었던 것이었다.

우리는 다가오는 불행을 막을 수 없다. 그러나 부정적인 감정이 생기는 것을 막을 수 있고, 부정적인 감정이 불러올 나쁜 결과들을 막을 수 있다.

세상에 해결하지 못할 어려움이란 없다. 난관을 극복하는 사람과 극복하지 못하는 사람의 차이점은 일이 벌어진 후, 그 일을 처리하는 태도임을 잊지 말자. 무슨 일이 생기든 긍정적인 마음으로 대하면 더 좋은 결과를 낼 수 있을 것이다. 그러니 '페스팅거 법칙'을 올바르게 활용해 긍정적인 마음가짐으로 자신에게 닥친 난관과 좌절에 대처하자.

베버의 법칙
: 자신의 가치를 인정한다

　우수한 성적을 거둔 후 기쁨과 성취감을 느끼지만 이내 자기 의심에 빠지는 사람들이 있다. 이후 더 좋은 성적을 내기 어렵게 되자 실은 '내가 그리 뛰어난 사람이 아니었구나' 의심하며 자신의 가치를 바로 보지 못하기 때문이다.

　이러한 현상을 '베버의 법칙(Weber's law)'이라고 부른다. 이는 사실 사회심리학 용어인데, '강렬한 자극을 받은 사람에게 다시 자극을 가하면 그 자극을 미미하게 느끼는 현상'을 일컫는다. 다시 말해 원래 수백만 원 하던 제품의 가격을 몇만 원 인상하면 별것 아닌 듯 느끼지만, 몇천 원 하던 제품을 몇백 원 인상하면 비싸다는 아우성이 나온다는 뜻이다.

　이와 관련해 이탈리아의 한 심리학자가 일명 '장미 실험'을 진행한 적이 있다.

　심리학자는 먼저 성장배경과 연령대가 대체로 같은 남성 두 명을 찾아 연애할 때 각자의 연인에게 장미꽃을 선물하도록 했다.

첫 번째 남성에게는 여자 친구에게 매주 빨간 장미 한 다발을 선물할 것을 주문했다. 처음 꽃을 선물받은 그의 여자 친구는 무척이나 기뻐하는 눈치였다. 그러나 한 주 또 한 주가 지날수록 여자 친구는 꽃 선물에 익숙해진 듯 별다른 반응을 보이지 않았다.

한편 두 번째 남성에게는 매주가 아니라 밸런타인데이 당일 여자 친구에게 장미꽃을 선물하도록 했다.

대망의 밸런타인데이 때, 매주 장미꽃을 받던 여성은 이날도 마찬가지로 장미꽃을 선물받고 무덤덤한 모습을 보였다. 게다가 그녀는 남자 친구에게 "다른 사람들은 자기 여자 친구한테 파란 장미를 선물해주던데. 평범한 빨간 장미보다 훨씬 예쁘더라"라며 불평을 늘어놓기까지 했다.

한편 그동안 남자 친구로부터 단 한 번도 장미꽃을 선물받은 적 없었던 여성은 남자 친구가 꽃다발을 한 아름 안고 자신에게 다가오자, 뜻밖의 기쁨에 남들 눈은 아랑곳하지 않고 남자 친구를 꽉 안아주었다.

베버의 법칙은 비교적 흔한 심리효과로, 우리에게 어느 정도 이익을 가져다주기도 한다. 예를 들어 물건을 살 때 베버의 법칙을 응용하면 흥정에 성공할 확률이 높아진다. 상인이 부른 가격의 절반 값을 부른 다음 조금씩 가격을 높여가는 것이다. 그러면 상인은 처음 받은 자극이 커서 이후 고객이 제시하는 할인가를 비교적 쉽게 받아들인다.

사실, 베버의 법칙은 우울한 감정을 가진 사람들에게서 더 흔히 찾아볼 수 있다. 언제나 노력을 게을리하지 않는 사람은 성공을 향해 끊임없이 매진한다. 그러나 한 번의 성공이 인생의 종점이 될 순 없기에 이들은 성공을 기반으로 작은 발전을 이뤄가며 이후의 삶을 보내게 될 것이다. 다만 한번 성공한 사람은 그 성공을 뛰어넘는 성과를 내기가 쉽지 않고, 바로 이때 사람들은 쉽게 자신을 의심하게 된다.

그렇게 타성에 젖게 되는 것이다. 이것이 바로 직장인으로서 사회에 첫발을 디뎠을 때는 상사의 칭찬 몇 마디, 작은 업무 실적에도 뛸 듯이 기뻐하며 열정을 불태우지만 시간이 흐름에 따라 열정을 잃고 매너리즘에 빠지는 사람이 많은 이유다. 상사의 칭찬이나 작은 실적과 같은 자극들에 면역이 생겨 더는 우리 마음에 파동을 일으키지 못하고, 그런 까닭에 매일 반복되는 비슷한 일상에 있었던 포부마저 사그라지는 것이다.

인생은 한 번뿐인데 줄곧 부정적인 감정에 빠져 지내는 것은 낭비가 아닐 수 없다. 그런 의미에서 러시아 작가 오스트롭스키의 《강철은 어떻게 단련되었는가》에 나오는 이 말은 깊은 깨우침을 준다.

'인간에게 가장 귀중한 것, 그것은 생명이다. 생명은 인간에게 단 한 번만 주어진다. 따라서 인간은 헛되이 보낸 지난 세월에 후회하지 않도록, 한평생 이루어놓은 것 없이 구차하게 살아온 시간

에 부끄럽지 않도록 살아야만 한다.'

사실 우수한 사람일수록 자신이 거둔 성과를 분명히 인지하고 자신의 가치를 인정하는 법을 배워야 한다. 그래야 부정적인 감정이 빈틈을 파고드는 것을 막을 수 있다.

누구에게나 '베버의 법칙'의 현상이 나타나 이로 말미암아 자기 자신을 부정적인 감정에 빠트리고 끊임없는 자책과 후회의 굴레에서 허덕일 수 있다. 그러나 이는 자신의 발전에 아무런 도움이 되지 않는다. 이런 현상이 나타났을 때, 당신의 귓가에 대고 당신의 지난 성과를 읊어주며 자신감을 되찾아줄 사람이 있다는 건 굉장한 행운이다.

그러니 부정적인 감정이 들 때는 이를 가슴에만 묻어두지 말고 적극적으로 친구에게 털어놓자. 그렇게 도움을 구하면 그들이 당신을 부정적인 감정의 늪에서 끌어 올려줄지도 모르니 말이다. 자신의 가치를 인정하면 자신이 뛰어나지 않아서가 아니라 그저 천천히 성장하고 있을 뿐임을 깨달을 것이다.

피그말리온 효과
: 긍정의 암시를 멈추지 않는다

생각보다 꽤 많은 순간 자기암시는 우리에게 예상치 못한 영향을 준다. 때로는 부정적인 암시가 실패를 부르고, 끊임없는 긍정적 자기암시가 불가능한 일을 가능하게 만들기도 한다.

옛날에 피그말리온이라는 왕이 있었다. 그는 조각을 사랑하고 또 조각에 뛰어난 재능을 가지고 있었다.

어느 날, 그는 번뜩이는 영감을 살려 완벽한 여인상 하나를 완성했다. 여인상은 너무나 아름다워 사람의 마음을 설레게 할 정도였는데, 실제로 피그말리온은 이 조각상을 진심으로 사랑하게 되었다.

그는 사랑과 미의 여신 아프로디테에게 도움을 청하기에 이르렀고, 아프로디테는 왕의 진심에 감동하여 조각상에 생명을 불어넣었다. 그렇게 피그말리온은 인간이 된 여인과 혼인하여 부부가 되었다.

이것이 바로 그 유명한 '피그말리온 효과(Pygmalion Effect)'의 유래다. 피그말리온 효과는 미국의 저명한 심리학자 로젠탈과 제이콥슨이 제시한 개념으로 백과사전의 설명에 따르면 '무언가에 대한 사람들의 기대나 예측이 그 대상의 수행 결과에 영향을 미치는 경향'이다.

쉽게 말해서 우리가 무언가를 바라고 기대하면 그대로 이루어진다는 뜻이다. 어떤 일에 기대를 품고, 해낼 수 있다는 자신감을 가지면 일이 잘 풀릴 가능성이 크다. 어떤 이들은 일을 시작하기 전부터 '너무 어려워', '이걸 내가 어떻게 해' 하는 식으로 생각하는데, 바로 이런 생각들이 자기암시가 된다. '못할 거야'라는 생각이 잠재의식 속에 주입되어 최선을 다하지 않게 되고 결국 당연하게 '실패'라는 결과를 얻게 되는 것이다.

이와 반대로 어려운 일이 생겼을 때 '에이, 별로 어려울 것도 없네. 이 정도는 내가 해결할 수 있지'라고 생각하면 자신이 원하는 결과를 얻을 가능성이 커진다.

의학 박사 맥스웰 몰츠는 말했다.

"우리의 신경계통은 아주 어리석어서 눈으로 본 대로 반응한다. 좋은 일을 보면 기쁨의 반응을 보이고, 걱정스러운 일을 보면 우울한 반응을 보인다."

같은 맥락으로 자신에게 긍정적인 자기암시를 하면 어려움을 극복할 수 있고, 부정적인 자기암시를 하면 자포자기한다.

암시에 상상조차 할 수 없는 힘이 있음은 관련 연구를 통해 이

미 밝혀진 바다. 자신에게 아
무런 기대도 하지 않는 사람
은 자신의 인생을 포기한 것이
나 다름없다. 이런 사람은 무슨
일을 하든 성공과 거리가 멀 수밖에 없
다. 실패 후 이들은 생각할 것이다. 역시 자신은
무능한 인간이라고. 그렇게 악순환을 반복할 것이다.

그러니 기분이 저조할 때는 수시로 긍정적인 자기암시를 해보
자. '나는 최고야', '난 할 수 있어', '그 무엇도 날 무너뜨리지 못해'
라고. 이런 자화자찬과 인정을 통해 자신에 대한 기대를 품으면
실제 일을 할 때도 자신감을 가질 수 있으며, 올바른 가치관을 수
립할 수 있다.

미국의 심리학자 윌리엄스는 "어떤 견해나 계획, 목적이든지 강
력한 믿음과 기대를 안고 여러 번 반복해 생각하다 보면 잠재의식
속에 새겨져 적극적인 행동의 원천이 된다"라고 말했다.

기자와 인터뷰할 때마다 "I'm the best!"라고 외치던 권투 챔피
언이 있었는데, 이것이 바로 그의 긍정적인 자기암시였다. 자신이
최고가 되기를 기대하면 이러한 자기암시의 자극 속에 끊임없이
목표를 향해 나아갈 힘이 생긴다. 물론 처음부터 효과가 나타나지
않을 수도 있다. 그러나 일정 시간이 지난 후 확실히 달라진 자신
을 발견할 수 있을 것이다.

긍정의 암시는 불가능한 일을 가능하게 만들기도 한다. 그러니

우울한 기분이 들 때는 스스로 긍정의 심리암시를 주자. 그러면 용기가 생길 테니 말이다.

그렇다면 어떻게 해야 '피그말리온 효과'를 올바르게 활용할 수 있을까?

1. 마음속에 긍정적인 기대를 품는다

'피그말리온 효과'의 정의에 따르면 우리가 최후에 얻게 될 결과는 우리가 기대하고 바라는 바 그대로이다. 다시 말해서 우리 마음속에 긍정적인 기대가 없다면 긍정적인 결과를 얻기 힘들다는 뜻이기도 하다. 물론 기대는 합리적이고 현실적이어야 한다. 평범한 직장인이면서 당장 1억 원을 벌 수 있길 기대한다면 이는 현실과 동떨어진 공상일 뿐이다.

2. 정확하게 자아를 인지한다

자신이 현재 어떤 상태인지 분명히 인지한 후 그에 맞는 기대를 품어야 한다. 기대는 그저 도입부에 지나지 않는다. 진짜 핵심은 기대를 행동에 옮기는 일이다. 목표를 이루기까지 얼마가 걸릴지, 이를 위해 무엇을 해야 할지 등을 살펴야 하는데, 마음속에 정확한 계산이 서려면 자신에 대해 올바른 인지가 필수다. 올바른 자아인지 없이 덮어놓고 하는 기대는 결국 엄청난 심리적 괴리를 만들어낼 것이다.

3. 적극적으로 행동한다

행동하지 않고 생각만 하면 어떤 기대를 품든 결국 허사가 될 뿐이다. 물론 행동하는 과정에서 난관에 봉착할 수도 있다. 그러나 끝까지 포기하지 않으면 성공할 수 있다. 너무 조급하게 구는 것도 금물이다. 단계를 계획해 그날의 임무를 완수하다 보면 티끌 모아 태산이라고 목표를 향해 성큼 다가간 자신을 발견할 수 있을 테니 말이다.

요컨대 긍정적 자기암시를 활용하되, 되도록 간단하고 현실적인 목표를 선택하도록 주의해야 한다. 그런 다음 이를 반복해야 최고의 효과를 볼 수 있다.

한계 초과 효과
: 주의를 돌려 부정적인 감정에서 벗어난다

백과사전에서는 '한계 초과 효과'에 대해 이렇게 설명한다.

'과도한 자극을 받거나 오랜 시간 자극에 노출되어 극도의 성가심 또는 반발심을 불러일으키는 심리 현상.'

간단히 말해 한 가지 일에 대해 반복적인 자극을 받게 되면 그 일에 대한 거부감이 생긴다는 뜻이다. 한계 초과 효과와 관련해 미국 풍자 문학의 대가로 불리는 마크 트웨인이 겪었던 재미있는 일화가 있다.

독실한 기독교인이었던 마크 트웨인이 설교를 들으러 교회에 갔을 때의 일이다. 그는 그날따라 열정적으로 말씀을 전하는 목사님의 모습에 감동해 100달러를 헌금해야겠다고 생각했다.

그러나 설교를 시작한 지 10분이 지나도록 목사님의 설교는 끝날 기미가 보이지 않았다. 이쯤 되자 마크 트웨인은 슬슬 인내심이 바닥나기 시작했고, 급기야 목사님의 목소리가 시끄럽게 느껴졌다. 그리하여 그는 이때 헌금 시간에 20달러만 헌금해야겠다고 마음을 바꾸었다.

하지만 좀처럼 헌금 시간은 돌아오지 않았다. 또다시 10분이 지난 후에도 목사님의 설교가 계속 이어졌기 때문이다. 처음에는 그저 인자하게만 느껴졌던 목사님이 이제는 꼴도 보기 싫을 정도였다. 게다가 헌금할 마음마저 싹 달아났다.

그렇게 길고 길었던 목사님의 말씀이 끝나고 헌금 시간이 되었을 때, 이미 짜증과 화가 잔뜩 난 마크 트웨인은 헌금을 하기는커녕 오히려 헌금함에서 2달러를 훔쳐 나왔다.

이런 '한계 초과 효과'는 우리의 일상생활에서도 꽤 흔히 나타난다. 가장 전형적인 예가 바로 텔레마케팅이다. 아마 다들 시도 때도 없이 걸려오는 광고 전화에 시달려본 경험이 있을 것이다. 처음 전화를 받았을 때는 인내심을 발휘해 매너 있게 전화를 거절하다가도 그 횟수가 빈번해지면 상대가 본론을 꺼내기도 전에 귀찮다는 듯 전화를 끊고 스팸 처리를 하지 않았던가! 이것이 바로 '한계 초과 효과'로 인한 반응이다.

'한계 초과 효과'는 같은 일로 계속 타인을 귀찮게 해 반감을 사는 일이 없도록 늘 우리를 일깨우는 역할을 하기도 하지만, 우리를 부정적인 감정에 빠트려 심각한 결과로 내몰기도 한다. 사람들은 일이 뜻대로 되지 않을 때 부정적인 감정을 느끼는데, 이때 전보다 더 강렬한 자극이 생기지 않으면 계속 그 감정에 빠져 헤어나지 못하게 만드는 것이 바로 '한계 초과 효과'이기 때문이다.

이런 식으로 한계 초과 효과가 나타나게 되면 매우 위험할 수 있다. 사람들은 기분이 저조할 때 온갖 부정적인 생각과 정보가 생각의 큰 부분을 차지하게 되는데, 이는 우리의 건강에 매우 해롭다. 우울증에 걸리기 쉬울뿐더러 심하면 자살까지 생각하게 만들기 때문이다.

예를 들어 실연의 아픔을 겪고 온 세상이 암담하게 느껴지는 사람이 있다고 가정해보자. 그는 모든 일에 흥미를 잃고 삶의 희망마저 사라진 기분이다. 무엇보다 그는 그런 자신을 실연의 고통 속에 그냥 버려두고 있다. 친구들이나 가족과 함께하는 시간도, 회사에서 승진한 것도 그에게는 아무런 의미가 없다.

사실 이 경우 그는 이미 '한계 초과 효과'에 휩싸인 상태라고 할 수 있다. 그에게 실연보다 더 큰 자극을 줄 일이 일어나지 않는다면 그렇게 계속 부정적인 세상에 갇혀 지낼 수도 있다는 뜻이다. 그런데 만약 그가 '한계 초과 효과'의 존재를 이해하고, 제때 자신의 부정적인 감정에서 주의를 분산할 줄 알게 된다면 그의 인생에는 멋진 변화가 일어날 것이다.

자신의 감정을 다스리는 일이 매우 중요하듯, 부정적인 감정에 휩싸였을 때 즉각 '한계 초과 효과'의 존재를 깨닫고 자신의 상태를 바로잡는 일 또한 매우 중요하다. 그러면 부정적인 감정에서 벗어날 수 있으니 말이다.

눈앞에 보이는 일들이 이 세상의 전부는 아니다. 이 세상에는 아름다운 일이 수없이 많다. 자신을 울적하게 만드는 일에 계속 집중할 필요는 없다. 그러니 부정적인 감정이 싹트거든 얼른 자신이 좋아하는 일을 찾아보자. 그림을 그린다거나, 음악을 듣는다거나, 운동을 한다거나, 퍼즐게임을 한다거나, 아니면 쇼핑을 한다거나 ……. 부정적인 감정에서 주의를 분산할 수 있는 일이라면 무엇이든 좋으니, 좋아하는 일로 '한계 초과 효과'의 저주를 풀자.

담금질 효과
: 더 강한 내가 된다

　부정적인 감정의 위험성을 알고 나면 사람들은 이를 두려워하며 멀리하려 한다. 그런 까닭에 어떤 일을 할 때 저도 모르게 소심해져 많은 기회를 놓치곤 한다. 그런데 사실 그럴 필요가 전혀 없다. 관련 연구 결과에 따르면 많은 우울증 환자가 회복 후 더 단단해진 모습으로 거듭났기 때문이다.

　이는 '담금질 효과'가 작용한 결과다. 담금질은 금속을 고온의 열에 일정 시간 가열한 후 다시 냉각제(물이나 기름)에 넣어 냉각 처리함으로써 더 단단하고 안정적인 금속을 만드는 과정을 말한다. 이를 심리학에 적용한 것이 바로 '담금질 효과'다. 우리의 감정은 '금속'에, 우리가 겪는 안 좋은 일은 '냉각제'에 해당하며, 냉각 처리 후 우리는 더 단단한 마음을 갖게 된다.

　'담금질 효과'는 맨 처음 교육학에 기반해 제시된 개념이다. 성적이 조금 잘 나왔다고 학생들이 금세 자만하지 않도록 선생님들이 약간의 장애물을 준비해 학생들에게 작은 좌절을 맛보게 함으로써 흥분을 가라앉게 했더니 학생들의 멘탈이 더욱 강해졌던 것이다.

사람들은 좌절을 겪고 나면 쉽게 공황과 두려움 등 부정적인 감정에 빠지며, 심지어 어떤 일을 하든 다시 좌절할 것이 두려워 소심해진다. 그러나 니체는 말했다. "당신을 죽을 만큼 힘들게 했던 시련이 당신을 더욱 강하게 만들 것이다"라고.

늘 순조롭기만 한 인생은 없다. 사람은 누구나 살면서 안 좋은 일을 겪으며 부정적인 감정을 느끼기도 하고, 또 자기 능력을 의심하기도 한다. 특히 비교적 공식적인 자리에 있을 때 사람들은 주변 환경의 영향을 받아 부정적인 감정에서 쉽게 헤어나지 못한다. 예를 들어 어떤 대회에 참가했을 때 현장 분위기에 압도되어 저도 모르게 당황하고, 긴장하게 되는 경우가 이에 해당한다.

영화 〈쇼생크 탈출〉에서 주인공 앤디는 감옥에 갇혔어도 자유에 대한 갈망을 놓지 않고 끊임없이 노력한다. 그는 이 과정에서 다시 많은 일을 겪게 되지만, 그럴수록 그의 마음은 단단해진다.

촉망받던 은행가 앤디는 불행히도 아내의 외도 사실을 알게 된다. 그러나 그에게는 이보다 더한 불행이 닥친다. 아내와 그 애인이 살해당하면서 살인범으로 누명을 쓰게 된 것이다. 그는 이 사건으로 종신형을 선고받고 교도소에 갇힌다. 보통 사람이 이런 불행을 겪었다면 '멘붕' 상태에 빠질 테지만, 앤디는 평정심을 유지한다. 그는 여전히 삶에 대한 희망을 놓지 않는데, 심지어 몰래 교도소장의 사무실에 들어가 교도소 내에 음악을 틀었다가 1주일 간 독방 신세를 지기도 한다.

앤디는 교도소에서 교도소 내 장사꾼으로 통하는 레드를 만나 그와 친구가 된다. 레드는 망치를 구해달라는 앤디의 부탁을 들어준다. 망치가 교도소 반입 금지 물품이었음에도 말이다. 장기수인 레드는 그동안 여러 차례 보석을 신청했지만, 번번이 기각당했다. 이에 그는 앤디에게 교도소에서 희망을 품는 일이 얼마나 위험한 일인지를 이야기한다. 희망이 한 번씩 꺾일 때마다 그 아픔이 사람을 미치게 할 수 있다며, 오히려 희망 없이 사는 것이 고통을 피해 교도소생활에 적응하는 길이라면서 말이다.

그러나 인생에 대해 절망한 레드와 달리 앤디는 '고생'을 꽤 잘 견뎌내는 타입이다. 그는 자신의 결백을 주장하며 교도소장에게 재심을 받게 해달라고 요구했다가 흠씬 두들겨 맞고 또다시 독방 신세를 지지만 이런 일들에 쓰러질 그가 아니다.

어느 날 앤디는 교도소장의 신임을 얻는다. 은행가로 일했던 실력을 발휘해 교도소장의 상속세 고민을 해결해준 것이다. 이를 계기로 그는 소장의 검은돈까지 관리해주며, 교도소 도서관의 관리직을 맡는다.

그 무렵 앤디를 곧잘 따르던 토미로부터 무죄를 입증할 기회도 생긴다. 그러나 그가 석방될 수 있으리라는 기대에 차 있을 때 자신의 치부가 세상에 알려질 것이 두려웠던 교도소장은 토미가 탈옥을 시도했다는 누명을 씌워 앤디에게서 희망을 앗아 간다.

이때 앤디는 탈옥만이 자신이 새 삶을 얻을 유일한 방법임을 깨닫는다. 그리하여 레드가 준 망치로 땅굴을 파 교도소장의 장부를 가지고 쇼생크에서 탈옥한다. 이후 앤디는 장부를 증거로 교도소장의 비리를 신고해 교도소 내에서 무소불위의 권력을 휘두르던 소장을 무너뜨린다. 그리고 앤디의 친구 레드 역시 보석 신청이 승인되어 드디어 세상 밖으로 나온다.

고난은 용수철과 같아서 우리가 약해질수록 강해진다. 부정적인 감정도 마찬가지다. 긴장, 두려움, 노여움, 초조함, 슬픔 등의 부정적인 감정들은 마치 그물처럼 우리를 촘촘하게 감싼다.

거듭되는 부정적 감정은 우리의 인내심을 바닥내고 끝끝내 우리를 무너뜨려 미래에 대한 희망을 잃게 만든다. 그러나 이러한 감정을 직시하고 이를 극복해내면 다시 같은 상황이 닥치더라도 더는 실패를 두려워하지 않게 된다.

성공 인사라고 불리는 사람들도 성공하기까지 모든 일이 순조로웠던 것은 아니다. 그 과정에서 그들 또한 수많은 시련과 좌절을 경험했다. 다만 그 많은 시련과 좌절을 이겨내고 정상에 섰을 뿐이다.

그러니 '담금질 효과'에 대해 이해했다면, 이제부터는 인생에서의 시련과 좌절을 더 단단한 내가 되기 위한 발판일 뿐이라고 여기자. 좌절을 경험한 후 자신의 문제를 해결하는 능력뿐 아니라 위험을 감수하는 능력까지 향상되었다는 사실은 연구를 통해서도 입증된 바이니까 말이다.

우리는 못나지 않았다. 부정적인 감정이 우리의 우수함을 가리고 있을 뿐이다. 부정적인 감정이 들 때는 이에 빠져 허덕이거나 끊임없이 자신을 의심하지 말고, 일단 그 감정이 생긴 원인을 찾아야 한다.

어떤 부정적인 감정을 마주하든 가장 금기해야 할 것은 바로 회피다. '담금질 효과'가 말해주듯 부정적인 감정은 그리 대단한 것도 아니다. 자신의 감정을 정확히 분석하고, 문제의 소지를 찾아내 해결하면 그뿐이다. 돌아서면 인생이라는 여정에서 겪게 된 한낱 사소한 경험에 불과함을 깨닫게 될 것이다. 그리고 이런 부정적인 감정의 세례를 한 번 두 번 겪게 된 후, 웬만한 어려움에는 거뜬한, 더 단단해진 자신을 발견할 것이다.

모리타 요법

: 순리대로 마땅히 해야 할 일을 한다

　부정적인 감정을 두려워하며 이를 예방하거나 감소시키기 위해 혹은 부정적인 감정이 드는 상황의 발생을 방지하기 위해 강박 행동을 보이지만, 그러면 그럴수록 부정적인 감정의 늪에 빠지는 사람들이 있다. 흔히 이러한 행동을 보이는 이들을 강박증 환자라고 일컫는다.

　1995년 캐나다 퀘백의 라발대학교에서 다음과 같은 실험을 한 적이 있다.
　한 제약 회사에서 아시아 시장에 모 바이러스 대응을 위한 알약을 공급할 준비를 할 때였다. 연구진은 본격적인 시장공급을 앞두고 알약이 색깔별로 잘 분류되었는지 확인하는 작업이 필요한 상태라며, 이 작업을 수행할 지원자를 모집해 이들을 두 그룹으로 나누었다. 그러고는 첫 번째 그룹에 작업 내용을 설명하며 이는 그저 간단하고 일반적인 확인 작업일 뿐, 결과가 그리 중요하진 않다고 말했다.

한편 두 번째 그룹에는 해당 작업에 생사가 걸렸다고 할 만큼 매우 중요한 일이라고 강조했다.

그 결과 첫 번째 그룹의 실험 대상자들은 가볍게 작업을 끝낸 반면, 두 번째 그룹은 첫 번째 그룹보다 더 오랜 시간을 쏟아 반복해서 점검을 진행했다. 시간이 흐를수록 그들의 감정에도 변화가 생겼다. 그들은 갈수록 초조함을 느꼈으며 심지어 자신이 이렇게 중요한 일을 해낼 수 없을 거라는 걱정에 휩싸이기 시작했다.

우리도 두 번째 그룹의 실험 대상자들처럼 우리가 중요하다고 생각하는 일이나 위험성이 높다고 생각하는 일을 할 때 저도 모르게 신중을 기하다 부정적인 감정의 파도를 마주할 때가 있다. 그렇다면 우리는 이런 감정에 그저 손 놓고 있을 수밖에 없는 걸까? 이럴 때는 일본의 정신과 의사인 모리타 쇼마가 개발한 '모리타 요법(Morita Therapy)'이 도움 된다.

'모리타 요법'은 강박증, 대인기피증, 우울증 등 신경증을 치료하는 데 효과가 입증된 치료법으로, '순리대로 마땅히 해야 할 일을 하는 것'이 기본 원칙이다. 즉, 부정적인 감정이 들 때는 그 감정에 얽매이지 말고 '순리를 따르라는 것'이다. 물론 순리를 따르라는 말은 문제를 알면서도 모르는 척 그냥 놔두라는 뜻이 아니다. 땅굴을 파고 들어가는 감정을 애써 외면하거나 그 감정에만 얽매이지 말고, 자신의 감정이 저조하다는 사실을 스스로 인정하고 받아들여야 한다는 의미다. 인생이란 본래 '희로애락'의 집합체이다. 부정적인 감정에만 지나치게 집중하다 보면 원래는 별것 아닌 일도 큰일처럼 보이게 마련이다.

우리는 때로 슬픔을 느끼고, 때로는 기쁨을 느끼기도 하며, 또 때로는 분노를 느끼기도 한다. 그런데 이러한 감정들은 우리의 힘으로 제어할 수 없을 때가 많다. 예를 들어 슬픈 감정을 당장 기쁨으로 전환하기란 여간 어려운 일이 아니다. 애써 미소를 짓는다고 해도 이는 억지웃음에 지나지 않는다.

이럴 때는 기분을 전환해야 한다는 강박을 버리고 있는 그대로의 감정을 받아들이자. 자신의 마음을 따라 그 감정이 소진될 때까지 기다렸다가 이성적인 상태로 문제해결에 나서면 된다. 자신의 부정적인 감정을 받아들일 줄 알게 되면 감정의 변화가 생기는 것이 지극히 정상적인 일임을 깨닫게 될 것이다. 그리고 감정에 얽매이지 않을 때 부정적인 감정은 순리대로 왔다가 순리대로 떠나갈 것이다.

P는 통통한 몸매가 콤플렉스인 여성이다. 그래서인지 그녀는 늘 열등감을 느낀다. 그녀가 친구들과 쇼핑하러 가는 일은 거의 없으며, 회사 동료들과의 모임에도 잘 참석하지 않는다.

특히 회사 내 동호회 활동은 웬만하면 피하는 편이다. 활동이 끝나고 꼭 하는 단체 기념 촬영이 너무나 싫기 때문이다. 그녀는 매번 사진을 찍을 때마다 사진에서 가장 못생긴 사람이 자기 자신이라고 생각했다. 얼굴은 왜 또 그렇게 크고 둥근지 동료들에게 놀림을 당하기 일쑤였다. 사실, 그녀는 동료들과 회식도 하고, 친구들과 사진도 찍고 싶었다. 하지만 자신이 부러워하는 날씬한 몸매에 달걀형 얼굴을 가진 여성들과 비교해 자신은 너무나도 볼품없이 느껴졌다. 그녀는 그렇게 즐거워 보이는 사진 속 친구들과 동료들을 보며 알 수 없는 쓸쓸함과 서글픔을 느꼈다.

슬픔에는 부정, 분노, 타협, 우울, 수용의 5단계가 있다는 모 학자의 분석처럼 그녀는 반년 남짓의 고민과 갈등 끝에 드디어 자신의 현재 모습을 인정하게 되었다. 자신이 통통하고 별로 예쁘지 않다는 사실을 받아들이자, 자조와 셀프 디스도 아무렇지 않게 할 수 있게 되었다.

그녀는 주말에 친구들과 쇼핑을 가보기도 하고, 회사 동료들과의 모임에도 참석하기 시작했다. 유머러스한 말로 자신의 약점을 드러내자 오히려 친구들 사이의 해피 바이러스가 되었다. 다들 그녀와 함께 시간을 보내길 좋아했고, 그녀는 조금씩 자신감을 회복했다.

진짜 현명한 사람은 부정적인 감정을 피하지 않고 있는 그대로 감정을 수용한다. 고민은 우리의 인생을 구성하는 일부분이다. 피할 수 없다면 자연스러운 감정으로 받아들이는 것이 오히려 뜻밖의 효과를 불러올 수 있다.

사람들은 자신의 기분이 바닥을 칠 때 끊임없이 자기 자신을 탓하며 부정적인 감정이 언제 또다시 찾아올까 전전긍긍하며 하루 하루를 보낸다. 그러나 '모리타 요법'의 효과가 말해주듯 부정적인 감정은 우리가 억누르려 하면 할수록 더 끈질기게 우리를 괴롭힌다. 감정에 맞서고 이를 억누르는 것보다 더 좋은 방법은 바로 수용하는 것이다.

부정적인 감정이 밀려들 때 이를 직시하고 받아들인다면 쉽게 멘탈이 무너질 일도, 우울한 감정에 빠져 허덕일 일도 없을 것이다. 감정은 물고 늘어질수록 더 격렬해져 결국 걷잡을 수 없게 된다.

그러니 부정적인 감정이 들 때는 감정을 신경 쓰는 일에 너무 많은 에너지를 쏟지 말고, 그저 자신이 해야 할 일을 하자. 그렇게 어느 정도 시간이 지나면 말로 표현할 수 없었던 감정이 저도 모르게 사라진 것을 발견할 테니 말이다.

사람들에게는 손에 넣기 어려운 것일수록 쉽게 포기하지 못하는 나쁜 근성이 있다. 직성이 풀리지 않으니 자꾸만 자신의 감정에 얽매이게 되는 것이다. 이때 기회가 된다면 자신의 마음을 따라 즉시 행동으로 옮겨보는 것도 나쁘지 않다. 하지 않고는 못 배기는 바람들을 이루고 나면 부정적인 감정은 바람을 이뤘다는 기쁨으로 대체될 것이다.

부정적인 감정을 수용하는 일은 매우 중요하다. '모리타 요법'을 익힌다면 더는 온갖 부정적인 감정에 이성을 잃고 후회할 행동을 할 일은 없을 것이다.

야생마 엔딩
: 사소한 일에 흥분하지 않는다

사소한 일에 불같이 화를 내는 사람들이 있는데, 이때 제때 자신의 감정을 조절하지 못하면 걷잡을 수 없이 올라오는 화로 말미암아 심각한 결과를 초래할 수도 있다.

한창 바쁘게 일하는 중에 정전되어 컴퓨터가 다운되었다고 가정해보자. 당신은 작업하던 문서를 미처 저장하지 못한 상황이다. 이때 가장 먼저 해결 방법을 찾기보다 애꿎은 마우스와 책상에 짜증을 내며 화풀이한다거나 불평을 늘어놓는다면? 이러한 현상을 '야생마 엔딩'이라고 한다.

아프리카 대초원의 야생마들은 흡혈박쥐를 가장 두려워한다. 녀석들이 야생마의 다리에 달라붙어 피를 빨아먹기 때문이다. 동물들의 피를 먹고 사는 흡혈박쥐는 야생마가 아무리 화를 내며 날뛰어도 아랑곳하지 않고 자신의 배를 다 채운 후에야 물고 있던 야생마의 다리를 놓아준다. 결국 야생마는 이 자그마한 녀석들을 어쩌지 못하고 산 채로 죽음을 맞이하는 경우가 많다.

그런데 동물학자들이 연구를 통해 밝혀낸 사실에 따르면 흡혈박쥐가 빨아먹는 피의 양은 매우 소량으로 야생마에게 전혀 치명적이지 않다.

이후 동물학자들의 후속 연구로 야생마의 목숨을 앗아 가는 진짜 원인이 밝혀졌는데, 그것은 바로 흡혈박쥐가 달라붙은 이후 야생마가 느끼는 분노 때문이었다. 다시 말해서 흡혈박쥐는 야생마의 죽음의 기폭제일뿐, 이에 대한 야생마의 격렬한 감정 반응이야말로 죽음에 이르게 한 직접적인 원인이었다.

미국 미시간대학교의 심리학과 교수 낸디 넬슨의 연구에 따르면 사람은 일생의 평균 30%를 기분이 좋지 않은 상태로 지낸다고 한다. 그러니 부정적인 감정과 수시로 싸울 수밖에 없는 것이다. 바꿔 말하면 사소한 일을 문제 삼기 좋아하는 사람일수록 쉽게 화를 낸다는 뜻이다. 분노라는 감정은 우리의 뇌가 극도로 흥분 상태에 있을 때 생성된다. 이 분노가 극에 달하게 되면 우리는 눈에 뵈는 게 없어진다. 분노라는 불에 타죽지 않으려는 일종의 자기방어랄까? 그래서 사람들은 마음껏 화풀이하고, 심하게 남을 비난하는 쪽을 선택한다.

"열받아 죽겠네" 하는 말은 괜히 나온 게 아닌 셈이다. 그러나 다른 사람의 싫은 소리 한마디, 실수 하나를 일일이 따져가며 매일 분노 속에 산다면 인생에 무슨 의미가 있겠는가?

'도로 위의 분노'라는 뜻의 '로드 레이지(Road Rage)'는 흔히 운전자에게서 나타난다. 어떤 이는 운전을 할 때 빨간불, 교통체증 혹은 누군가 자신을 추월했다는 사실 등 때문에 감정을 폭발하는데, 이 경우 교통사고의 위험이 커져 자칫 돌이킬 수 없는 결과를 초래할 수 있다.

셰익스피어는 "적이 붙인 불에 자신을 태워죽이지 말라"라고 말했다. 다른 사람의 실수를 문제 삼아 화를 내는 것은 타인의 잘못으로 자신을 벌주는 행동과 다름이 없다. 결국 자신만 손해라는 뜻이다.

사람들은 같은 일이라도 자신이 하면 옳고, 남이 하면 그르다고 생각하며 자기 행동을 합리화하는 경향이 있다. 예를 들어 길을 가다가 내가 남의 어깨를 친 건 부주의로 인한 실수이고, 남이 나를 친 건 고의적인 행동으로 받아들이는 것이 이에 해당한다.

이런 일은 생각보다 꽤 자주 발생하는데, 이런 사소한 일에 연연하지 않는 법을 배우면 세상이 더 살만해진다. 마크 트웨인은 말했다. "비단향꽃무는 자신을 짓밟은 이의 발에 향기를 남긴다"라고.

사소한 일에 에너지를 낭비하지 않으면 부정적인 감정이 생기는 것을 조절할 수 있을뿐더러 원만한 인간관계도 얻을 수 있다.

큰일을 이루려는 자는 사소한 것에 얽매이지 않아야 한다. 사소한 일에 지나치게 신경을 쓰다 보면 다른 사람과 싸움이 나기 쉽다. 예컨대 길을 가다 누군가와 부딪혔을 때, 굳이 상대를 붙잡고 당신이 뭔데 나를 치고 가느냐며 따지고, 기어이 받은 만큼 되돌려준다면 싸움이 날 수밖에 없지 않겠는가?

그런데 사실 사소한 일에 얽매일수록 불행해지는 건 자기 자신이다. 큰일을 이루려면 더더욱 사소한 일에 얽매여서는 안 된다. 다른 일에 신경 쓰지 않고 에너지를 집중해 전력을 다해야만 성공할 가능성이 생기기 때문이다.

분노는 양방향의 감정이다. 내가 화를 내면 주변 사람에게 부정적인 감정이 전파된다. 감정을 제어하지 못하는 시간이 길수록 사람들과의 관계는 틀어진다. 부정적인 감정이 사람들에게 주는 피해는 실로 막대하다. 때로는 사소한 일 하나에 자기 자신 또는 타인의 생명을 위험에 빠트리기도 한다. 실제로 미국 경찰이 보유한 기록 중에는 사소한 일로 인해 발생한 사망 사건이 있는데, 그 내용은 대충 이렇다.

'커피를 마실 때 차 받침대를 사용해야 하느냐'의 문제를 두고 한 음식점의 사장과 주방장이 언쟁을 벌이게 되었다. 사장은 말을 할수록 점점 더 화가 치밀어 결국 이성까지 불태우고 말았다. 그는 급기야 권총을 꺼내 들고 주방장을 위협하며 욕설을 퍼부었다. 상황이 심상치 않게 돌아가자 주방장은 급히 밖으로 달아났고, 사장 역시 권총을 든 채 그의 뒤를 쫓았다. 그 결과 가게를 벗어나기도 전에 사장은 갑자기 자리에서 쓰러져 사망했다. 부검 결과

사장의 사인은 심장마비였다. 극도의 분노와 격렬한 움직임이 심장마비를 유발한 것이다.

음식점 사장은 사소한 일에 불같이 화를 내다 결국 그 대가로 목숨을 내놓게 된 셈이다. 이런 '야생마 엔딩'을 맞지 않으려면 평소 마음을 넓게 쓰는 연습이 필요하다. 그러니 그냥 넘길 수 있는 하찮은 일은 그냥 넘어가자. 그러면 다른 사람에게 훈훈함을 안길 수 있음은 물론 자신도 즐거워질 것이다.

'심리적 언덕'을 극복한다

    많은 사람이 이런 경험을 해본 적이 있을 것이다. 어떤 일로 기분이 좋다가도 다음 순간 울컥 화가 나고 실망했던 그런 경험 말이다.

    이런 현상이 나타나는 이유는 '심리적 언덕' 때문이다. '심리적 언덕'이란 감정이 외부의 자극을 받았을 때 그 자극의 정도에 따라 각기 다른 등급의 감정 반응을 보이고 난 후 형성되는 피라미드 모양의 감정 경사면을 일컫는다. 이 경사면의 경사도가 클수록 현재의 감정과 반대되는 방향으로 감정이 전환되기 쉽다.

    간단한 예를 들어보자. 여기 평소 아내를 무서워하는 남성이 있다. 그런데 어느 날 그의 아내가 그를 위해 족욕을 준비해주겠다는 것이 아닌가! 이에 남성은 매우 기뻐하며 제대로 족욕을 즐겨야겠다고 생각했다. 그렇게 신나게 발을 담근 그. 그런데 동작이 너무 컸던 나머지 그만 아내에게 물이 튀고 말았고, 이에 기분이 상한 그의 아내는 한바탕 잔소리를 늘어놓았다. 순간 남성은 좋았던 기분이 가시면서 언짢음이 몰려왔고 이에 아내의 말을 맞받아 치며 언쟁을 주고받았다. 그 결과 두 사람은 마치 '벌집을 들쑤신 듯' 본격적으로 다투기 시작했고, 결국 감정이 격해지면서 두 사람의 말다툼은 급기야 몸싸움으로 번졌다.

이 남성은 좋았던 기분이 순간 잡치면서 짜증과 분노로 전환된 경우인데, 이렇게 감정의 파동이 크면 클수록 우리는 행동을 제어하기가 어려워진다. 특히 주체하지 못할 정도의 기쁨을 느낄 때 예상치 못한 변고가 생기는 경우가 많은 이유도 바로 이 때문이다. 관련 연구에 따르면 인간의 감정에는 다차원성과 양극성이 있다고 한다. 쉽게 말해서 모든 감정에는 그와 상반되는 또 다른 감정 상태가 존재한다는 뜻이다. 예컨대 애정과 증오, 기쁨과 슬픔, 호(好)와 불호(不好) 등이 그것인데, '심리적 언덕'의 경사가 심한 사람일수록 특정 상황에서 대조적인 감정을 지니거나 감정이 이랬다저랬다 하기 쉽다.

'심리적 언덕'의 경사가 심한 사람일수록 정서가 불안정하다. 그들은 어떤 스트레스나 좌절에 강렬한 감정의 파동을 일으킨다. 이러한 감정의 파동은 자신의 심리 상태와 신체 건강뿐만 아니라 곁에 있는 사람들에게까지 안 좋은 영향을 미칠 때가 많다.

인생이란 마냥 순조로울 수만은 없다. 수많은 변수가 미처 막아 낼 겨를도 없이 우리에게 달려들기 때문이다. 이때 '심리적 언덕'이 너무 가파른 사람은 의외의 사건이 터졌을 때 부정적인 감정에 쉽게 매몰되고 만다. 부정적인 감정에 빠져 있다 보면 문제를 냉정하게 처리할 수 없게 된다.

　물론 안정적인 정서를 타고난 사람들도 있을 것이다. 하지만 대부분은 성장함에 따라 '심리적 언덕'이 가파르게 변해 늘 감정에 속수무책 끌려다닐 때가 많을 것이다. 그런데 사실 '심리적 언덕'을 극복하기란 결코 어려운 일이 아니다.

　중국 광고 홍보의 일인자 리궈웨이가 한 모터쇼에 참석하기 위해 외국에 나갔을 때의 일이다. 당시 비행기가 연착되는 바람에 모터쇼에 도착했을 때는 모두가 많이 지쳐 있는 상태였다. 특히 그와 동행했던 기자들은 시차 적응뿐만 아니라 언어 문제로 제대로 된 기사를 쓰지 못하고 있었다. 하지만 편집장 대부분이 당일에 기사 원고를 넘길 것을 요구하고 있었고, 이에 어떤 기자는 긴장감과 압박감에 거의 울 지경이었다. 현장은 그야말로 혼란 그 자체였다.

당시 리궈웨이는 홍보 담당자로서 긴장감과 혼란이 뒤섞인 기자들의 모습을 바라보며 고민하지 않을 수 없었다. 당장 질서를 유지하되 제너럴모터스라는 브랜드를 드러내기 위해서는 기자들이 가능한 한 모든 정보를 수집해 대대적으로 보도를 할 수 있어야 했기 때문이다. 그러나 당시 상황에는 다들 컨디션이 좋지 않아 일할 마음들이 없어 보였다.

이에 리궈웨이는 마음을 가다듬고 결단을 내렸다. 일단 기자들이 호텔로 돌아가 휴식을 취하며 당일 사용 가능한 예비 원고가 있는지를 파악하고 기사를 작성할 시간을 벌 수 있게 해준 것이다. 그는 홀로 모든 전시 부스를 돌아본 다음 프레스센터로 가서 이미 나온 기사를 모두 챙겼다. 그러고는 자신의 경험을 살려 자료들의 요점을 하나하나 열거하기 시작했다. 그런 다음 기자들이 휴식을 마친 후 리귀웨이는 다시 그들에게 제너럴모터스의 디자인과 기술 등 각 방면의 정보를 브리핑했다.

그러자 '제너럴모터스'에 대한 기사가 빠르게 쏟아지기 시작했다. 이렇게 기자들은 훌륭하게 임무를 완수했으며, 리귀웨이 역시 브랜드 홍보라는 목적을 달성할 수 있었다.

넬슨 만델라는 말했다.

"태어날 때부터 용감한 사람은 없습니다. 용감함이란 두려워하지 않는 것이 아니라 용감한 척하며 두려움을 극복하는 방법을 배우는 것입니다."

심리적 언덕을 극복하면 어떤 일이 닥쳐도 안정적인 감정을 유지해 기분이 오락가락하는 상황이 벌어지지 않는다.

그렇다면 어떻게 해야 심리적 언덕을 극복할 수 있을까?

1. 자신의 심리를 정확하게 파악한다

감정의 파동이 큰 사람은 자신의 심리를 정확하게 인식하고 있는 경우가 드물다. 그러다 보니 자신의 정신 건강을 중시하는 사람은 더 말할 나위가 없다. 그런 까닭에 늘 부정적인 생각을 하게 되고 기분이 오락가락하는 것이다. 인생은 온전히 내 뜻대로 되지 않는다. 이것이 우리가 긴장을 풀고 평정심으로 모든 일을 대해야 하는 이유다. 그래야 기쁠 때는 안정적인 감정을 유지할 수 있고, 짜증이 날 때도 신속하게 괴로움의 늪에서 벗어날 수 있다.

2. 재미있는 일에 더 많은 관심을 둔다

심리적 언덕이 가파른 사람일수록 한 가지 일에만 너무 집중하는 경향이 있다. 그런 까닭에 쉽게 감정에 매몰되는 것이다. 일상생활에서 부지런히 자신의 취미를 발굴하면 폭발하는 열정과 여유로운 삶의 정취를 경험할 수 있다. 그렇게 되면 감정이 비교적 큰 간극을 두고 변화하더라도 평정심을 유지할 수 있다.

3. 이성을 십분 발휘해 감정을 조절한다

관련 연구 결과에 따르면 '극도의 기쁨'이나 '극도의 초조함', '극도의 슬픔', '극도의 분노' 등과 같은 격렬한 감정은 모두 건강에 해롭다고 한다. 그러니 어떤 일이 닥쳤을 때는 정신을 차리고 냉정함을 적절히 유지할 필요가 있다. 너무 기쁘다 싶을 땐 스스로 흥분을 가라앉히고, 마음이 답답할 땐 긍정적으로 생각하려는 노력으로 격렬한 감정의 파동이 생기는 걸 피하는 것이다.

성공한 사람일수록 정서적으로 안정된 모습을 유지한다. 그러니 어떤 일과 마주하든 당황하지 말자. 웬만하면 해결할 수 있는 일들이다.

CHAPTER 8

나만의
감정 조절
모드를
구축하라

감정 다스리기, 무조건 참는 게 능사는 아니다

'잠깐 참으면 평화가 찾아오고, 한 발짝 물러서면 세상이 넓어 보인다(忍一時風平浪靜인일시풍평랑정, 退一步海闊天空퇴일보해활천공)'라 는 옛말이 있다. 한마디로 참는 자에게 복이 온다는 소리다. 이를 증명하듯 지난 역사에서도 인내심을 발휘한 이들이 사람들의 찬 사를 받는 경우가 많았다. 와신상담 끝에 오나라의 패망을 이끈 월나라 왕 구천이 그 대표적인 예다.

'작은 일을 참지 못하면 큰 계획을 망치게 된다'라는 말은 우리 의 감정이 꿈틀대기 시작하면 그 감정이 무엇이든 어떤 일에 대한 우리의 판단에 영향을 미쳐 극단적이거나 경솔한 선택을 하게 함 으로써 결국 후회막심한 결과를 초래한다는 뜻이다.

언제부터인지는 모르겠지만 남이 나를 때려도 맞서 싸우지 않 고, 누가 나를 욕해도 맞받아치지 않는 것이 사회성이 높다는 증 거로 여겨지고, 소위 성깔 있는 사람은 생각이 없는 사람처럼 여 겨지는 것 같다. 하지만 인간이라면 누구나 모든 욕망과 감정이 있기에 부정적인 감정을 그저 억누르고 참기만 하면 스스로 내상을 입게 될 뿐이다.

E는 요즘 대체로 기분이 좋지 않다. 걸핏하면 트집을 잡는 룸메이트 때문이다.

한번은 이런 일도 있었다. 그날도 그녀는 옷을 세탁해 널었는데, 공교롭게도 베란다에서 물 떨어지는 소리가 들리는 것이었다. 그러자 룸메이트는 불쾌하다는 듯 그녀에게 쏘아붙였다.

"네 옷에서 내 대야로 물이 떨어지잖아. 내 대야 위쪽에서 옷 좀 말리지 말아줄래?"

"그럴 리가 없는데. 세탁기 돌려서 다 탈수된 거란 말이야."

그녀는 한 기숙사에 사는 룸메이트끼리 싸울 수도 없고 해서 그냥 자신의 빨래를 옮겨 널었다. 그런데 잠시 후 그 룸메이트가 또 이렇게 말하는 것이었다.

"네 옷에서 계속 물 떨어져서 시끄럽잖아. 공부하는 데 방해된다고. 넌 어쩜 그렇게 이기적이니!"

이런 일은 한두 번이 아니었다. 룸메이트는 걸핏하면 그녀를 지적했고 그녀는 그때마다 참아 넘겼다. 그럴수록 룸메이트의 트집 잡기는 더 심해졌다.

사실 감정을 다스리는 일은 무조건 참는다고 다가 아니다. 자신의 감정을 추스르는 데 남과 싸우지 않는 것이 핵심이 아니라는 뜻이다. 덮어놓고 참고 양보하면 오히려 상대에게 만만하다는 인상을 남길 수 있다.

부정적인 감정이 들 때 확실히 그것을 털어내야 한다. 물론 그렇다고 남에게 폭력적으로 화풀이해서는 안 된다. 자신의 기분을 푸는 데 도움 되고, 부당한 일을 면할 수 있게 해주는 적절한 해소법이 필요하다. 예를 들어 자신의 성과를 빼앗겼을 때 모두의 평화를 위해 무조건 참고 양보해서는 안 된다. 이는 자신의 기분을 푸는 데 도움 되지 않을뿐더러 상대를 더욱 탐욕스럽게 만드는 길이다. 이럴 때는 참지 말고 정정당당하게 자신의 권리를 이야기해야 한다. 그래야 상대도 다시는 당신을 호구로 여기지 못할 것이다.

감정이 생긴 후 그 감정이 발동하지 못하도록 억지로 참고 누르는 방법 또한 꽤 효과적일 때가 많다. 그러나 그저 참기만 하고 이를 제대로 해소하지 않는다면 겉으론 감정이 가라앉은 듯 보일지는 몰라도 그 영향은 사라지지 않아 다음과 같은 결과를 불러올 수 있다.

먼저 상대에게 맞서기엔 자신의 힘이 부족해 일단 참고 넘어간 경우라면 여건이 되었을 때 상대에게 배로 돌려주려고 한다. '군자의 복수는 십 년이 걸려도 늦지 않는다(君子報仇군자보구, 十年不晚십년불만)'라는 말을 달리 해석하면 부정적인 감정을 잠시 억눌렀다고 서로의 원한이 씻기는 것은 아니라는 뜻으로 볼 수 있다. 원한은 여전히 존재하니 기회를 잡으면 당연히 복수하겠다는 말인 셈이다. 그런데 이렇게 되면 원수를 갚으려다 새 원수가 생기는 사태가 벌어진다. 그러니 마음에 생긴 응어리가 있다면 감추지 말고 해소할 방법을 찾는 것이 최종 목표여야 한다.

물론 상대에게 복수할 마음 없이 모든 불쾌감을 묻은 경우에도 문제는 있다. 체면상 표현하진 않지만 서로 간에 있었던 갈등을 기억하는 한, 그 기억은 시도 때도 없이 바늘처럼 당신의 마음을 찔러댈 테니 말이다. 이런 상황에서 관계를 이어가는 것은 서로에게 유쾌하지 않은 경험을 안길 가능성이 크다.

'손해를 보는 게 복'이라는 말이 있다. 그러나 실제로 우리 대부분은 그렇게 마음이 넓지 않다. 말로는 괜찮다고 해도 속으로는 싫다는 말을 수만 번 삼킨다. 이는 결코 좋은 현상이 아니다.

어느 공신력 있는 데이터에 따르면 현대인 10명 중 1명이 우울증을 앓고 있거나 우울감을 느낀다고 한다. 그런데 우울증 또한 오랫동안 억누른 감정이 해소되지 못한 채 마음에 쌓였을 때 생기는 병이다.

우울증은 우리의 일상생활에 엄청난 영향을 미친다. 가볍게는 의욕이 저하되고 생각이 둔해지며, 심하면 세상을 비관해 자살을 기도할 수도 있다.

공기업의 엔지니어로 일하는 J는 최근 몇 년간 머리와 다리가 자주 아프고 기분이 대체로 저조한 편이다. 기억력도 예전 같지 않고, 마치 뭐가 걸린 것처럼 목이 답답하기도 하다. 이에 건강에 좋다는 이런저런 약도 먹어봤지만, 소용이 없었다.

이후 그는 한 심리상담소를 찾아가 심리치료를 받기 시작했고, 결국 중학교 시절부터 품고 있던 마음의 응어리가 문제였음을 알게 되었다. 못생긴 앞니가 콤플렉스여서 이를 가리려던 것이 강박이 되어 꽤 오랜 시간 심리적 에너지를 소모한 탓에 정신적 문제뿐만 아니라 신체적 증상까지 나타나게 된 것이었다.

부정적인 감정이 생겼을 때 무조건 이를 억누르는 것은 매우 비이성적인 행동이다. 무조건 막는 것보다 적당히 풀어주는 게 낫다는 말이 있듯, 좋은 감정을 유지하는 핵심은 자신의 부정적인 감정을 해소하는 방법을 배우는 데 있다. 그러니 어떤 일로 말미암아 마음에 응어리가 생겼다면 아무렇지 않은 척하며 억지로 담아두지 말고 적당한 해소 방법을 찾아 감정을 털어내자.

취미는 나쁜 감정에서 벗어나는 해방구다

'어떤 사실을 아는 사람은 그 일을 좋아하는 사람만 못하고, 그 일을 좋아하는 사람은 즐기는 사람만 못하다(知之者不如好之者지지자불여호지자, 好之者不如樂之者호지자불여락지자).'

이는 공자의 말이다. 한마디로 무슨 일을 하든지 그 일에 대한 흥미가 중요하다는 뜻이다. 흥미란 어떤 일을 적극적으로 탐구하게 하고, 그 일을 즐기게 만드는 심리적 경향을 일컫는다. 사람은 어떤 대상에 흥미를 느끼면 그 대상을 가까이하려는 경향을 보이며 적극적으로 관련 활동에 참여하는 등 지칠 줄 모르는 열정을 내보인다. 흥미를 느끼는 일을 할 때 즐거움을 느낌은 물론이다.

올해로 꽉 찬 서른이 된 P. 그는 대기업 경영지원부의 중간 책임자로서 잡다한 업무를 처리하며 근면 성실하게 일해왔다. 그런데 최근 들어 그는 종종 무기력함을 느낀다. 매일 반복되는 비슷비슷한 업무에 일에 대한 열정을 잃은 지도 오래다.

평소에도 일에 에너지를 집중하느라 달리 취미생활을 하지 않았지만, 지금은 그야말로 회사생활에 치인 채 재미있는 일이 아무것도 없다. 오랜 시간 업무 스트레스에 시달리다 보니 실망감과 패배감만 짙어지는 기분이다.

기분이 안 좋을 때 자신이 흥미를 느끼는 일을 하면 괴로움이 사라질 수도 있다. 그리고 기분이 좋아지면 생각이 넓어져 방금까지만 해도 골치 아프다고 생각했던 일들이 쉽게 풀릴지도 모를 일이다.

취미는 그 일을 잘하든 못하든 상관없이 그저 그 일을 하는 과정에서 즐거움을 얻을 수 있다면 그것으로 충분하다.

사람들은 보통 아무 일도 하지 않을 때 더 쉽게 우울감을 느낀다. 새벽에 공원에서 조깅하는 사람들이나 함께 모여 운동하는 사람들의 표정을 보라. 그들은 하나같이 즐거운 표정을 하고 있지 않던가! 그러니 안 좋은 일이 닥쳤을 때는 자신이 좋아하는 일을 찾아 주의력을 분산시키자. 그러면 고민스러운 일에 얽매이느라 에너지를 과도하게 소비할 일도 없을 것이다.

아인슈타인은 "취미는 가장 좋은 선생님이다"라고 말했다. 어떤 취미를 갖느냐에 따라 우리의 심신에 미치는 영향도 달라진다. 취미는 잠시나마 근심을 내려놓는 방법으로 오래 꾸준히 하다 보면 정신력이 강화되어 더 많은 고민과 난관을 이겨내는 데 도움된다.

서예나 그림 그리기는 우리의 마음가짐을 차분하게 해주어 정신 수양을 하는 데 도움 되며, 바둑 두기는 빠른 두뇌 회전을 도와 어떤 일을 할 때도 몇 수 앞을 생각하게 해준다. 음악 감상은 답답하고 우울했던 기분을 풀어줄뿐더러 숙면에 도움을 주어 면역력을 높여주기도 한다. 심지어 음악으로 심리치료를 하기도 한다. 한편 달리기나 골프 등의 스포츠는 체력을 키워 정신 건강에 튼튼한 기초를 마련해준다. 등산과 여행은 우리의 시야를 넓혀주며, 요리는 더 건강하게 사는 법을 익힐 수 있게 해준다.

이렇듯 취미는 그 자체만으로 우리를 이롭게 한다. 이뿐만 아니라 취미를 특기로 발전시키면 사람을 사귈 때 무리에 섞이기도 한결 수월해진다. 사람들은 박식하고 다재다능한 당신을 달리 보게 될 테니 말이다. 특히 내향적인 성격에다 쉽게 열등감을 느끼는 사람이라면 특기 하나로 자신감을 높일 수 있다.

지기를 만나면 천 잔의 술도 부족하고, 말이 통하지 않지 않으면 반 마디 말도 많게 느껴지는 법이다. 이것이 어떤 취미를 가지면 마음 맞는 친구들을 더 많이 사귈 수 있는 이유다. 사실 취미를 매개로 만난 사이라고 해서 꼭 취미에 관한 이야기만 나누지는 않을 것이다. 평소 일하면서 느꼈던 고민이나 가족에게 쉽게 털어놓지 못했던 이야기들도 친구들에게는 속 시원히 털어놓을 수 있을지도 모른다.

그러니 다양한 취미를 갖자. 취미가 많아지면 친구도 많아져서 현실적인 문제나 마음속의 고민을 해결할 방법도 늘어나게 될 것이다.

우리 인생의 윤활유와도 같은 것이 바로 취미이다. 취미가 우리에게 꼭 금전적인 이익을 가져다주는 것은 아니지만, 늘 정신적인 활력을 유지할 수 있게 해주기 때문이다.

물론 모든 일을 좋아서 시작할 수는 없다. 그러나 일하는 과정에서 조금씩 그 일의 즐거움을 찾아가 보자. 조금 더 시도하고, 조금 더 이해하면 알아가는 깊이만큼 그 일을 더 좋아하게 될지도 모르니 말이다.

우리는 살면서 어쩔 수 없이 하는 일이 더 많을지도 모르겠다. 그래서 그 일들이 많은 고민의 원인이 되는지도 모른다. 그러니 여가 때는 취미생활을 하는 습관을 기르고 평소에는 자신이 하는 일의 즐거움과 그 의미를 찾아보자. 삶에 취미가 더해지면 더 지혜로운 생활 방식이 된다.

긍정적인 암시로
나쁜 기분을 몰아낸다

　중국 코미디 황제라고 불리는 자오번산이 판웨이와 출연한 〈매괴〉라는 코미디 작품이 있다. 이 작품에서 자오번산은 다양한 말과 행동을 통해 판웨이가 자신을 절름발이라고 믿게 만들어 목발을 팔아넘기는 데, 여기서 자오번산이 활용한 것이 바로 일종의 심리적 암시다. 물론 이 코미디 작품에서처럼 그렇게 쉽게 속아 넘어가는 사람은 많지 않겠지만, 우리는 확실히 다양한 상황에서 갖가지 암시의 영향을 받고 있는데, 그 영향은 긍정적일 수도 또 부정적일 수도 있다.

　평소 쓸데없는 걱정을 많이 하는 한 사람이 있었다. 그는 늘 자신도 모르게 '지금 형편이 너무 안 좋네. 이러다 영원히 돈도 못 벌고 결혼도 못 할 거야', '다들 날 비웃는 것 같아', '위장병이 갈수록 심해지는 것 같은데, 이러다 죽을지도 몰라', '더는 못 참겠어. 이 일은 나를 너무 불행하게 해' 등의 부정적인 생각을 했다.

그러다 보니 기분이 늘 우울한 건 말할 것도 없었다. 그렇게 그의 멘탈이 거의 붕괴하기 직전에 한 친구가 그에게 달라질 방법을 알려주었다. 바로 가능한 한 좋은 일만 생각하는 것이었다.

그날 이후 그는 무슨 일이 있어도 나쁜 쪽으로 생각하지 않으려고 노력했다. 그는 자신에게 말했다. "서두르지 말고 천천히 하자. 분명 난 할 수 있을 거야", "남들이 날 어떻게 보든 상관없어. 그보다 중요한 건 나답게 사는 거야", "난 건강해. 불편함이 느껴지면 바로 병원에 가면 돼", "이 일이 있기에 내가 먹고사는 거야. 그러니 감사하는 마음으로 최선의 노력을 다해야 해"라고.

그러자 그는 자신의 삶이 생각했던 만큼 그리 나쁘지만은 않다는 사실과 모든 일이 느리긴 하지만 좋은 방향으로 발전하고 있음을 새삼 깨달았다.

암시란 함축적이고 간접적인 방식으로 사람의 생각과 행동에 영향을 미쳐 무의식적으로 일정한 방식에 따라 행동하게 되고, 신념과 의견을 비판 없이 받아들이게 되는 현상을 뜻한다.

똑같이 물이 절반 담겨 있는 컵을 봐도 어떤 이는 "에이, 반밖에 안 남았잖아"라고 말하고, 또 어떤 이는 "아직 반이나 남았네"라고 말한다. 부정적인 견해를 가진 사람은 컵이 비어 있는 부분, 즉 이미 사라진 것에 집중해 사물을 부정적으로 바라보지만, 긍정적인 견해를 가진 사람은 컵이 채워져 있는 부분, 즉 자신이 가지고 있는 것에 집중한다.

긍정적이고 자신감 있는 마음가짐은 일을 성공으로 이끄는 초석으로, 마음가짐은 자기암시를 통해 얼마든지 수련할 수 있다. 자신이 성공할 거라 믿으면 성공할 것이고, 실패할 거라 믿으면 실패할 것이라는 뜻이다.

　현재 자신이 가진 것에 집중하는 일이 미래를 기대하는 일과 서로 모순되는 것처럼 보이지만, 실은 그렇지 않다. 현재에 만족한다는 건 지금에 안주해 앞으로 나아갈 생각을 하지 않는 게 아니라 건강하고 흔들림 없는 마음가짐을 다진 후 미래를 기대하는 것이다.

　《대학》에는 이런 말이 있다.

　'머무름을 알아야 자리를 잡고, 자리를 잡아야 마음이 고요할 수 있으며, 마음이 가라앉아야 안정이 되고, 안정된 후에야 깊이 생각할 수 있으며, 생각한 후에야 능히 얻을 수 있다(知止而後有定지지이후유정, 定而後能靜정이후능정, 靜而後能安정이후능안, 安而後能慮안이후능려, 慮而後能得려이후능득).'

　안정적인 마음가짐의 중요성과 세상의 많은 일이 차근차근 단계가 쌓여 이뤄진다는 이치를 이야기하는 말이다. 늘 불안해하고 불평을 늘어놓으며 독한 맹세와 같은 말로 자신에게 암시하면 기대하는 바를 이룰 수 없으며, 설령 이룬다고 하더라도 득보다 실이 많을 수밖에 없다.

　중국 진(晉)나라 때 악광이라는 학자가 있었다. 그에게는 지주 왕래하는 절친한 친구가 있었는데, 어쩐 일인지 한동안 그의 발걸음이 뜸해 그를 볼 수가 없었다. 이를 이상하게 여긴 악광은 직접 친구를 찾아가 무슨 일이 있었냐고 물었고, 그의 친구는 이렇게 말했다.

"일전에 자네 집에서 술을 마실 때 술잔에서 뱀 한 마리를 보았네. 자네가 난처해할까 저어되어 말을 않고 그냥 술을 마셨지만, 그 후로 속이 뒤집혀 몸이 편치가 않다네."

사실 친구가 술잔에서 봤다는 뱀은 악광의 방에 걸려 있는 활이 술잔에 비친 것이었다. 이후 사실을 알게 된 친구는 그제야 마음을 놓았다. 그러자 병도 조금씩 나아지기 시작했다.

이것이 바로 '배중사영(杯中蛇影)'이라는 고사성어의 유래다.

'끌어당김의 법칙'이라는 것이 있다. 자신의 주의와 에너지와 집중력을 어느 영역에 쏟아부으면 그 영역과 관련한 것을 자연스럽게 끌어당길 수 있다는 것이다. 이 법칙에 따르면 '배중사영'의 고사에서 악광의 친구가 먹어선 안 될 것을 먹었다는 생각에 빠져 정말 병이 났듯이 반대로 긍정적인 마음가짐을 가지면 있던 병도 사라질지 모른다.

긍정적인 심리적 암시에는 '~하겠다'라는 말뿐이 아니라 가슴 가득 충만한 열정과 적극성, 자기애, 그리고 타인에 대한 배려가 수반되어야 한다.

긍정적인 자기암시를 할 때는 주의해야 할 것이 있다. 먼저 자신이 바라는 일이 이미 실현된 상태의 모습을 생각해야 한다. '나중에 ~해야지'라는 생각은 그저 공상에 불과하다. 자기암시를 할 때는 간결한 문구를 사용하는 게 좋다. 모호하거나 현실에 맞지 않는 말 또는 맹목적으로 남과 자신을 비교하는 말이 아니라 분명하고 확고한 말을 사용해야 한다. 또한 남이 불행하길 바라지 말고, 자신이 어떤 사람이 되고 싶은지, 어떤 일을 하고 싶은지에 집중해야 한다. 다음은 긍정의 자기암시 예이다.

'멋지다!', '문제없어!', '괜찮아!', '모든 게 완벽해!', '오늘도 좋은 날이야!', '난 할 수 있어!', '난 실패에 무너지지 않아!', '진심 어린 미소로 모든 사람을 대해야지!', '내게 주어진 모든 시간을 소중히 하며, 절대 허투루 보내지 말자!', '자신감 있게, 용감하게, 즐겁게! 실천은 내 인생의 모토야' 등등.

마음가짐은 우리의 운명을 좌우하고, 좋은 마음가짐을 가질지, 나쁜 마음가짐을 가질지는 다른 누가 아닌 우리 자신에게 달렸다. 긍정의 심리적 암시가 긍정적인 마음가짐을 불러오고 나아가 인생을 즐겁게 만든다는 사실을 잊지 말자.

고민은 무조건
입 밖으로 낸다

　우리는 매일 다양한 사람과 왕래하고, 또 내 맘 같지 않은 많은 일과 마주한다. 이렇게 하루하루 쌓여가는 감정은 마치 제방에 가둔 물처럼 제때 물꼬를 터주지 않으면 언젠가는 봇물 터지듯 터지고 만다. 고민이 있을 때 제때 이를 털어놓는다고 곧바로 문제가 해결되는 것은 아니지만, 마음의 짐은 한결 가벼워진다.

　식견을 가진 경청자를 만나면 고민에 대한 적절한 조언을 얻어 마음속 안개를 걷어내고 문제의 본질을 보게 될 수도 있다. 물론 상대가 그저 듣기만 하고 별다른 반응을 보이지 않을 수도 있고, 또 어쩌면 우리의 심정을 완벽하게 이해하지 못할지도 모른다. 하지만 설령 그렇다 하더라도 누군가에게 고민을 털어놓는 일은 그 자체만으로 우리에게 큰 도움이 된다.

　S에게는 일상을 공유하며 늘 서로를 돕는 절친한 친구가 있다.
　그녀가 연인과 헤어져 우울감에 허덕일 때였다. 친구는 그녀의 우울함을 눈치채고 무슨 일이 있었느냐고 물었고, 그녀는 자신이 남자 친구와 헤어졌다는 사실을 친구에게 알렸다. 그녀는 눈물을 쏟으며 말했다.

"나도 모르겠어. 내가 뭘 잘못했길래 내게 이러는 걸까?"

가만히 그녀의 하소연을 듣고 있던 친구는 그녀를 위로하며 꽉 안아주었다. 그렇게 한바탕 털어놓자 그녀의 기분은 한결 가벼워졌다.

고민을 입 밖으로 내는 일은 일종의 자기 치유법이다. 체면이 서지 않는 일이라고 생각할 필요도, 내 약한 모습을 드러내 동정의 대상이 되는 건 아닌지 걱정할 필요도 없다. 내 맘 같지 않은 일은 누구에게나 일어나며, 가슴에 아픔 하나 없는 사람은 아무도 없으니 말이다. 자신의 고민을 털어놓는다고 해서 내가 남보다 못난 사람이 되진 않는다. 사실 듣는 이 대부분은 우리에게 고민 해결법을 알려주진 못하더라도 기본적으로 우리를 얕잡아보지는 않을 것이다. 상대가 정말 우물에 빠진 사람에게 돌을 던진다면, 그 친구와는 안 만나면 그만이다.

다만 고민을 털어놓을 때도 주의해야 할 점이 있다. 끊임없이 신세 한탄만 늘어놓아서는 안 된다는 것이다. 물론 모든 고민의 원인을 남 탓으로 돌려서도 안 된다. 그렇게 되면 듣는 이도 하소연에 질리고, 자신의 고민도 갈수록 더 심해질 테니 말이다.

고민을 털어놓는 행위의 핵심은 자신의 감정을 표현하는 데 있다. 내가 어떤 억울함을 겪었고 또 어떤 난관에 부딪혔는지, 그래서 어떤 지지와 위로를 얻고 싶은지를 이야기해야 한다는 뜻이다.

고민을 털어놓는 일이 우리에게 도움 되는 이유는 고민을 털어놓는 과정에서 우리 또한 방관자가 되어 자신의 고민을 처음부터 끝까지 들여다보게 되기 때문이다. 어떤 고민은 우리의 괜한 호들갑 때문에 생긴 것일 수도 있고, 또 어떤 고민은 우리의 우유부단함이 원인일 수도 있을 것이며, 타인의 화풀이나 악의 없는 잘못 때문에 생긴 고민도 있을 것이다. 요컨대 이렇게 자신의 고민을 들여다보면 실은 많은 고민이 별것 아닌 일임을 깨닫게 되고, 결국 좀 더 수월히 고민을 떨쳐낼 수 있게 된다.

한편 고민을 듣는 사람은 되도록 '무위이위(無爲而爲)', 즉 아무것도 하지 않는 척하면서 할 일을 해야 한다. 쉽게 말해 일의 잘못이 고민을 털어놓는 사람에게 있든, 그가 말하는 타인에게 있든 함부로 평가하지 않고 그저 잘 듣기만 하면 된다는 뜻이다. 묵묵히 상대의 하소연에 귀를 기울여 상대에게 신뢰감을 주는 것만으로도 충분하다. 굳이 나서서 시비를 가린다면 상대는 입을 닫고 마음의 문을 걸어 잠글 것이다.

한 거상이 있었다. 그는 사업적으로 엄청난 성공을 거두었지만, 우울증에 시달리고 있었다. 누군가에게 자신의 고민을 털어놓고 싶었으나 그의 주변에는 돈을 보고 접근하는 사람들뿐이라 믿을 사람이 없다고 생각했다. 그렇게 오랜 시간 괴로움을 억누르며 그는 날이 갈수록 괴팍해졌다. 그 자신조차 이대로 가다가는 폭발해버릴지도 모른다고 생각할 정도였다.

어느 날, 그는 나무 한 그루에 눈길이 갔다. 순간, 이 나무라면 절대 자신의 고민을 다른 사람에게 말할 일이 없겠다고 생각했다. 그는 나무에 대고 자신의 고민을 털어놓기 시작했고, 비로소 마음이 후련해짐을 느꼈다.

황당한 이야기라고 생각할지도 모르겠지만 사실 이는 전혀 황당한 이야기가 아니다. 많은 사람이 나무는 아니더라도 말하지 못하는 대상에 감정을 토로하고 있기 때문이다. 연로한 부모님은 오랫동안 자녀들을 만나지 못했을 때 사진을 보며 걱정을 늘어놓고, 어린아이는 억울한 일을 겪었을 때 인형이나 강아지, 고양이에게 속내를 털어놓기도 한다. 펜 끝에 마음을 토로해 글을 쓰는 사람도 많다. 이런 방법들 모두가 실은 자신의 마음이나 고민 등을 털어놓는 행동이다. 사람들은 이를 통해 답을 얻지는 못하지만, 많은 위로를 얻는다.

요컨대 누구에게 고민을 털어놓느냐는 중요하지 않다. 고민이 생겼다면 이를 입 밖으로 내는 것이 더 중요하다. 통계에 따르면 여성의 평균 수명이 남성보다 3~4세 높다고 한다. 남성들이 직장에서 받는 스트레스가 큰 탓도 있겠지만, '남자는 쉽게 눈물을 보여서는 안 된다'라는 기존의 문화적인 분위기에 힘들어도 말하지 않고 스트레스를 키우기 때문일 것이다.

고민을 털어놓는 것은 우리 마음의 안개를 걷어내고 빛을 들이는 일이며, 고독에서 벗어날 수 있는 길이기도 하다. 상대가 굳이 어떤 말을 하지 않더라도 들어주는 상대가 있다는 건 든든한 의지가 되기도 한다.

나만의 '리프레시룸'을 만든다

　우리는 매일 다양한 사람과 일을 마주한다. 내 맘에 꼭 드는 일은 우리의 몸과 마음에 즐거움을 주고, 내 맘 같지 않은 일은 고민을 안긴다. 물론 사소한 고민은 심각한 문제가 되지 않지만, 이런 고민이 쌓여 서로 영향을 주고받게 되면 심각한 문제가 되기도 한다. 따라서 걱정과 고민은 적당히 해소하며 살아야 한다. 그래야 정신적인 스트레스를 효과적으로 완화하고 마음의 균형을 회복할 수 있다.

　욱하는 성격의 한 농장주가 있었다. 그는 걸핏하면 사람들에게 성질을 내고 돌아서서 후회하곤 했다. 그는 자신의 이 나쁜 버릇을 고치고 싶었지만 어떻게 해야 할지 방법을 알지 못했다.
　어느 날, 한 철학가가 그에게 한 가지 묘안을 제시했다. 화가 날 때는 일단 입을 닫으라는 것이었다. 그런 다음 칼을 가지고 가까운 대나무 숲으로 가서 대나무를 베라고 했다.

이후 농장주는 철학가의 조언대로 화가 날 때마다 대나무 숲으로 향했다. 대나무가 크고 굵어서 베는 데는 꽤 힘이 들었지만 다 베고 나면 마음이 한결 차분해짐을 느낄 수 있었다. 그렇게 농장주의 성격은 점점 온화하게 변해갔다.

물론 현실적으로 사람들 모두가 베고도 남을 만큼 많은 대나무는 존재하지 않는다. 하지만 꼭 대나무 숲이 아니어도 언제든지 마음속의 번뇌를 털어낼 자신만의 간단한 '분노 표출의 방'은 필요하다. 일본의 파나소닉은 모든 산하 기업에 '리프레시룸'과 '간담회실'을 두어 직원들이 그곳에서 마음을 가다듬고 스트레스를 해소해 업무에 더욱 집중할 수 있게 하고 있다.

그렇다면 '리프레시룸'을 만들 때는 어떤 점을 주의해야 할까?

가장 먼저 고려해야 할 점은 바로 외부 환경이다. 외부 환경이 우리의 감정에 매우 큰 영향을 미치기 때문이다. 예컨대 시끄러운 환경은 우리의 정신을 산란하게 하고, 어둡고 폐쇄적인 환경은 답답함을 느끼게 한다. 따라서 '리프레시룸'은 조용하고, 환하며, 열린 공간이어야 한다.

'리프레시룸'의 색깔 선택도 굉장히 중요하다. 색깔에 따라 우리가 받게 될 심리적 효과가 달라지기 때문이다.

보라색은 초조함을 진정시켜주고 마음을 차분하게 해주는 효과가 있다. 한편 초록색은 긴장을 완화하고 피로를 풀어주는 효과가 있어 실내에도 녹색 식물을 배치하는 것이 좋다. 노란색은 에너지를 불러일으켜 자신감을 높이고 집중에 도움을 주며, 주황색은 우울감을 몰아내고 기운을 불어넣는다. 또한 빨간색은 원기를 왕성하게 해주는 효과가 있으며, 하얀색은 사람의 마음을 어루만져주고, 아픔을 완화해준다.

'리프레시룸'에 긍정적인 암시 글귀를 붙여놓는 것도 좋은 방법이다. 수시로 좋은 글귀를 보면서 자기암시를 하다 보면 기분을 전환할 수 있을 것이다.

샌드백, 마네킹, 방음벽, 권투글러브 등 화를 분출할 수 있는 시설을 갖춰 마음에 어떤 불만이 쌓일 때마다 화를 토해낼 수도 있다.

카타르시스 요법 중에도 그리 폭력적이지는 않지만 매우 효과적인 방법이 있다. 예를 들어 '빈 의자 기법(Empty Chair Technique)'은 두 개의 의자만 준비하면 된다. 먼저 빈 의자 두 개를 마주하게 놓아두고 자신이 한 의자에 앉는다. 그런 다음 맞은편 의자에는 자신이 앉혀놓고 이야기하고 싶은 사람이 있다고 상상하며 그 빈 의자에 자신의 감정을 토로해보는 것이다. '빈 의자 기법'은 역할 전환을 통해 자신은 물론이고 상대의 입장까지 보게 되어 각자의 마음을 좀 더 잘 이해하고, 나아가 상대를 용서할 수 있다는 장점이 있다.

이 밖에도 '모래놀이 치료법'을 활용해볼 수도 있다. '모래놀이 치료법'은 간단하다. 바닥 색이 바다처럼 파란 57×72×7(cm) 크기의 모래 틀에 모래를 넣고 작은 크기로 만들어놓은 피규어를 마음 가는 대로 배치하면 된다. 이때 피규어들은 각기 다른 상징적 의미를 지닌다. 우리는 이 모래놀이를 통해 말로 표현할 수 없었던 힘든 상황과 감정을 표현하고 마음의 평화를 얻을 수 있다. 특히 '모래놀이 치료법'은 불안장애, 우울증, 대인기피증을 앓고 있는 사람들에게 매우 좋은 치료 방법이 될 수 있다.

물론 전문 심리상담사의 도움 없이 스스로 진행할 수 있는 '이완 요법(Relaxation Therapy)'도 스트레스 해소에 도움 되는 좋은 방법이다. '이완 요법'은 사람의 감정 반응이 '몸'과 '마음' 두 부분에서 비롯된다는 점에 착안해 작용과 반작용의 원리를 이용, 신체 반응을 바꿈으로써 정신 반응의 변화를 꾀하는 것이다.

방법은 간단하다. 먼저 머리에 주의를 집중해 이를 꽉 물었다가 다시 힘을 풀면서 충분히 이완의 느낌을 느껴본다. 그런 다음 목에 주의를 집중해 목의 근육을 팽팽히 당겼다가 이완하기를 반복한다. 이렇게 순서대로 어깨, 가슴, 배, 팔, 다리 순으로 고루 적용하면 전신을 이완할 수 있다. '이완 요법'은 한 번에 1~2분 정도 두 세트씩 해주는 것이 좋으며, 매일 꾸준히 하다 보면 몸이 한결 가뿐해지는 효과를 볼 수 있다.

요컨대 어떤 방법을 활용하든지 나에게 즐거움과 편안함을 줄 수 있는 '리프레시룸'을 만들어보자. 그리고 그곳에서 자유롭게 나만의 생각과 감정을 표현해보자.

기분이 안 좋을 때는
푹 잔다

    힘든 하루를 보내고 집에 돌아왔을 때 사람들이 가장 먼저 하고 싶어 하는 일은 아마도 샤워하고 잠을 청하는 일일 것이다. 특히 평소 출근 때문에 아침 일찍 일어나 밤늦게 자는 일이 잦은 직장인들은 늘 잠이 부족해 주말만 되면 해가 중천에 뜰 때까지 늘어지게 잠을 자기도 할 것이다.

    수면이 우리 건강에 미치는 중요성은 두말하면 입이 아플 정도다. 우리가 잠을 자는 동안 신체 기관이 회복되고, 다음 날 필요한 에너지도 비축되기 때문이다. 잠은 신체 건강뿐만 아니라 감정 조절에도 도움을 준다.

    요즘 H가 가장 좋아하는 일은 잠자기다. 그녀에게 매주 주말은 최고의 충전 시간이다. 사실 전에는 잠자기를 좋아하지 않았다. 불필요한 잠을 자는 것은 인생을 낭비하는 일이라고 생각했기 때문이다.

그런데 어느 날 회사에서 중요한 프로젝트를 맡게 되면서 며칠 연속으로 야근하게 되었고, 누적된 피로로 정신력이 바닥나면서 결국 프로젝트도 실패로 끝을 내고 말았다. 이후 그녀는 실패의 원인이 자신에게 있는 것만 같아 줄곧 자책에 시달렸다. 그때 그녀의 상사가 말했다.

"프로젝트 실패했다고 너무 자책하지 말아요. 안색이 너무 안 좋네. 그러지 말고 오늘은 일찍 들어가서 쉬어요."

그녀는 괜찮다고 말하고 싶었지만, 몸이 호기를 부릴 수 있는 상태가 아니었다. 그녀는 상사의 말대로 일찍 집으로 돌아갔고, 집에 도착하자마자 다른 일을 할 새도 없이 침대에 쓰러져 깊은 잠에 빠져들었다.

그렇게 한잠을 푹 자고 일어나자 머리가 개운한 게 기운이 가득 찬 느낌이었다. 그녀는 그제야 그동안 자신의 방법이 잘못되었음을 깨달았다. 그랬다. 적당히 쉴 줄도 알아야 몸도 마음도 축나지 않고 최상의 컨디션을 유지할 수 있었던 것이었다. 이제 그녀는 휴식을 통해 최상의 컨디션을 유지할 줄 안다.

한 심리학자가 수면 박탈 실험을 진행한 적이 있다. 그는 피실험자들에게 며칠간 잠을 자지 말 것을 요구했고, 그 결과 처음에는 집중력 저하, 기억력 감퇴 정도의 증상만을 보이던 피실험자들이 나중에는 성격까지 변해 쉽게 화를 내고, 소통 능력도 저하된 모습을 보였다고 한다.

감정은 인지력뿐만 아니라 몸에도 영향을 준다. 한의학에서는 오장육부와 감정이 서로 영향을 주고받는다고 본다. 예컨대 화는 간을 상하게 하고, 간이 나쁘면 변덕스러워지기 쉽다는 식이다. 충분한 수면은 피로에 손상된 우리의 몸을 회복시키고, 긴장했던 근육을 이완시키며, 뇌의 피로를 풀어 우리가 충분한 에너지를 가지고 일상 속의 자질구레한 일들을 감정의 널뜀 없이 처리해갈 수 있게 해준다.

질 좋은 수면은 신체 건강을 보장해주고 안 좋은 감정을 해소할 기반을 마련해줄 뿐만 아니라 감정에 직접적인 영향을 주기도 한다.

우리가 안 좋은 기분을 느끼는 이유는 대부분 이미 결정된 일에 미련을 두거나 일어나지 않은 일에 지레 걱정을 하기 때문인데, 마음의 짐을 내려놓고 득과 실에 연연해하지 않으면 우울했던 마음이 편안해질 수 있다.

그럼에도 포기가 안 되는 일이 있다면 일단 메모를 해두고 더는 생각하지 않도록 하자. 이미 일어난 일은 뒤늦게 매달려도 소용이 없으니, 그럴 때는 잠시 접어두고 한잠 푹 자고 일어나자. 그러면 다음 날 전환점이 생길지 혹시 아는가?

내일은 내일의 태양이 뜨고, 우리의 인생도 지속된다. 내 곁에 있는 가족과 친구들은 변함없는 태도로 나를 대할 테고, 엄청나게 큰일이라고 생각했던 일도 실은 충분히 감당할 만한 것이었음을 알게 될 것이다.

사람은 누구나 자신만의 입장과 견해로 자신 앞에 놓인 일을 바라본다. 그러나 누군가와 일시적인 충돌이나 갈등이 있었다고 해서 그 사람과 영원히 대립하게 되는 것은 아니다. 잠시 논쟁을 멈추고 다음 날 다시 만나 이야기를 나눈다면 화해하고 다시 전처럼 사이좋게 지낼 수 있을지도 모른다.

우리가 좋은 일을 겪든, 나쁜 일을 겪든, 시간은 변함없이 흘러간다. 조금 성에 차지 않는 일이 있었다고 해도 이미 지난 일이라는 뜻이다. 그러니 잠잘 시간이 되면 잠을 자는 데 시간을 써라.

일부 심리학자는 꿈을 잠재의식의 표현이라고 말한다. 꿈속에서 낮 동안 억눌려 있던 잠재의식이 충분히 발현되면서 자신도 모르는 사이에 감정이 누그러지는 효과가 있다면서 말이다.

여러 심리치료에서 널리 쓰이는 최면 요법도 바로 이러한 효과를 활용한 것이라고 볼 수 있다. 최면을 받는 사람이 최면술사의 지령에 따라 기면 상태에 돌입함으로써 내면의 잠재의식을 끄집어내 심리적 장애를 순식간에 제거하는 것이다.

요컨대 숙면은 마음을 편안하게 하는 데 매우 효과적이다. 따라서 숙면을 위한 습관 또한 매우 중요하다. 어떤 이들은 속이 시끄러우면 격렬한 운동으로 몸을 피곤하게 만들어 자신의 주의력을 분산시키곤 한다. 그러나 잠자기 전 격렬한 운동은 수면의 질을 떨어뜨리니, 몸을 편안하게 해주는 이완의 운동을 선택하는 것이 좋다.

또한 잠자기 전, 자리에 누워 눈을 감고 5분간 명상을 하는 것도 좋은 방법이다. 하루 동안 이런저런 생각을 하느라 고생한 뇌에 완전한 휴식을 주면 숙면뿐만 아니라 마음속의 걱정거리를 털어내는 데도 도움 된다. 그러니 잠들기 전에는 복잡한 생각들을 멈추고, 안 좋은 기분을 털어내자. 자고 일어났을 땐 즐거운 하루가 기다리고 있을 테니 말이다.

부질없는 되새김질을 멈춘다

물컵에 더러운 물이 담겨 있으면 그 물을 버려야 깨끗한 물을 담을 수 있는 공간이 생긴다. 사람의 마음도 마찬가지이다. 미국의 미래학자 앨빈 토플러는 말했다.

"기억은 지갑과도 같아서 너무 많은 것을 담으면 닫히지 않고 내용물이 전부 빠져나오게 된다."

이미 지나간 일을 계속 마음에 담아두면 마음이 무거워져 좋은 일이 생겨도 이를 외면하게 된다.

중국 송나라의 문학가 소식은 집권자와 정치적인 견해가 다르다는 이유로 줄곧 탄압과 배척을 당하며 평생 이곳저곳을 떠돌아다녔다. 그가 마지막으로 귀양살이를 한 곳은 당시 오지에 속했던 하이난이었는데, 그때 그의 동생인 소철도 레이저우에 유배되어 있었다.

한번은 이런 두 사람이 텅저우에서 만나 함께 밥을 먹은 적이 있다. 식사를 하던 중 소철은 자신 앞에 놓인 투박한 음식을 보며 저도 모르게 한숨을 지었다. 음식이 입에 맞지 않아서가 아니라 자신의 여의찮은 처지가 한스러웠기 때문이다. 그러자 소식은 순식간에 음식을 먹어 치우고는 익살스럽게 동생을 놀리며 말했다.

"설마 아직도 천천히 맛을 음미하고 싶은 게냐?"

소철은 '식여지'라는 시에서 '뤄푸산 산자락은 사시사철 봄날이라 비파와 양매가 차례로 나온다네. 날마다 여지를 삼백 개씩 먹고 보니 영남 땅 귀양살이도 마다할 일이 아니로세(羅浮山下四時春나부산하사시춘, 盧橘楊梅次第新노귤양매차제신. 日啖荔枝三百顆일담려지삼백과, 不辭長作嶺南人불사장작령남인)'라고 노래했는데, 이는 그가 후이저우에 귀양 갔을 때 지은 시다. 후이저우는 그의 유배지이긴 했지만 풍경이 아름답고 신선한 여지가 나는 풍요로운 고장으로, 소식은 심지어 이곳을 자신의 또 다른 고향으로 여기기도 했다. 소식이 호방파(豪放派)를 대표하는 문학가가 되어 후대에 이르기까지 존경을 받을 수 있었던 데는 바로 이렇게 '엎어진 김에 쉬어 간다'는 긍정적인 마음가짐 덕분이었다.

살다 보면 내 뜻대로 되지 않는 일이 있게 마련이다. 이를 반복해 곱씹으면 슬픔은 쉽게 사라지지 않는다. 과거를 내려놓으라는 말은 지난 일을 완전히 잊으라는 뜻이 아니라 집착을 버리라는 의미다. 같은 잘못을 반복하지 않기 위해 경험에서 교훈을 얻되 우리가 집중해야 할 포인트는 과거가 아니라 현재와 미래가 되어야 한다.

 사실, 긍정적인 마음가짐을 가질지 말지의 선택권은 외부 환경이 아닌 우리 자신에게 있다. 혹자는 긍정적인 사람에게 나쁜 소식을 흘려듣고 심지어 이미 일어난 안 좋은 결과에 대해서도 그것이 나쁜 결과임을 믿지 않는 경향이 있다고 말한다. 결과가 나쁘다는 것을 믿지 않으면 자신감이 높아져 어려움에 직면했을 때도 용감하게 맞설 수 있다. 언제나 자신감을 유지하며 희망을 잃지 않아야 난관을 이겨낼 방법을 생각할 여력이 생겨 반전의 기회도 노려볼 수 있는 것이다.

 서초패왕 항우는 무장으로서 전쟁에서 패배한 적이 거의 없었다. 하지만 그렇다고 그가 늘 적보다 우위에 있었던 것은 아니다. 진(秦)나라 군대가 조(趙)나라를 포위했을 때 다른 제후들은 진나라 군대의 세찬 기세에 지원군 파견을 꺼렸다. 그러나 항우는 군대를 이끌고 조나라 지원에 나섰다. 진나라 군대에 비하면 누가 봐도 수적인 열세였지만, 그는 병사들에게 사흘 치 식량만을 챙기라고 지시한 뒤 솥을 깨트려 필승의 의지를 다졌고, 결국 진나라를 상대로 대승을 거두었다.
이것이 바로 '파부침주(破釜沈舟)'라는 고사성어의 유래다.

 기회가 없다고 생각할 때 정말로 기회가 사라지고, 희망을 품을 때 희망이 생긴다.

설령 최종 결과가 변하지 않더라도 실패 앞에 자신을 무능하고 구차한 사람이라고 여기지 않고 존엄해질 필요가 있다.

인생에는 이미 엎질러진 물처럼 한 번 벌어지면 되돌릴 수 없는 일이 많다. 하지만 한 번의 실수가 인생의 완전한 실패를 의미하지는 않는다. 경험에서 교훈을 얻지 않고 무모하게 앞으로만 나아가서도 안 되겠지만, 자라 보고 놀란 가슴 솥뚜껑 보고도 놀란다고 지나치게 소심하고 우유부단하게 구는 것도 바람직하지 않다. 후자의 경우 많은 기회를 놓칠 수 있기 때문이다. 일이 어떻든 간에 우리는 계속해서 앞으로 나아가야 한다.

시간이 흐르고 상황이 변하면 우리가 힘들다고 생각했던 일들도 그저 한때의 일일 뿐, 결국 다 지나가게 되어 있다. 연인과 이별하고 나면 더는 감정을 되돌릴 수 없다는 사실에 당장은 억장이 무너지고 다시는 사랑하지 못할 것 같다는 생각이 들지만, 결국 진정한 짝을 만나게 되듯이 말이다.

사실, 슬픈 일을 곱씹으며 내려놓지 못하는 것만큼이나 지난 성공과 영광의 기쁨에만 빠져 사는 것도 좋지 않다. 이런 일들이 우리의 눈을 속여 현재를 놓치게 만들 수 있기 때문이다.

일본의 기업들은 연말이 되면 보통 '망년회'를 개최하는데, 이 행사에는 대표의 말이나 특별한 시상 없이 그저 이 한마디로 식사(式辭)를 대신한다고 한다.

"지난 일은 잊고 새해에는 열심히 일해봅시다! 성공이든 좌절이든 지난 경험은 모두 과거일 뿐입니다. 이 '짐'들을 벗어던져야 새로운 사업을 진행할 수 있습니다."

어떤 일을 놓쳤다면 그 일은 본래 내 일이 아니었다는 뜻이며, 누군가가 나를 떠났다면 그들은 나와 같은 길을 갈 사람들이 아니었다는 뜻이다. 그렇다고 우리가 가진 것 없이 외롭게 살아가게 되리라는 뜻은 아니라는 말이다. 얻는 게 있으면 잃는 게 있고, 성공하면 실패하기도 하며, 만남이 있으면 헤어짐도 있는 법이다. 이를 끊임없이 반복하는 것이 바로 우리 인생이다. 그러니 지난 일에 너무 연연해하지도, 앞으로의 일에 너무 겁을 먹지도 말고, 지금을 충실히 살아가자. 그래야 인생이 늘 즐거워진다.

'다 끝났어' 하는
생각을 멈춘다

　머릿속에 '다 끝났어'라는 생각이 떠오르는 순간 그 생각은 정말 현실이 될 수도 있다. 인생에는 여러 난관이 있게 마련이지만, 아무리 어려운 역경에도 탈출구는 있다. 이를 악물고 막다른 곳에 길이 열릴 때까지 버티든, 생각을 달리하고 방향을 전환해 새로운 여정을 시작하든, 포기하지 않고 뭐라도 하면 길은 있다.

　독일의 음악 대가 베토벤은 27세 때 귓병을 얻어 갈수록 증상이 악화했지만 끝내 음악을 포기하지 않았다. 물론 베토벤도 한때는 절망에 빠져 죽음을 생각하기도 했다. 그만큼 음악가에게 청각은 중요했기 때문이다. 그러나 그의 말처럼 그는 '운명의 목을 졸라' 음악을 포기하기는커녕 〈운명 교향곡〉이라는 위대한 작품을 만들어냈다.

　19세기 말, 미국 시카고의 한 상가에서 큰불이 났다. 이 화재로 많은 상가가 불길에 휩싸여 폐허가 되면서 상인들이 십수 년간 피땀 흘려 쌓아온 재산도 잿더미가 되었다.

이 일로 큰 충격을 받은 상인들은 더는 시카고에 머물고 싶지 않다며 시카고를 떠났다. 이때 한 상인이 잿더미가 된 점포를 가리키며 말했다.

"난 이곳에서 시작할 거요. 바로 이 자리에 세계에서 가장 큰 상점을 세우겠소."

사람들은 그를 미친 사람 보듯 했다. 그러나 그는 불행에도 꿋꿋하게 재기의 의지를 불태웠다. 그는 자신이 성공하리라 믿으며 그 목표를 향해 노력했다.

이후, 그 상인이 말했던 상점이 세워지기 시작하면서 시장도 날로 활기를 되찾았다. 이 상인은 바로 백화점의 창설자로 유명한 마셜 필드다.

사실 우리 삶에서 일어나는 재난은 항상 예기치 못한 순간에 찾아온다. 그렇기에 재난을 완벽히 피하기란 불가능한 일이다. 하지만 그렇다고 두려워할 필요는 없다. 프랑스의 작가 오노레 드 발자크는 말했다.

"역경은 천재에게 훌륭한 디딤돌이며, 신앙인에게는 세례의 물이요, 일 잘하는 사람에게는 부의 원천이며, 약자에게는 헤어나올 수 없는 구렁텅이다."

동서고금을 막론하고 위대한 인물들이 비범한 성공을 일궈낼 수 있었던 이유는 보통 사람에게 없는 비상한 두뇌와 재능 때문이 아니라 역경 심지어 사지에서도 끈질기게 버텨내던 인내심 덕분이다. 삶에 시련이 없다면 그 역시 또 다른 시련이라고 할 수 있다. 시련 없이는 비범한 업적을 일구기도 어려울 테니 말이다.

태사공 사마천도 임안에게 보내는 편지 '보임안서'에서 이렇게 말했다.

'주 문왕은 구속된 후《주역》을 풀이했고, 공자는 곤궁할 때《춘추》를 지었으며, 굴원은 쫓겨난 후〈이소〉를 지었습니다. 또한 좌구명은 실명한 후에《국어》를 지었고, 손자는 발이 잘린 후《병법》을 정리했으며,《시경》300편 역시 대저 성현(공자)께서 발분하여 지으신 것이지요.'

사마천 역시 궁형(생식기를 거세하는 형벌)이라는 치욕스러운 형벌을 받고도《사기》편찬을 포기하지 않았다. 어쩌면 그 비분한 경험이 있었기에 '사서의 절세 명문이자, 운이 없는〈이소〉이다'라는 평을 듣는 위대한 역사서를 남길 수 있었는지도 모른다.

절망의 구렁텅이에서도 버텨내는 힘은 흔들리지 않는 믿음에서 나오며, 방향을 전환해 다시 시작하는 용기는 융통성에서 나온다.

과거의 상실은 더 좋은 것을 얻기 위한 계기가 된다. 오래된 것을 버려야 새로운 게 생기는 법이다. 꼭 대단한 인물이 되어 엄청난 위업을 일구기 위해서가 아니라 평소 일상생활이나 일을 할 때도 '세상에 쓸모없는 사람은 없으니, 천금을 소진해도 되찾아 올 수 있다'라는 마음가짐이 필요하다.

R은 사과를 재배한다. 독특한 고원의 기후 덕에 사과의 빛깔과 맛이 좋아 그의 사과는 늘 인기가 좋다.

그런데 어느 해인가 우박이 내려 덜 익은 사과에 상처가 난 적이 있었다. 이는 과수 농가에 치명적인 피해가 아닐 수 없었다. 그러나 그는 상품성을 잃은 사과들을 보며 절망에 빠진 다른 과수 농가와 달리 이런 광고를 냈다.

'소비자 여러분, 우리 사과는 달콤한 맛과 향 외에도 독특한 마크가 있답니다. 바로 우박이 남긴 키스 마크이지요.'

이렇게 그는 치명적인 타격을 줄 수 있었던 단점을 셀링 포인트로 만드는 발상의 전환으로 전처럼 사과를 모두 판매하는 데 성공했다.

살면서 단 한 번도 실패하지 않는 사람이란 없다. 그러니 작은 실패에 일일이 절망할 필요는 없다. 어떤 일에 실패했다면 '다 끝났어'라는 생각은 뒷전으로 미뤄두고 냉정하게 실패의 원인을 분석하면 된다. 희망을 버리지 않는 한 다시 시작할 기회는 얼마든지 있다.

사실, 따지고 보면 우리에게는 인생의 하루하루가 새로운 고비다. 세계적인 발명가 에디슨조차도 한 번에 필라멘트 전구를 발명하지는 못했다. 그러나 그에게는 불굴의 정신이 있었다. 화재로 실험실이 모조리 불탔을 때도 그는 덤덤하게 말했다.

"나의 모든 실패가 날아갔으니, 다시 시작할 수 있겠군."

그러니 가슴 아픈 실패는 과거의 몫으로 남겨두고, 이를 발판 삼아 계속 앞으로 나아가자. 그러다 보면 결국 더 아름다운 미래를 맞이할 수 있을 것이다.

뛰어난 사람은
내 감정에 휘둘리지 않는다

초판 1쇄 발행 2024년 6월 10일
초판 2쇄 발행 2024년 7월 17일

지은이 | 장샤오헝
옮긴이 | 원녕경
펴낸이 | 최윤하
펴낸곳 | 정민미디어
주 소 | (151-834) 서울시 관악구 행운동 1666-45, F
전 화 | 02-888-0991
팩 스 | 02-871-0995
이메일 | pceo@daum.net
홈페이지 | www.hyuneum.com
편 집 | 미토스
표지디자인 | 강희연
본문디자인 | 디자인 [연;우]

ISBN 979-11-91669-68-8 (03320)